高等职业教育经管类专业平台课教材

团队合作

主　编　詹秀娟
副主编　王丽君　李　拯　孟祥山　朱志云
参　编　王燕云

中国轻工业出版社

图书在版编目（CIP）数据

团队合作/詹秀娟主编．—北京：中国轻工业出版社，2025.1
高等职业教育“十三五”规划教材
ISBN 978-7-5184-2187-9

Ⅰ．①团…　Ⅱ．①詹…　Ⅲ．①组织管理学—高等职业教育—教材　Ⅳ．①C936

中国版本图书馆 CIP 数据核字（2018）第 278675 号

责任编辑：李　红
策划编辑：张文佳　　责任终审：张乃柬　　封面设计：锋尚设计
版式设计：王超男　　责任校对：吴大朋　　责任监印：张　可

出版发行：中国轻工业出版社（北京鲁谷东街 5 号，邮编：100040）
印　　刷：三河市国英印务有限公司
经　　销：各地新华书店
版　　次：2025 年 1 月第 1 版第 6 次印刷
开　　本：787×1092　1/16　印张：14. 25
字　　数：320 千字
书　　号：ISBN 978-7-5184-2187-9　定价：39. 80 元
邮购电话：010-85119873
发行电话：010-85119832　010-85119912
网　　址：http：//www. chlip. com. cn
Email：club@ chlip. com. cn

242312J2C106ZBW

前言

PREFACE

日本新干线列车创造了7分钟的“新干线清扫奇迹”，美国CNN电视台拍摄日本新干线列车清扫全过程后感叹道：“这是奇迹的7分钟!”

从2014年秋天开始，美国哈佛大学商学院新开一门必修课，内容就是学习日本新干线的车内清扫流程，整个世界一时哗然。负责欧洲高铁TGV运营的法国国铁总裁自负地说：“技术上我们是不会输的。”但参观完新干线的服务后，他幽默地说：“这个我们做不到，必须把日本的超级清扫员带回去才行。”

是团队创造了日本新干线的奇迹，是团队合作的精神使“清扫”成了奇迹!

在这个地球上，无论是工商界还是政府部门，无论是学校、医院还是某个学术团体，团队可以说无处不在。事实上，只要人们集中起来，共同去完成某项工作，就形成了团队，不管这些团队以什么样的方式存在着。通常看来，团队包括执行团队、管理团队，还有涉及研发和客户服务等功能领域的团队。此外，还有一些具有特殊目的的团队、功能交叉的团队以及来自不同组织的成员组成的工业团队。在20世纪最后的20年中，团队内部合作向协作性的转变成为冲击组织结构的一项重大变革。

面对快速变化的环境，对于纷繁复杂的管理事务来说，团队协作确实是一项行之有效的工具，但对于这一点，大多数组织的领导者和管理者却往往没有充分意识到。当然，他们相信团队的价值，因为他们吸纳了许多理论层面上的东西。但问题在于，在现实生活中，团队合作有时能够起作用，而更多的时候他们没有表现出明显的效果。对于这一点，没有人会比团队成员自己更明白其中的道理了。

任何组织间的竞争，不仅仅是战略、财力、关系、人才等单方面的竞争，更是一个团队与另一个团队的精神竞争。弘扬团结协作精神对于建设好一个组织、一个企业具有极其重要的意义。

在竞争激烈的今天，卓越的员工才是有前途的员工，而卓越的员工必定是有团队精神的员工。一个人独自打拼的时代早已远去，现在注重的是团队合作。以整体的力量去战胜困难、完成任务，你便会体验到团队精神带来的快乐与幸福感。“人多力量大”“众人拾柴火焰高”，在团队中，团队精神是大家共同的信仰与灵魂，拥有这股力量就等于拥有了战胜一切困难的力量。

这本书写给每一位追求卓越，立志成为有目标、有理想、有志向的人的学生、员工和领导。它教我们注重团队精神、讲求团队合作，鼓励集中大家的智慧去共同面对困难，在大家的共同努力下，使困难迎刃而解。注重团队精神与合作可以为我们营造一个良好、和谐、身心愉悦的工作氛围，这样的工作氛围可以帮助我们缓解内心的紧张和工作的压力，从而有助于提高我们的工作效率。

为什么我们要追求卓越？因为不追求卓越，我们就会被这个时代淘汰。在这个信息化的时代，各行各业人才辈出，如果你身上带着一种失落感或失败感，那么你很快将会被充满激情与才华的同行超越。新东方总裁俞敏洪曾说过这样一句话：“人的生活方式有两种，第一种是像草一样活着，但是你毕竟是一棵草，你吸收雨露阳光，也不会长大。人们会躲过你，决不会怜悯你，人们不会因为你的痛苦而痛苦，因为人们本身就没有看到你。所以，我们每个人都应该像树一样成长，即使我们现在什么都不是，但只要我们有树的种子，即使被人踩到泥土里，依然能吸收泥土的养分，使自己成长起来。当你长成参天大树的时候，从遥远的地方，人们就能看到你，走向你。你会给人一片绿色，活着是美丽的风景，死了依然是栋梁之材。无论活着还是死了，都有用。这就是我们做人的标准！”所以，有追求的员工都要为做一棵树而努力，为了自己的未来，为了爱你和你爱的人，你没有理由不对自己的人生负责。

团队精神可以使你离成功越来越近，使你更加懂得如何与他人相处，可以促使你不断挖掘自己身上的潜力，也使你更快乐地生活……

本书中列举了很多生动、具体的例子，同时还穿插着案例、游戏等，内容丰富，可读性强，可以使你更加深刻地理解团队精神，并帮助你在工作中成为一个受人尊敬、受人喜爱的人。它将帮你实现心灵的飞跃，使你迈上一个全新的高度。

本书的第一、二、三章由詹秀娟老师编写，第五章由李拯老师编写，第四、八章由王丽君老师编写，第六章由朱志云老师编写，第七章由孟祥山老师编写。除了参与编写教材的五位老师为该课程付出的努力外，王燕云老师在课程建设的过程中也给予了很多建设性的意见，在此一并表示感谢！

教材编写小组

2018 年 10 月

如何使用本书

本书的使用对象包括企业人员、政府工作人员以及作为在校学生的教材使用。

对于工作人员来讲，如果只是为了寻找团队合作过程中存在问题的解决方法，可以直接跳过第一章找到相关内容阅读；如果您是团队或企事业单位领导，可以重点阅读第三章；如果是在校学生作为教材使用，建议从第一章开始通篇阅读，这样有助于系统掌握团队合作的知识；如果您是执教“团队合作”课程的老师，除了本教材外，我们还为您准备了相应的教案、PPT 以及团队活动拓展手册，以助您在较短的时间内能够开设本课程。

读完本书之后，我们认为您将能够：

（1）了解建设团队的精髓，协助团队走向成功之路。

（2）招募筛选优秀成员，并帮助团队轻松取胜。

（3）增强自身领导魅力，组建最佳团队。

（4）营造良好的团队环境，并识别与避免障碍。

作为教材的学习方法

课程主要采取体验式学习方式，因此，该教材作为学生课前或课后阅读的辅助工具。体验式学习由老师根据我们提供的教案素材指导学生完成，主要由两部分组成：行动和反思。行动部分由游戏或活动组成，参与者通过做游戏或活动来学习，然后对所发生的一切进行反思。

每个游戏或活动都是经过特别设计的，都有团队讨论的环节。学习形式是交互式的，且具有较高程度的参与性。参与者在一个组织完好的课程中，会发现学习过程既有教育性，又有娱乐性，并且在培训中获得的知识和技能可以在实际学习和工作中立即学以致用。

传统教育方式与体验式教育方式的比较

方式	传统教育	体验式教育
1	以教师为中心	以学员为中心
2	传授间接经验为主	获取直接经验为主
3	被动接受知识为主	主动学习知识和经验为主
4	肢体语言少，无接触	肢体语言丰富，直接接触
5	标准化学习	个性化学习
6	注重知识、技能	注重观念、态度
7	注重知识获得	注重问题解决
8	让不知道的人知道	让知道的人做到
9	单向沟通为主	多元互动
10	过程：任务导向，单一	过程：体验导向，丰富快乐

体验式学习的精髓：游戏和活动。

什么是游戏或活动？

包括游戏、活动、模拟、角色扮演、案例分析等，是一项有组织的活动过程，在这个过程中，参与者通过分享各种经验和观点而互相影响。

团队训练的一个基本的观点是，相信团队拥有完成特殊任务的知识。训练的目的是让人们重新认知和利用这些知识来使每个人都从中获益。

为什么采用游戏或活动方式？

（1）团队需要成员之间相互影响，游戏和活动对促进这种相互影响非常有效。

（2）从研究来看，认知科学研究表明：在游戏和活动过程中，人们更容易接受新的知识和技能，对于诸如压力、兴奋、焦虑、创造力等方面的问题，游戏和活动可以提高学习的效果。

（3）多元智力理论强调人的智力并不是像传统的智力定义那样以语言能力和抽象逻辑思维能力为核心，而是以能否解决现实生活中的实际问题或生产及创造出社会需要的产品的能力为核心和衡量水平高低的标准，即智力一方面是解决实际问题的能力；另一方面还是生产及创造出社会需要的产品的能力。而游戏和活动是这种能力发展的有效手段。

（4）情感性学习。游戏和活动，能够令人全身心投入，体验活动的快乐，这种带有感情色彩的学习，能够让人记忆深刻，影响持久。

（5）参与性学习。游戏和活动可以增进人际交往，也可以让参与者得到及时的体验、练习和反馈，这种及时的强化功能，加强了学员的学习效果。

游戏的力量

当人们精神振奋，有点滑稽地参与到游戏中并开始沉浸其中时，就是他们变得强大的开始。有娱乐性就有创造性。如果我们愿意冒被看作愚蠢的风险，我们将获得避免自负、自我的能量，这将会有助于实现更多建设性的目标。

千万不要低估游戏的力量。只要团队成员乐于放松身心地参与并一起分享快乐，至少有三分之一的团队问题能得到解决，另外三分之一的问题将依赖于团队解决问题的能力，最后的三分之一的问题可能超越了团队的能力。

课程所要达到的目标

团队合作的培训课程让团队成员通过一段共同的经历，更好地了解自己、了解他人，重点在于娱乐、激情、自我挑战和团队支持。团队可能是新成立的，也可能是由同一个组织中不经常在一起合作的同学组成的，这也使他们可以用新的视角去看待过去的团队。

对团队来说，一个重要的问题是如何定义成功。大多数团队认为成功是在规定的时间内解决某个问题或完成某项任务。但是，团队游戏、活动本身并没有直接的价值，它们并不提供具体的服务或产品。重要的是应在活动的参与中确立一种团队的意识和理念，并将这种团队思维和学习所得应用到自身的学习和工作中去，因为人们更愿意去他们自己想去的地方。因此，明智的做法是在开始阶段要求团队思考他们希望从课程中得到什么。这个问题包括两个部分：

（1）作为个人，成员希望从团队训练中得到什么？

（2）作为团队，成员希望从团队培训中得到什么？

其总体目标为：

（1）以人为本，共同进步。

（2）改善沟通，互相配合。

（3）积极向上，超越自我。

（4）合作创新，主动求变。

（5）高度负责，坦然应挫。

目录

CONTENTS

第一章 团队概述

学习目标

通过对本章的学习，可以了解区分团队与一般的工作群体的要素，掌握团队的核心要素，了解团队的组织形式以及群体演变为团队要经过的组织形式、形态；并且掌握团队建设的三项基本任务，了解团队建设要经过的阶段，掌握构成团队价值的基础要素和建设团队的根本方法等。

知识要点

1. 正式群体是为了一个明确的目标而正式建立的社会系统，其成员互动方式更为稳定，更为频繁，互动关系持久，互动的目标更明确。

2. 非正式群体是人们在社会交往过程中自然形成的一种社会互动系统，一般没有明确规定的工作目标或社会目标。

3. 团队本质上是一种通过成员之间高度积极、自觉的协作来实现群体统一目标的组织形态。

4. 团队的领导对成员授权很多，团队成员享有高度的自主管理权和决策权。

5. 描述团队性质的核心关键词有“团结”“合作”“信任”“共同目标”“气氛融洽”“心情愉快”“有活大家一起干，有难大家一起当”等。

6. 团队应该具备的七个核心要素：人员、目标、互动、信任、合作、自愿和能力。

7. 当需要应用多种工作技能、多人合作才能很好地完成任务的时候，团队是一种最有效的组织形式，它可以应用于各种比较复杂的工作任务。

8. 团队建设有三大方面的基本任务：创建团队、养成团队品质、保持和增强团队优秀品质。

9. 团队成长阶段的具体内容就是培养团队精神，发展团队工作能力、团队规范和团队信任气氛。

10. 团队建设的根本方法是通过调节团队成员的社会关系，包括经济关系和心理关系，增强团队的凝聚力，从而培养团队精神和建设团队。

11. 在团队建设的过程中，贯穿始终的是团队的沟通、团队管理和团队领导。

12. 团队创建阶段的目标：将经过选择的一些人组合在一个将要成为团队的群体内，使人们经历初步的融合。

13. 团队成长阶段的目标：养成团队优良品质，使群体最终发展成为真正的团队。

14. 团队成熟阶段的目标：继续保持团队的优良品质，为了适应变化的环境，进行必要的调整，继续发展团队的优良品质和优势。

15. 团队建设的意义在于通过建设团队的优良品质，实现团队价值的最大化。

案例导入

小米科技公司及其创业团队

小米科技，全称北京小米科技有限责任公司，于2010年4月6日正式成立，是一家专注于高端智能手机自主研发的移动互联网公司。小米科技的成立获得了来自Morningside、启明、IDG和小米团队共4100万美元的投资，其中小米团队56人投资1100万美元。到2011年12月，小米科技经过两轮融资累计积累资金达1.3亿美元，在2012年6月又获得新一轮2.16亿美元融资，企业整体估值达到40亿美元，相当于诺基亚的一半，超过新浪、搜狐这两家门户网站。小米科技在如此短的时间内，在企业人员规模、产品销量、融资规模等方面获得惊人的成长速度，离不开创办该公司的优秀创业团队。

小米科技公司的创业团队是由雷军带头组建的，共有7名成员，分别是董事长兼CEO雷军，总裁林斌，副总裁黎万强、周光平、黄江吉、刘德以及洪峰。这支创业团队成员由Google、微软、金山等公司的顶尖管理和技术人员组成，被誉为“超豪华”的创业团队，对小米科技的创业过程起到了巨大的推动作用。

一、团队能力维度

(1) 团队中领导的丰富经验和领导才华。雷军是小米科技公司的灵魂人物，他在创办小米科技公司前已取得出色的成就，并通过广泛的社会关系网物色和组建了小米科技公司的创业团队。

(2) 团队中成员的能力互补。在小米核心创业团队中，成员们都是专业领域内的顶尖人才，专业实力十分突出，多位团队成员都曾在世界顶级的高科技企业中担任要职。

(3) 团队成员广泛的社会关系。小米创业团队成员凭借过往出色的工作经历，在其专业领域内积累了广泛的社会关系，从而更容易获得外部企业和机构的支持，为小米科技公司有效调动资源和高速发展提供了良好的基础。

二、团队文化维度

(1) 明确的共同愿景。在小米科技公司创业之初，所有创业成员们就已经明确了小米科技公司的发展目标是要成为一家世界500强的公司，并明确“使手机取代电脑，做顶级智能手机”的公司愿景。

(2) 良好的工作氛围。小米科技公司创业团队成员之间相互给予高度的赞赏与肯定，他们之间没有严格的等级，每一位员工都是平等的，每一位同事都是自己的伙伴。

(3) 团队创业激情。小米科技公司的创业成员大多为资深手机发烧友，他们认为，只有手机软硬件的高度结合才能出好的效果，才有能力提升移动互联网的用户体验。

三、团队制度维度

(1) 宽松、扁平化的组织结构。雷军在创业初期就已经认识到对于一个新创企业，清晰的组织模式的建立能够使大量的管理工作规范化、标准化、程序化，好的管理制度也是留住人才的关键。因而，小米科技首先在组织架构上将“强专业弱管理”的理念制度化，建立宽松、扁平化的组织结构。

(2) 促进营销、研发等部门开展跨部门合作。小米科技公司创业团队成员之间经常进行密切沟通，相关的营销人员、产品研究经理等甚至经常被整合到一个团队，以小组形式促进跨部门沟通合作，从而对市场做出最快的反应。

(3) 合理的激励制度。小米公司实行透明化分配机制，形成物质激励与精神激励双管齐下的激励原则。物质方面，在金山公司工作时，雷军就以“宝马”汽车激励网游团队而受到广泛关注，在小米公司中，雷军更是为创业团队成员和普通员工提供了优于同行的薪酬和福利；在精神激励方面，金山曾经的“互联网精神”“做到极致”“用户口碑”和小米时下的“为发烧而生”

等口号都彰显了雷军在精神和愿景激励方面的丰富经验。

（资料来源：徐万里．高科技企业创业团队的成功特质——基于小米科技创业团队的案例分析［J］．科技和产业，2013.6.）

第一节 团队和群体

团队是一个特殊的群体，团队凝聚力强合作程度高、成员贡献意识强，团队工作效率就比一般群体高，在团队中工作，人们的心情也比较愉快。团队对组织、对成员个人都有许多好处，因此，管理者一般都喜欢团队工作方式，津津乐道如何建设团队。但还有很多管理者对团队的认识很模糊，不知道如何建设团队和领导团队。

团队是一个特殊的群体，为了认识团队的本质，必须先从群体的概念谈起。

一、群体的概念和分类

（一）群体的概念

群体是由具有特定社会关系结构的一群人组成的一个整体，一个系统。所谓社会关系结构，是指谁和谁发生互动关系以及他们的互动方式的形态。互动就是沟通和交往，包括言语沟通和非言语的沟通与交往。

为了更好地理解群体，有必要对人群与群体做一番区分。组成一个人群的多个个人的互动方式表现为不稳定、稀少性和短暂性。例如，在街头偶然相聚的一群人或同乘一辆公交车的人们，他们的互动就具有短暂、稀少等特征，也没有稳定的互动关系。而群体的成员互动表现出一定的稳定性、频繁性和持续性，成员之间的沟通具有一定的深度，这些互动特征反映了群体内部的社会关系具有一定程度的结构化特征。人群内部的社会关系几乎没有形成结构。因此，可以说，群体是一个由人们组成的互动关系结构化的稳定系统。

在一个相对狭小的地理环境中进行互动和相互影响的一些人是一个群体；而分布在广泛的地理范围内的人们通过互动和相互影响也能够形成一个群体，例如现代的 QQ 群、微信群、电子邮件群体、网上虚拟小组等。

群体的概念通常是指成员数量有限的小群体。但是这个有限的数量又难以确定。因此，有的学者从成员相互认识这个特征来定义小群体。也就是说，小群体的成员彼此是相互认识的，至少彼此知道谁是谁，知道谁是群体成员和谁不是群体成员。由于人数比较有限，小群体的成员通常能够进行面对面的直接沟通。但今天的网络通信技术和国际互联网突破了人际沟通的地域限制，人们可以分散在世界各地而形成一个在网上沟通的小群体。

（二）群体的分类

对于群体，可以从不同的角度和标准进行分类。

1. 正式群体与非正式群体

根据成员互动关系的结构化程度的不同，群体可以划分为正式群体和非正式群体。

正式群体的关系结构化程度高于非正式群体。正式群体是为了一个明确目标而正式建立的社会系统，其成员互动方式更为稳定，更为频繁，互动关系持久，互动的目标更明确，分工和合作的关系更为明确，有正式的职位分工，有明确规定的正式的沟通渠道。

非正式群体是人们在社会交往过程中自然形成的一种社会互动系统，一般没有明确规定的工作目标或社会目标，只是由于互动的人们有共同的兴趣和爱好，或者有共同关心的问题，就经常进行沟通和共同参与某些活动，形成了一个关系结构比较松散的群体。这种群体没有正式的分工，也没有正式规定的沟通渠道，成员的互动方式在稳定性、频繁性、持续性、目标性、分工协作方面均不如正式群体，表现出明显的随机性和随意性。

有的正式群体是一个小型的社会组织，例如小公司的全体成员形成的群体；有的群体是属于一个大型组织中的一个部门，例如某个公司的技术开发小组。

2. 初级群体与次级群体

初级群体是一种主要满足人们归属需要和情感需要的群体。这种群体的存在主要不是为了完成什么工作任务，而是为了满足人交往、归属和情感的需要，家庭、朋友、关系密切的同事，工作、学习或生活中的伙伴群体等属于这类群体。初级群体是通过社会交往在感情基础上形成的互动群体，这类群体大多数属于非正式群体。

次级群体是主要为了达成某种工作目标或其他社会目标的正式群体。企业和非牟利的社会组织中的正式群体属于这类群体。

3. 按照具体功能划分的群体

活动群体是人们为了参加某个项目的社会活动形成的群体。例如，自驾车旅游群体、打桥牌群体、钓鱼群体、踢足球群体、聚餐群体、婚礼群体等。群体的存在时间决定于活动的需要。

个人成长群体包括那些帮助参加者的个性成长和个人行为矫正的群体以及通过成员相互支持解决个人问题的群体。例如参加心理咨询活动的小组，戒烟或戒毒小组，癌患者相互支持的小组。这类群体为个人提供一种解决个人问题的群体环境，在小组中获得支持。这种群体的成员是不固定的，群体的存在时间也比较短。

学习群体是为了更好地学习知识和发展专业能力而形成的群体。学校中的学习小组、企业中的学习小组等是这类群体。

问题解决群体，这类群体是为了解决问题而组成的群体。这类群体要面临的任务可能是理论的问题或者是实践的问题。专家小组、技术开发小组、各种委员会、会议、控制小组等是这类群体的例子。

由上所述可知，群体有多种多样的形态，不同群体的主要社会功能和目标是不同的，而群体的概念通常是指成员有限的小群体。

二、团队的内涵

关于团队的内涵，有多种表述方法。

斯蒂芬·罗宾斯（1994）认为，团队是指一种为了实现某一目标而由相互协作的个体所组成的正式群体。

团队是由为数不多的、相互之间技能互补的、具有共同信念和价值观、愿意为共同目的和业绩目标而奋斗的人们组成的正式群体（王军，高效团队创业及管理，2009. 3）。

团队是指为达到共同目标而能够自愿合作并协同努力的一群人（刘念，认大学生团队合作精神的培养，2007. 4）。

从结构的存在形式上看，团队是指为解决某一问题或为完成某一任务而由共同协作、相互依存的一群人所组成的工作群体（康宛竹，对美国企业团队管理经验的探讨和借鉴，2004. 4）。

由此可见，团队本质上是一种通过成员之间高度积极、自觉的协作来实现群体统一目标的组织形态。

三、团队与一般群体的比较（表 1-1）

为了深入理解团队性质，必须把团队与一般群体进行比较。

团队是一种特定的正式群体，如果组织的规模比较小，整个组织可能就是一个团队，但在大型社会组织中，例如大型公司中，由于职能分工的缘故，可以存在多个团队。

团队属于正式群体的一种特定类型，具有一般正式群体的特征。那么，团队与一般正式群体的区别又是什么呢？

一般正式群体与团队有共同性，因为前者也需要合作和协调才能实现群体目标和业绩。团队具有任何正式群体的一些共性，尤其是合作程度较高的群体非常类似于团队，但是团队作为一种特别的群体，与其他的一般工作群体又有重大的区别，这些区别，有的主要是“有”与“无”的区别，有的则是程度上的差别，具体表现为：

（1）目标认同度不同。团队成员高度认同团队目标；而一般群体认同共同目标的程度比较低，或者没有明确的群体目标。

（2）奉献的意识不同。团队有一个成员共同信服的目标和共同的责任感，例如，这个目标可能是“使我们的企业成为行业第一”，或者“提供最优质的服务”等；而普通群体虽然也有一个群体的目标，但是成员对群体目标的信服和认识未能达到高度的一致；团队成员有强烈的为团队奉献的意识，而一般的群体缺乏这种意识或者意识比较淡薄。

（3）合作程度不同。团队有高度自觉协作的意识，虽然普通的工作群体也有协作和集体的目标，但是团队的协作程度远远高于普通群体；普通群体的成员可能也会和睦相处，但缺乏共同协作，而团队成员不仅要和睦相处，更要共同协作、自觉协作；一般群体的合作很大程度上依靠管理压力来维持，而团队的协作主要是自愿的。

（4）对群体目标的评价标准不同。在评价标准中，团队目标高于个体目标。团队强调集体整体性目标，个体目标的意义是次要的，普通群体也有集体的目标，但个人目标得到强调；团队目标的成功就是个人业绩的价值所在，如果团队目标没有实现，则任何团队成员个人的业绩没有根本的意义。普通群体评价成功的标准是，即使集体目标失败了，但其中的个人仍然可能被认为是成功的。

（5）个人业绩与群体业绩的关系不同。团队的工作任务和责任虽然也要分解后再分散到个人，但这些个人的任务和责任导致的个人业绩没有独立的意义，而是构成团队业绩的有机组成部分，即团队的个人业绩的意义包含在群体业绩中，而普通群体内成员更多的是各干各的任务，任务、责任和业绩主要分散计算到个人头上。

（6）相互信任程度不同。普通群体内，互动缺乏足够的相互信任，内部竞争意识强，合作意识比较弱，而团队内人们相互信任、相互合作的意识大大强过内部竞争意识。为了激发个人或团队内各个小组的潜力，团队也可能采取内部竞争的工作方式，但团队内部的竞争控制在一定的限度内并且采取“温情竞争”的方式。过度激烈的内部竞争会破坏凝聚力。

（7）个人与群体的利益一致性的不同。团队中个人利益与团队利益的一致性程度很高，而一般群体中个人利益与群体利益的一致性程度比较低。

（8）沟通质量不同。普通群体内部由于竞争意识过强，相互沟通存在很多障碍，而团队由于合作意识强过竞争意识，相互沟通质量很高，信息高度分享，相互之间高度信任，不同意见可以得到很好的交流。与非团队相比，团队内的人们相互沟通更加真诚坦率，真诚坦率的沟通强化了相互的信任和合作意识。由于相互信任度比较低，非团队内的人际关系合作意识比较弱，相互戒备的心理成为坦诚沟通的障碍。

（9）矛盾性质的不同。团队内的矛盾更多的是对事物的看法和处理方法的意见的不同，而一般群体内的很多矛盾属于人际关系紧张的矛盾和个人利益与群体利益的矛盾；团队内部矛盾可以通过公开争论得到解决，而一般群体内的矛盾很多是不公开争论的，因此可能导致严重的冲突。

（10）决策权力分配的不同。团队的领导对成员授权很多，而一般群体的领导者和管理者将权力集中在自己手里；团队成员享有高度的自主管理权和决策权，而一般群体成员没有这个特点。

（11）分工的不同。团队内的分工具有更大的灵活性，团队内的角色经常转换，而一般群体内的分工和角色是比较固定的，不灵活的。

（12）凝聚力的不同。团队的凝聚力很强，而一般群体的凝聚力比较弱；团队成员有强烈的群体归属感，人际关系融洽，而一般群体存在比较多的人际关系紧张情况，成员的群体归属感弱。

表 1-1　　团队与一般工作群体的比较

因素	团队	一般工作群体
目标认同	有明确的共同目标	认同共同目标的程度比较低或没有明确的共同目标
奉献意识	有高度自觉的奉献意识	奉献意识比较低下
合作的程度	自觉合作	更多依靠管理层的压力维持合作
对群体目标的评价标准	团队目标高于个人目标	强调个人目标
个人业绩与群体业绩的关系	强调群体业绩	强调个人业绩
相互信任	高度相互信任	相互信任程度比较低
个人利益与群体利益的一致性	利益高度一致，个人利益和群体利益高度整合	利益一致性程度比较低，有时内部有利益冲突
沟通质量	信息高度分享，较多分享个人深层次信息	低度分享信息，只在别人需要时提供信息；个人深层次信息很少交流
矛盾性质	主要是方法的分歧，通过公开争论来解决	不仅存在方法的分歧，也存在目标和利益的分歧；经常本能公开争论，职位权力对争议的问题有决定性影响

续表

因素	团队	一般工作群体
决策权力分配	分散，授权多，集体决策	集中，授权少，少数人决策
分工	灵活的分工，但强调相互支持、能力互补	分工，强调完成本份工作
凝聚力	个人对人际关系满意度高，对群体的归属感很强	个人对人际关系满意度一般，对群体的归属感一般；有的人想离开群体

上述这些将团队与一般工作群体区分开的因素，除了比较极端的情况外，在大多数情况下，主要是程度高低的差别。例如，一般群体也有合作，但合作的程度没有团队那样高；一般工作群体也需要沟通，也存在大量沟通，但沟通的信息、范围和深度都不如团队中的沟通。通过与一般群体的比较使我们相信，团队比一般群体的组织“质量”更高。

我们现在可以对团队下一个简明的定义：第一，团队是为实现共同目标而自觉合作、积极努力的一个凝聚力很强的社会群体。这一概念首先肯定团队是一群有组织的人们；第二，这些人有明确的共同目标；第三，为了共同的目标，大家能够自觉合作并且积极努力；第四，这些人凝聚力很强。对于大多数工作团队而言，他们是以目标和任务为导向的群体，团队成员的工作技能很重要，因此，工作型团队通常由一群技能互补的成员组成。

四、团队的核心要素（表 1-2）

团队具有七个核心要素：人员、目标、互动、信任、合作、自愿和能力。

（1）人员。人员是任何组织都具备的最根本的要素。

（2）目标。目标是将人们的努力聚合在一起的凝聚因素。没有一致的目标，人们就不会联合，也不会有共同努力的方向。

（3）互动。互动是人与人之间通过信息交流或以其他的交换方式（例如情感或物质交换）进行的相互作用的过程。在互动过程中，人们交换信息、物质、能量、情感，并且相互影响；互动可能是竞争性的，也可能是合作性的，还可能是既有竞争，又有合作的竞合；互动需要付出成本，互动也产生收益。

互动过程是社会关系形成的必要条件。经过一定时间、一定方式的互动过程人们才能结成特定的社会关系，群体成员也必须经过一定时间的特定互动才能组成团队；团队成员的互动还是维持团队合作活动的必要条件，人们经过适当的互动才能形成信任和合作关系，保持互动才能维持团队信任和合作的关系。总之，团队互动是形成和维持团队信任和合作的过程。

（4）信任。相互信任是合作的心理基础，没有信任，就不可能合作；信任是合作的起点，任何两个人之间的合作必须以一定的最低程度的信任为基础，而合作的成功反过来又会增强相互的信任。

（5）合作。合作是团队的根本活动方式，在一个群体中如果缺乏合作，或合作得不好，这个群体就算不上是一个团队。与其他群体内部合作相比较，团队成员的合作程度更高，也更有效。

（6）自愿。根据合作者是否自愿，合作可以分为两种形态：一种是被迫型的，即权力小的人被权力大的管理者所控制，在压力下被迫与管理者合作。被迫型的合作程度很低，在被迫合作的情况下，那些可监督的、可控制的行为是合作的，而那些不能监督的、不能控制的行为是非合作的，尤其是在心理上是不愿意合作的，因此，被迫型合作潜藏着人际冲突和矛盾。与之相反的则是自愿合作，自愿合作与被迫型合作相比，无论是过程还是结果都是令人满意的，并且合作效率更高。

（7）能力。在团队构建的过程中，如果个人是自愿参与团队活动的，那么在团队形成以后，成员参与团队活动的主动性更强，在团队建设和工作的各个时期，团队成员的技能会得到更快的发展，从而团队的效能也能得到更大的提高。

表 1-2　　团队的核心要素

人员	是团队的根本要素	合作	是团队的根本活动方式
目标	是聚合人力资源的焦点	自愿	是为团队贡献的心理基础
互动	是形成和维持合作与信任的过程	能力	是团队绩效的技术基础
信任	是团队合作的心理基础		

五、团队与非团队群体的转化

团队群体与非团队群体是可以相互转化的，在转化的过程中，存在类似团队的合作群体，我们称之为“准团队”。“准团队”的团队特征的质量和程度不如团队，但它是由非团队向团队转化过程中的一种组织形态，是一种过渡状态。当然，对一个已经建成的团队来说，如果管理不当，也可能退化为准团队，甚至退化为普通群体。

另外还存在一种“反团队”，它是与团队性质正相反的群体类型。反团队的内部各部门甚至个人之间相互争夺组织资源，不愿与其他部门和同事配合，即使有一定的配合和协作，也主要是迫于上级的命令，并非出于一种自愿自觉的配合。反团队的组织或群体的运转几乎完全依靠最高管理者的强权和高压，相互矛盾和冲突的小团体和个人统一在最高管理者的强权的操纵下，这种组织形态的合作是被迫的，合作程度也是最低的。

当需要应用多种工作技能、多人合作才能很好完成任务的时候，团队是一种最有效的组织形式，它可以应用于各种比较复杂的工作任务。不论是提供咨询意见，还是进行生产、营销，或者进行管理，都可以以团队的形式进行。因此，存在咨询团队、生产团队、营销团队和管理团队。当然，根据需要，还可以建立其他功能的团队，例如在学校，可以有教学团队和学习团队等（图 1-1）。

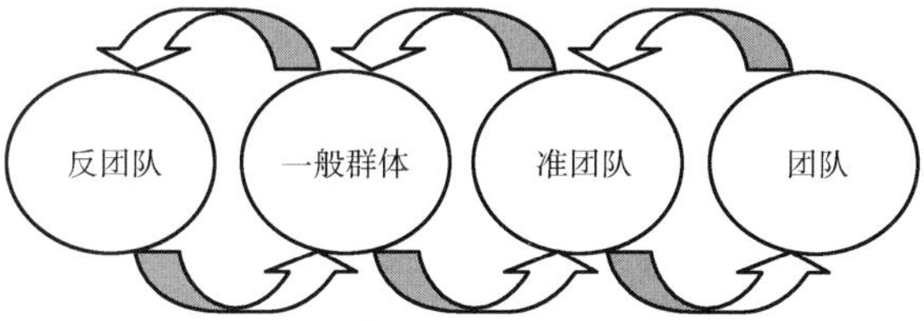

图 1-1　群体的几种典型形态的演变

第二节　团队建设

一、团队建设的三大任务

团队建设是一个使团队品质不断完善的长期过程。凡是能够提高团队效能的事情都与团队建设有关。团队建设涉及团队许多方面的工作，概括来说，团队建设有三大方面的基本任务。

（一）创建团队

团队建设首先要创建团队，即把一些人员组合在一个群体中，这是团队建设的起点。组合人员不是简单地招一些人安置在一个群体中，而是必须经过一个心理融合的过程，这是成员间增进相互了解、相互信任和凝聚力的过程。

（二）养成团队品质

团队建设的核心任务是养成团队品质，把群体建设为一个真正的团队。具体内容包括：培养团队精神，发展团队工作能力，制定团队规范以及发展团队信任气氛，使之最终成为一个品质优秀的团队。在建设成为一个真正意义上的团队后，团队内部环境发生了变化，主要表现在：团队成员已经相互信任，彼此比较了解，开始分享共同的团队目标和团队的核心价值观，能够共同面对团队的任务和困难，凝聚力达到一定的强度。

（三）保持和增强团队优秀品质

一个群体成为团队后，建设团队的工作开始转入新的阶段。这个新阶段的任务是不断适应内外部环境的变化进行“微调”，继续保持团队的品质和优势。这第三项任务与养成团队品质所依据的原理和方法没有本质的区别，是建成团队品质以后团队建设过程的继续。

二、团队建设的一般程序

团队建设的三项任务构成团队建设的系统工程。三个任务的完成呈现出一定的时间系列，形成团队建设完整过程的三个阶段：创建团队（创建阶段），养成团队品质（成长阶段），继续保持和发展团队优秀品质和优势（成熟阶段）。

在团队建设的过程中，贯穿始终的是团队沟通、团队管理和团队领导，沟通、管理和领导的质量直接关系到团队建设的成效。

团队建设一般要经过以下三个阶段（图 1-2）：

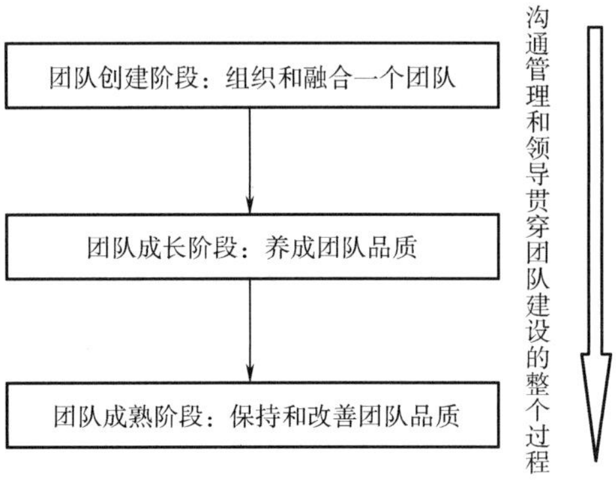

图 1-2　团队建设三个阶段的任务

（一）创建阶段

团队创建阶段一般要经过五个环节：确定团队目标、确定团队类型、分析团队角色、配置团队人员和人员的心理融合。

创建阶段的目标：将经过选择的一些人组合在一个将要成为团队的群体内，使他们在这个群体内经历初步的融合。

（二）成长阶段

成长阶段是群体能否成长为团队的关键时期，这个阶段的建设任务构成团队建设的主要内容，其实质是构建优秀的团队品质。

成长阶段的目标：养成团队优良品质，使群体最终发展成为真正的团队。具体内容就是培养团队精神，发展团队工作能力、团队规范和团队信任气氛。

（三）成熟阶段

在成熟阶段，群体已经成为真正意义的团队，这时团队合作已经达到并维持在一个高水准的阶段。

成熟阶段的目标：继续保持团队优良品质，为了适应变化的环境进行必要的调整，继续发展团队的优良品质和优势。

团队成熟阶段可能很长，也可能很短，常规性团队的生命周期与整个组织的生命周期一样长，而对于项目团队来说，随着项目的结束将终止团队生命。

在团队建设的整个过程中，贯穿始终的必不可少的组织要素是沟通、管理和领导（图 1-3）。

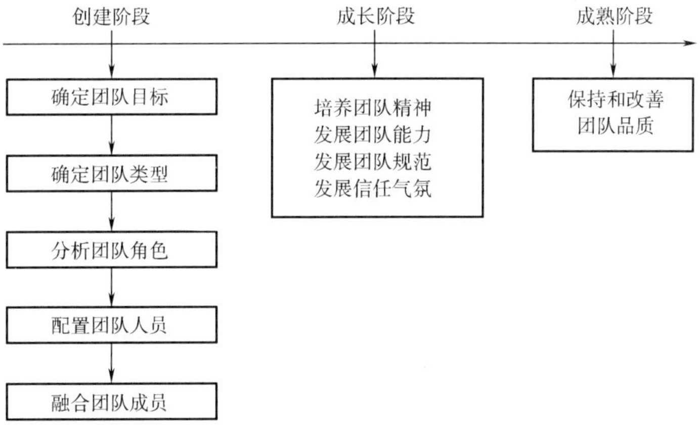

图 1-3　团队建设的流程

三、团队建设的根本方法

团队建设的根本方法是通过调节团队成员的社会关系——包括经济关系和心理关系，来增强团队的凝聚力，从而培养团队精神和建设团队。

（一）经济关系

调节团队成员的经济利益关系是建设团队社会关系的物质利益基础。建设团队必须实行利益整合的激励原则，即协调好团队成员的个人利益与团队利益，使成员个人利益与团队的利益密切关联，使成员的个人目标与团队的目标也密切关联；必须通过利益整合的管理制度妥善地协调组织成员个人利益与组织整体的利益，使得成员个人目标与团队目标具有比较高的一致性。在这样的基础上，可以促使个人在心理上更容易接受团体的目标，驱动个人为实现团体的目标而行动。

专栏

专栏1：日本企业的三大制度

日本企业的管理哲学强调员工个人利益与企业利益要密切关联。日本企业普遍实行终身雇佣制、年功序列制和企业内工会制度，这三项制度无不基于个人利益与企业利益的“捆绑”机制。

终身雇佣制使日本的企业员工与雇佣的企业利益关联，唇齿相依，只要企业不倒闭，企业决不轻易解雇员工，员工也不轻易“跳槽”。企业愿意在培养员工方面大力投资，而员工也因此培养起对企业的归属感和忠诚心。

年功序列制的内涵是：隔几年就可以提升职务，待遇也相应提高，而且员工干到50岁以后提高得更快，这样员工不敢随便离开工作的企业。员工工作年限越长，对企业的依附关系就越趋牢固。

日本的工会设置在企业内部，属于企业内部的工会。工会成员就是本企业的职工，因此，工会不会与企业管理层闹翻天，且能比较好地代表本企业工人的利益。管理者与工人的矛盾，基本上都可以通过企业内的工会与管理者进行协商谈判得到解决。

以上三个制度使日本企业比较容易地采用团队的组织形态。

（二）心理关系

除了调节人们的经济利益外，调节人们的心理关系也是建设团队的一个必不可少的基础。

人们的心理凝聚力是团队精神中最集中表现的心理要素，没有了心理凝聚力，就没有团队精神，也就没有团队。凝聚力体现为群体成员的归属感、相互喜欢和相互信任等心理关系的融洽。凝聚力包含的这三种心理状态体现了人们的心理关系，是个人对群体、对群体其他成员的态度的主观体验。

融洽的心理关系必须建立在融洽的经济利益基础上。经济利益冲突必然引起心理关系紧张。但是，人们的紧张关系却不一定是由经济利益冲突引起的。言语不合、见解不一致、人际沟通障碍等非经济因素都可能引起心理关系的紧张。因此，建设团队还要全面调节人们的心理关系。

为了全面协调人们的心理关系，除了应注意通过制度建设来调节人们的经济利益以外，还应从组织传播和人际沟通入手，协调人们的核心价值观，协调人们对组织基本目标的认识，建设人际关系和谐的组织文化，提高人际互动技巧和沟通技巧，最终达到增强团队凝聚力的目标。

专栏

专栏 2：打造团队精神的中创软件公司

中创软件公司董事长兼总裁景新海在接受记者采访时说：“与某些企业把技术理念放在第一位不同，中创软件十年来一直注意抓了两件事：一是高科技企业必须精心打造团队精神；二是高知识人才必须不断增强服务意识。”

中创软件推行内部契约式管理，即在网状管理结构下，各部门之间是“顾客与供应商”的关系。公司拿到合同，就通过内部契约落实任务、明确责任和调动资源。内部契约有严密的考核来确保及时兑现。

在现代社会中，人才流动频繁，因此，中创软件公司不强调员工能永远忠诚于公司，但强调个人对公司的承诺要兑现。这也体现了公司与个人之间的契约关系。契约制对公司和员工个人都具有约束力。

除了成文的契约外，中创软件公司还很重视无形的“心理契约”的作用。心理契约是指员工与组织领导者之间在心里的承诺和期望。员工个人心里对公司有某些承诺，也有某些期望；同样，公司对成员个人也有某些承诺和期望。这些承诺和期望存在于人们的心里，没有写在文件里，所以叫作心理契约。可以说，心理契约反映的是人们相互的态度、期望和责任心。

四、团队建设的意义

团队建设的意义在于通过建设团队的优良品质，来实现团队价值的最大化。

（一）团队品质是团队价值的基础

团队品质的主要内容包括团队精神、团队能力、团队规范和团队信任气氛。团队之所以比其他形态的群体更具有优势，是因为团队具有强烈的团队精神、高效率的工作能力、行之有效的团队行为规范和相互信任的社会关系。

构成团队品质的四个要素是团队价值得以实现的基础和条件。团队精神是保证团队价值得到实现的必要心理条件，它关系到人们是否自愿合作的动机和态度；团队工作能力是团队效能和绩效的必要条件；团队规范是保证团队运行稳定有效的重要因素；团队中的相互信任气氛是保证合作顺利有效的重要因素(图 1-4)。

（二）团队价值的体现

(1) 对组织工作的价值。团队精神和团队的协调工作方式能够提高工作效能和取得较高的工作绩效。

（2）对群体人际关系的价值。团队的氛围使成员之间的人际关系更加融洽。

（3）对个人心理健康的价值。团队的合作气氛使得团队成员具有较高的心理满意，从而有利于成员的心理健康；团队的凝聚力使得成员对团队和团队人际关系的氛围感到满意，从而心情愉快，心理也更健康。

团队对于组织、个人都具有重要价值。因此，团队建设对于组织和成员都具有巨大的积极意义（图 1–5）。

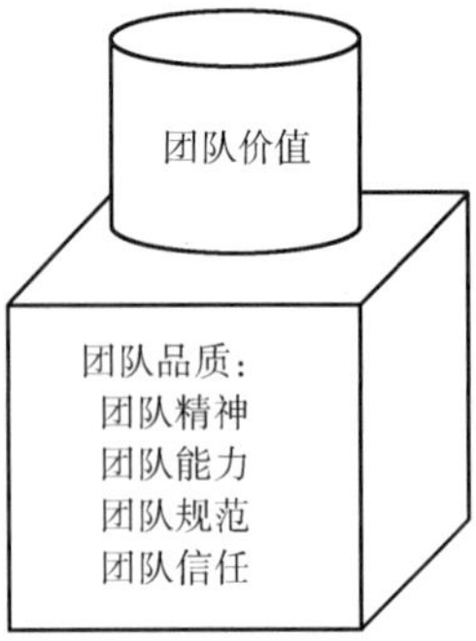

图 1–4　团队品质是团队价值的基础

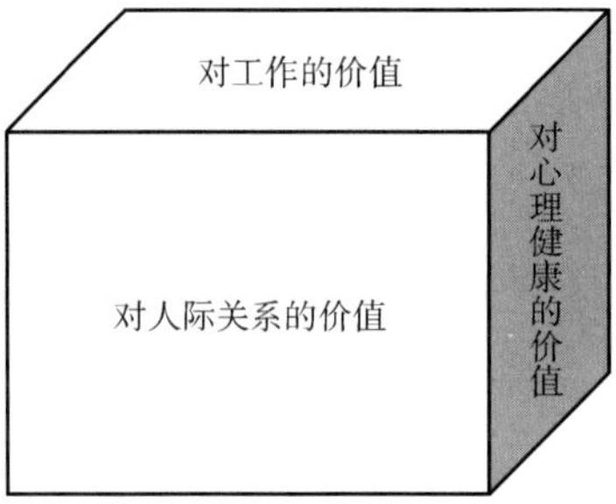

图 1–5　团队价值的三个维度

拓展阅读

拓展阅读 1. 招聘合作者

一家公司招聘高级管理人员，最后从几百名应聘者中挑选了 9 个人进行面试。公司老总决定对这 9 个人亲自把关。他把这 9 个人分成三个小组，交代第一组在三天内提交一份本城市的儿童用品市场调查报告；第二组调查妇女用品市场；第三组调查老年人用品市场。应聘者临走前，老总对他们说，每个人到秘书那儿去领取一份相关材料。

第四天早上，9 个人都把调查报告送来了。老总看过报告，站起来走到第三组的三位应聘者面前，分别与他们握手，说："恭喜三位，你们被公司录用了！"其余 6 人很疑惑，难道这个组的三个人都比其余两组的人优秀？

老总察觉了其余两组人的疑惑心情，就说："请大家打开秘书给你们的资料相互比较一下。"未被录用的两组人相互比较资料后，发现每个组员得到的资料不一样，分别是对一个市场的过去、当前和未来的分析资料，每个人的资料都是不齐全的。老总接着说："只有第三组的成员相互借用了资料，他们懂得合作，团队合作意识对于企业的成功来说是保障。”

拓展阅读 2. 世界领先企业选择人才的标准

1. IBM 在选择人才时强调求职者必须具备三大特质：必胜的决心、又快又好的执行能力和团队精神，认为具备这三种特质的人一定是高绩效的人。

2. 英特尔公司十分重视录用大学毕业生，对毕业生的要求，除了专业和语言的基本要求以外，“学习能力”和“团队精神”是选择新生时非常看重的因素。

3. 美国微软公司招聘新人的面试是“一对一”进行的，即一个面试者对一个应聘者，录用前应聘者必须经过多位面试者的面谈和评估。微软公司的面试者是各个方面的专家，每人都有一套问题，考题通常没有经过集体讨论，但有四个考察的目标是共同的：是否足够聪明？是否有创新的激情？是否有团队精神？专业基础怎样？

4. 全球著名的咨询公司麦肯锡很重视人才的四个方面的素质：

（1）分析问题、解决问题的能力。

（2）沟通、交往的能力。

（3）领导的才能与潜力。

（4）团队精神。

麦肯锡分散在全球的员工共享公司的信息资源并且相互支持，全球各地分公司的每一个咨询人员都可通过麦肯锡知识管理系统访问这些专业知识和信息，使用全球知识库，同时，任何一位咨询人员都可向全球各地的同事寻求帮助。

5. 摩托罗拉（中国）电子有限公司的用人标准是：诚信、勤奋、富于创造性、有团队精神。摩托罗拉要求员工个人应该有发展的意识，既要发展自己，又要发展别人。“发展别人”的意识和态度充分体现了企业的团队精神。

练习

练习 1：你是否具有团队精神？

在团队中，你是否具备团队精神呢？下面的小测试，可以帮助你检测。

1. 公司要举办一次郊游，你高兴地参加了。郊外有一个没有桥的小溪，你和你的队友只能踩着石头过河，你后面的队友由于不小心把你撞到河里了。这时你会（　　）

A. 冲着队友大声嚷叫　　　　B. 有些生气，决定以后疏远他

C. 原谅你的队友

2. 午餐时，所有的同事都把自己的食物与大家一块分享，你拿出自己精

心准备的食物也给大家分享，可是你发现，自己的食物很快就被同事吃完了，你自己一点都没有吃到，这时你会（　　）

A. 对同事吃光你的食物感到不满，大声责怪同事

B. 一个人暗自生闷气

C. 自己带来的食物能被大家分享，自己感到很快乐

3. 下午返回单位的时候，坐在你旁边的同事不小心把果汁溅到你身上，这时候你会（　　）

A. 大声对同事表示不满

B. 委婉地告诉同事要小心点

C. 不觉得太在意，觉得今天玩得很开心，这些事情都可以不计较

选 A 得 1 分，选 B 得 3 分，选 C 得 5 分，三道题相加算出总分。

答案解析：

3—5 分：你很容易被激怒，团队意识缺乏。

7—11 分：你是一个只考虑自己的人，不会为建设和谐团队做出努力

12—15 分：你容易为他人着想，能够快速融入团队。

练习 2：高效和无效群体评估表

先回忆一下你的群体或团队经历，从中选出“最好的”和“最坏的”。然后对照下表看看你是否同意表中关于高效、无效群体的概述。

	高效群体		无效群体	
	同意	不同意	同意	不同意
1. 群体成员都很忠诚	□	□	□	□
2. 好的结果产生于冲突	□	□	□	□
3. 成员之间应互相倾听	□	□	□	□
4. 不管团队成员的性别、文化、种族如何，他们都是平等的	□	□	□	□
5. 人人都应参与	□	□	□	□
6. 人们可以自由表达不同意见，对此不必感到恐惧	□	□	□	□
7. 成员之间相互喜欢	□	□	□	□
8. 群体成员经常一起讨论目标	□	□	□	□
9. 成员之间互相帮助	□	□	□	□
10. 每个人都恪尽职守	□	□	□	□
11. 领导者带领群体取得进步	□	□	□	□
12. 会议组织得井井有条	□	□	□	□
13. 群体能得到所需要的信息	□	□	□	□
14. 团队成员很幽默	□	□	□	□
15. 成员总用对或错、好或坏这样非此即彼的标准来考虑问题	□	□	□	□

游戏

游戏1：传瓶游戏

人数：10人以上

时间：10~20分钟

场地：宽阔的场地

用具：玻璃瓶

步骤：10人一组，以最短时间从第一名到最后一名，然后再到第一名，传递3个瓶子，依次传递，若掉在地上，按增加10秒处理，可借助工具，每个瓶要在每个人手上传递，每组设定时间目标后分几轮操作，然后得出实际结果。

目的：

1. 不要低估和怀疑自己的能力，出现问题不要首先为自己的工作和学习找借口，要以积极的态度面对问题。

2. 看似不能实现的目标，在团队智慧的合作上能非常出色地完成。

游戏2：瞎子摸号

人数：14~16人/组

时间：30分钟

场地：空地

用具：摄像机、眼罩及小贴纸

步骤：

1. 让每位学员戴上眼罩。

2. 给他们每人一个号，但这个号只有本人知道。

3. 让小组根据每人的号数，按从小到大的顺序排列出一条直线。

4. 全过程不能说话，只要有人说话或脱下眼罩，游戏结束。

5. 全过程录像，并在点评之前放给学员看。

有关讨论：

你是用什么方法来通知小组你的位置和号数？沟通中都遇到了什么问题，你是怎么解决这些问题的？你觉得还有什么更好的方法？

活动过程分析：通过自己创造的沟通方式，来迅速获得其他所有人的信息，以及让其他人获取你的信息，从而比较自己与他人的号是大还是小。如何获取他人的信息以及如何让他人获取你的信息的方式非常重要。

目的：很多时候工作必须沟通，但往往沟通会受到很大的限制，比如领导与成员之间的沟通存在哪些障碍？

第二章 创建团队

学习目标

通过本章的学习，了解制定团队目标的必要性和方法，在制定团队目标时，能够充分考虑团队目标和个人目标的融合，掌握人员分析和配置的原则和方法，学会分析团队具体角色的方法并在具体实践中灵活运用，了解团队新成员融合经历的五个阶段。

知识要点

1. 创建团队的五个步骤：确定团队目标，确定团队类型，分析团队角色，配置团队人员，促使团队成员心理融洽。

2. 团队目标必须具有战略性、前瞻性、唯一性、可操作性和相对稳定性。

3. 目标分解方法：首先确定团队的总目标，然后将总目标分解为比较具体的子目标，再将子目标进一步分解为更具体的工作任务。各级目标必须与团队目标相一致。

4. 衡量团队目标的准则：目标必须是具体的，可衡量的，可达到的，并且和其他目标有相关性，有明确的截止期限。

5. 目标的可衡量性是指目标应该是明确的，而不是模糊的，应该用一组明确的数据来衡量是否达成目标。

6. 目标的相关性是指实现此目标与其他目标的关联情况。

7. 目标制定的过程，是领导者和团队成员之间进行目标对话的过程。

8. 团队目标对话的方法：双方必须充分了解对方的期望；分析实现目标所需的资源和条件；寻求共同点；以积极的态度讨论目标；寻求团队的改进之道。

9. 通过分析工作目标和工作任务的性质来确定拟创建的团队类型。

10. 自我管理的团队能够自我激励、自我评估、自我改进，这就可以大大降低管理成本，并且真正意义上的团队都具有自主管理的特征。

11. 团队人员各自的技能是相互补充的，而不是对称的；一个全部由具有一种技能的人员组成的群体，是无法完成复杂的任务的。

12. 不仅团队人员的技能是相互补充的，而且他们在个性特征方面也不应当是一个模式，一个团队需要各种角色。

13. 贝尔宾九种团队角色：观念产生者、监督评价者、专家、塑造者、执行者、完成者、协调者、团队工作者、资源调查者。

14. 在一个团队中，一个人可能同时担任两个角色或更多的角色；同样，一种角色，也可能同时有几个人在担任。

15. 配置团队成员的顺序：岗位内容分析；岗位人员素质分析；候选人员分析。

16. 团队新成员融合的一个阶段：交流个人表层信息的阶段；交流个人深层信息的阶段；暴露互动关系不协调的阶段；重新调整互动关系的阶段；稳定运行的强凝聚力阶段。

案例导入

刘经理与他的管理团队

A 公司是一家传统的国有保险企业，经过 20 多年的发展壮大，现已成为业内数一数二的公司。但近日来，业务部的刘经理越来越感到力不从心，整个销售团队越发的显得无精打采，士气低下。眼看这个季度就要结束了，部门业绩还远不能达标，刘经理在焦急之余也找了几个业务骨干谈话，希望能使团队重新振作起来，但几次谈话下来，效果并不显著。无奈，刘经理只能找总经理一起商定，请资深的人力资源管理咨询专家王教授来做顾问。

王教授次日即携其助手小张来到 A 公司。在听了总经理、刘经理的情况介绍后，王教授决定安排与业务部门的 5 名基层员工进行访谈，同时让助手小张设计并分发调查问卷。3 天过后，王教授大致弄清楚了 A 公司业务部的问题所在，并将其归纳如下：

1. 员工缺乏进取的动力，面对迅速变化的市场环境，员工（尤其是基层员工）对市场变化不敏感，思维僵化，依然以过去的眼光看待事物，缺乏危机感和创新意识。

2. 客户流失严重。续保率在50%左右，仅仅维持在行业平均水平，因而每年需花费大量的人力、物力和财力发展新客户，给业务部造成巨大压力。

3. 业务部工作强度高，工作量大，每年的业务任务重，工作非常辛苦。特别是核保员（共10人）工作重复单调，休息日少，很少参加公司活动；同时要求具有高效率，与较低的工资水平间形成尖锐的冲突。

4. 薪酬体制设计不合理，存在不同工同酬的情况，A公司内勤岗位的工资为外勤岗位的平均数水平，不分岗位不分部门工资水平全部一样，且薪酬政策整体倾向于销售部门，忽视了人力资源等部门对于销售部门起到重要的支撑作用。

5. 绩效考核上缺乏客观性和科学性，主观性很重，且业绩考核所占比重很大，能力及态度等方面考核少。

6. 缺乏对新员工相应的职业生涯规划指导，新员工入职后看不见自己的发展前景，找不到在公司的定位，情绪非常低落。

刘经理听后恍然大悟却又止不住好奇，在这个讲求团队合作的知识经济时代，应该通过怎样的途径构建高绩效团队呢？

（资料资源：李雪婷．基于某企业案例的高绩效团队创建分析［J］. 才智，2010. 8.）

组织为实现特定目标而抽调一些人组成一个团队，这个过程就是团队的创建阶段。有时，组织不仅从内部抽调人员，还从社会招聘人员，把这些人员组成一个团队。

创建团队首先要明确四个基本问题：

（1）团队目标：为什么创建团队？

（2）团队类型：创建什么类型的团队？

（3）团队成员构成：由谁来构成团队？

（4）团队融合：团队成员关系能否融洽？

对这四个问题的思考，导出创建团队的五个步骤：确定团队目标，确定团队类型，分析团队角色，配置团队人员，促使团队成员心理融洽。

第一节　确定团队目标

一支优秀的团队，必定拥有一个合理的目标，这个目标可以使团队迸发出巨大的力量。

一、目标是团队前进的精神动力

（一）明确的目标是团队精神的核心动力

如果一个团队没有目标，团队成员就没有努力的方向，也就找不到自己的心理归属，这时的团队就如一盘散沙，大风一刮，就四处乱飞。因此，团队必须要有明确的目标，并使团队成员认同这一目标，这样才能凝聚团队成员的思想，才能吸引团队成员为之努力奋斗。

团队目标明确，就能有效地调动团队成员的主动性，使团队精神得到发扬。但是如果团队成员人心涣散，个人主义盛行，人人都只关注自我目标的实现，而不去关注团队整体目标的实现，那么再有激励性的团队目标也会成为水中月、雾中花。

（二）个人目标与团队目标相一致

每个团队都有共同目标，也就是团队目标，个人也会为自己设定一个发展目标。而团队是由不同年龄、不同背景、不同目标追求的个人所组成的，个人目标可能会和团队目标相左，这样团队就会成为一盘散沙，团队成员也会无的放矢，无所归依。因此，个人目标必须与团队目标相一致，所有成员才能在团队中集众力、用众智，在团队中认识自己，在完成团队共同目标的过程中实现自我目标，并在这个过程中形成团队精神。

二、制定目标需要考虑的问题

团队是为了实现特定目标而组合和存在的，团队可以随时创建，也可以在目标完成后结束团队，当出现新的目标时，也可以再次创建新的团队。

根据团队目标的存续时间，团队可能是长期的，也可能是短期存在的。组织系统不仅需要长期的团队，也需要短期的团队。例如，执行稳定的组织功能可能需要长期的团队，而临时需要解决一个问题则可能需要创建一个临时团队。

目标决定了需要什么样的团队。当确定团队的总目标后，才涉及后续的一系列问题，比如：

（1）团队要解决什么样的问题？

（2）团队要完成什么任务？

（3）建立什么类型的团队？

（4）团队将存在多久？

（5）团队需要哪些工作角色？

（6）哪些人员适合这个团队？

(7) 怎样分配团队人员的工作角色?

……

(一) 目标是一个有层次的系统

在创建团队前，首先要确定团队的总目标，总目标再进一步分解为比较具体的子目标，子目标还应该进一步分解为更具体的工作任务。

总目标和次一级的子目标以及工作任务确定后，就可以根据目标对人的技能、品格、性格特征等方面的要求考虑团队成员人选。

团队的目标是所在组织系统的战略目标的子目标或分目标。团队目标的制定，不仅要注意总目标，而且不能忽视从总目标分解出来的子目标。总目标是比较长期的目标，而子目标是比较短期的目标。如果总目标明确了而短期的子目标不明确，人们仍然不知道采取什么样的行动。就像一个远眺远景的旅游者，尽管可以从远处欣赏远景，却找不到亲历那个吸引人的远景的具体途径。

专栏

专栏1：无目标、总目标和阶段性目标

某企业在对员工进行培训时，组织过一项活动，让30名员工参与户外徒步行走，将这30人分成三组，由培训师分别带队。活动的具体内容如下。

1. 不告诉第一组人去哪儿，也不告诉他们去目的地要走多远，只让他们跟着培训师走。

2. 告诉第二组人去哪儿，要走多远。

3. 既告诉第三组人去哪儿和有多远，还在沿途每隔一公里的地方设置一个标志性的路牌，将整段路程划分为几个阶段性的目标，直至到达终点。

在行走过程中，团队领导者发现，队伍刚走了三公里左右，第一组的员工就开始抱怨且情绪低落；再走一段路程，第二组的员工情绪比活动开始时明显降低，当走完路程的三分之二时，已兴致全无，只是在无精打采地缓慢前进；而第三组的员工，因每走一段路，便知晓完成目标的情况，一路上，大家情绪较高，最后，领先其他两组到达目的地，第二组次之，第一组最后到达。

第一组完全没有目标，他们很快便因为行动过程中没有方向而毫无精神；第二组虽然有了目标，但在行动中缺乏实现目标时应有的成就感，最后也失去了斗志；第三组不但拥有目标，而且在实现目标的过程中清楚地知道目标的完成情况，在此过程中他们不断地受到激励，享受到了目标达成给他们带来的快乐，最终他们情绪高涨地到达了目的地。

（二）目标要具体

正确的目标设定应当从团队的总目标出发，在团队成员的广泛参与下，制定具体的子目标和任务。

如果团队不能把总目标具体化为更具体的子目标和任务，团队成员会感到困惑，不知道具体要完成什么事情。

目标要具体的理由包括：

（1）具体目标是总目标实现的阶梯。

（2）员工必须清楚当日的和近期的任务，才能集中精力。

（3）具体目标和任务有比较短期的时间限制，能够督促员工分配当前的时间。

（4）具体目标和任务是衡量员工业绩的具体指标。

（5）具体目标和任务是分配工作资源的依据之一。

专栏

专栏2：目标卡

目标卡类似上级和成员之间达成共同目标所订立的“契约”。既然是契约，就必须严谨。把这个严谨性表现在文书上，便是“目标卡”。目标卡等于“证据文件”。因为是证据文件，所以重要项目不可以漏列。

目标卡应和其他人力资源资料，同时列为永久保存的资料档案。目标卡要做成两份，主管和成员各执一份，正本由成员存查，副本交主管保管。成员和上级的目标卡，需要逐期保存下来，以便留下很有价值的记录文件。此项记录便是有关成员向什么工作挑战过、取得什么成果的事实依据。

目标卡是一种证据文件，所以，它必须把重要事项简单明了地写下来。

各部门间的目标卡，其设计均不相同，但每个部门内的目标卡形式应统一规定，有利于管理。无论目标卡形式如何，其内容应包括：

项目：按轻重缓急，排列顺序先后，依次填写。

预计成果：将数字用具体的文字写出。

进度：填写执行期间每个月的预先进度，尽可能以数字表示。

措施：为达成目标采取的各种措施，由执行人员协商决定后，具体地逐项列出。

所需条件：为达成目标所需主管的支援，或其他部门的配合事项。

成果：将实际成果，在期末填记，以利对照评定。

自我检讨：自定的目标，期末要做自我评定，这是目标管理不可或缺的一项。

主管指导：总评与指示。除成员自行评定、评估外，主管也要加以评估，作为设定下期目标的主要参考。

三、衡量团队目标的准则

目标管理是使团队的工作变被动为主动的一个很好的手段，实施目标管理不但是有利于成员更加明确高效地工作，更是为未来的绩效考核制定了目标和考核标准，使考核更加科学化、规范化，更能保证考核的公开、公平与公正。

（一）明确性

所谓明确就是要用具体的语言清楚地说明要达成的行为标准。很多团队不成功的重要原因之一就因为目标定得模棱两可，或没有将目标有效地传达给相关成员。

例如，将目标描述为：增强客户意识。这种对目标的描述就很不明确，因为增强客户意识有许多具体做法，如：减少客户投诉，提升服务的速度，使用规范礼貌的用语，采用规范的服务流程等，都是增强客户意识的方法手段，具体要怎么做？没有说清楚。可以修改为：在月底前把前台收银的速度提升至正常的标准（具体为一分钟或两分钟等，或者分时段来确定标准）。

因此，目标设置要有项目、衡量标准、达成措施、完成期限以及资源要求，使考核人能够很清晰地看到所在部门月计划要做哪些事情，计划完成到什么样的程度。

专栏

专栏3：前台工作的明确性表达

如果前台的电话系统维护商告诉她——要保证优质服务。

那么，什么是优质服务呢？具体的明确表达方法应该是：对紧急情况，保证正常工作时间内4小时响应。同时，“紧急情况”也需要具体定义：比如四分之一的内线分机瘫痪等。

（二）可衡量性

可衡量性就是指目标应该有一组明确的数据，作为衡量是否达成目标的依据。

例如，领导问：这个目标离实现大概有多远？团队成员的回答是：我们早实现了。说明领导和下属对团队目标的理解有分歧，原因是没有给目标一个定量的可以衡量的分析数据。

再例如，目标为：为所有的老员工安排进一步的管理培训。“进一步”是一个既不明确也不容易衡量的概念，是不是只要安排了这个培训，不管谁讲，也不管效果好坏都叫“进一步”？应该修改为“在什么时间完成对所有老员工关于某个主题的培训，并且在这个课程结束后，学员的评分在 85 分以上，低于 85 分就认为效果不理想，高于 85 分就是所期待的结果”。这样的目标才是可以衡量的。

因此，目标的衡量标准要遵循“能量化的量化，不能量化的质化”，使制订人与考核人有一个统一的、标准的、清晰的可度量的标尺，杜绝在目标设置中使用形容词等概念模糊、无法衡量的描述。对于目标的可衡量性应该首先从数量、质量、成本、时间、上级或客户的满意程度五个方面来进行，如果仍不能进行衡量，可考虑将目标细化，细化成分子目标后再从以上五个方面衡量，如果仍不能衡量，还可以将完成目标的工作进行流程化，通过流程化使目标可衡量。

专栏

专栏 4：前台工作的量化

前台工作要求的模糊表达是：要接听好电话。

具体的量化方法：“接听速度”——三声起接；“礼貌专业地接待来访”——如果前台正在接一个三言两语打发不了的电话的时候来了来访者，这时候可能就会出现来访者等了几分钟还未被搭理的现象，那么前台应该先抽空请来访者在旁边的沙发坐下稍等，然后继续处理手中的电话，而不是做完手上的事才处理下一件。目标只有通过后面的量化，才能衡量前台到底怎么样算接听好电话了，到底接待来访了没有。

（三）可实现性

一个能令人接受的目标，必须要吸引人且有高度的可行性。必须分析内部和外部的客观环境，仔细研究目标所需要的条件，包括人力、硬件、技术、信息等各方面的资源状况，以制定出切实可行的目标。并且，目标本身必须具有一定的挑战性，太困难或太容易的目标都会降低团队的士气。

目标是要可以让执行人实现、达到的，如果上司利用一些行政手段，利用权力性的影响力一厢情愿地把自己所制定的目标强压给下属，下属典型的反映就是一种心理和行为上的抗拒，一旦目标完成不了，下属会提出很多理由来推卸责任。

例如，让一个没有什么英语程度的初中毕业生，在一年内达到英语四级水平，这样的目标是不可实现的，也就没有意义；但是如果让他在一年内把新概念一册拿下，就有达成的可能性，他努力地跳起来后能够到的果子，才是意义所在。

“控制式”的领导喜欢自己定目标，然后交给下属去完成，他们不在乎下属的意见和反映，这种做法越来越没有市场。今天员工的知识层次、学历、自己本身的素质，以及他们主张的个性、张扬的程度都远远超出从前，领导者应该更多的吸纳下属来参与目标制定的过程。

因此，目标设置要坚持员工参与、上下左右沟通，使拟定的工作目标在组织及个人之间达成一致，既要使工作内容饱满，也要具有可达性。制定的目标可以是“跳起来摘桃”，但不能是“跳起来摘星星”。

（四）相关性

目标的相关性是指实现此目标与其他目标的关联情况。只有成员认为目标与他们的梦想息息相关，才能激发众人为目标全力投入。所以应该邀请成员共同制定目标，并征询大家对目标的意见以达成共识，同时必须帮助每一个成员找出目标与自己愿望的关联之处。

如果实现的目标与其他的目标完全不相关，或者相关度很低，那这个目标即使被实现了，意义也不是很大。因为毕竟工作目标的设定，是要和岗位职责相关联的，不能跑题。比如前台的工作岗位，如果要求她学习英语以便接电话的时候用得上，这时候提升英语水平和前台接电话的服务质量有关联，即学英语这一目标与提高前台工作水准这一目标直接相关。但是如果让前台人员去学习六西格码，就比较跑题了，因为前台学习六西格码与提高前台工作水准这一目标相关度很低。

（五）时限性

目标的时限性是指目标是有时间限制的，团队成员应该清楚他们应在何时完成目标。目标完成的期限要切合每一个人的具体情况，不要让目标遥遥无期，要尽量把时间缩短，采取更加实际简短的步骤。除了特别例外的情况，绝对不能容忍团队成员忽视最后期限。此外，时间限制应该随外在环境改变而有所调整，有时要做出若干改变，以适应新的情况。

例如，我将在 2017 年 5 月 31 日之前完成某事。5 月 31 日就是一个确定的时间限制，没有时间限制的目标没有办法考核，或带来考核的不公，上下级之间对目标轻重缓急的认识程度不同，上司着急，但下面不知道，到头来上司可能暴跳如雷，但下属却觉得委屈。这种没有明确的时间限定的方式也会带来考核的不公正，伤害工作关系，伤害下属的工作热情。

因此，目标设置要具有时间限制，根据工作任务的权重、事情的轻重缓急，拟定出完成目标项目的时间要求，定期检查项目的完成进度，及时掌握项目进展的变化情况，以方便对下属进行及时的工作指导，以及根据工作计划的异常情况变化及时地调整工作计划。

总之，无论是制定团队的工作目标，还是员工的绩效目标，都必须符合上述原则，缺一不可。制定的过程是对部门先期的工作掌控能力提升的过程，完成计划的过程也是对自己现代化管理能力历练和实践的过程。

四、目标制定的过程

制定团队目标的过程不是讨价还价的过程，而是领导者和团队成员之间进行目标对话的过程，那么怎样来进行团队的目标对话呢？可以通过以下五种方法。

1. 充分了解对方的期望

领导者对未来目标抱有什么样的宏观设想，成员对未来目标又是如何考虑的。双方应该共同探讨以达成共识。

2. 分析实现目标所需的资源和条件

应当充分考虑通过什么途径和方式来达成目标。目标定得高并没有关系，如果资源和投入增加了，是有机会达成一个更高目标的。

3. 寻求共同点

应当正视领导者和团队成员由于期望差异而产生的分歧。团队成员对实际工作的细节更清楚也更了解具体困难，领导者要多听取意见，但也不要被有意无意地夸大的困难所左右，领导者对团队的整体战略和资源整合仍应拥有最后决定权。

4. 以积极的态度讨论目标

讨论目标的目的是确保整个团队都用一种积极向上的态度来证实这个目标。目标最终实现时每个人都会获得更多的提升，这个提升包括自身的荣誉和成就感等。

5. 寻求团队的改进之道

不妨让团队通过培训来提升技能，也可以通过不断反省、改变自身的领导观念来改进团队的工作。

目标对话应当是团队制定目标过程中不可分割的一部分，只有这样，才能让所有成员了解并接受团队目标，进而更加努力地参与到团队建设中来。

五、个人目标要与团队目标相融合

要实现个人目标和团队目标相融合，需要做到以下三点。

1. 个人目标向团队目标看齐

作为个人，要有自己的小目标，但是作为团队成员，更要有共同的大目标，当个人目标和团队目标不一致时，应该根据团队共同目标调整个人目标，把共同目标作为自己树立个人目标的标杆，向团队目标看齐。当个人目标与团队目标大相径庭时，要从个人实际出发，分阶段树立目标，并自觉修正或改变自己的行为方向，引导自己的兴趣向团队目标转移，最终实现个人目标和团队目标的融合。

2. 不因团队目标而否认个人目标

作为团队成员，要在认同团队目标的基础上，管理好个人目标。

首先，个人目标在不与团队目标相悖的前提下，个人目标必须建立在个人的兴趣、特长、知识和能力的基础上，应该切合个人实际，通过个人的努力实现。同时，要学会把个人目标进行分解，如把年度目标分解为月目标，把月目标分解为周目标，这样一步步地细化，原来感觉很遥远的目标就具体化了，让你感觉到目标近在眼前，你就会有动力去实现你的目标。如果目标太高，会让人产生畏惧和懈怠的情绪，反而不利于目标的实现。

3. 平衡工作和生活的关系，找到两者之间的平衡点

对生活和工作要有周密的规划，要未雨绸缪，同时在发展过程中不断调整和改善两者之间的关系，使个人目标和团队目标之间不至于差异太大，无法调和，只有这样才能减少职场和家庭的冲突问题。

在工作中，团队的共同目标是非常重要的，只有始终保持个人目标和团队目标之间的协同，才能推动团队精神向前发展。

第二节　确定团队类型

团队的类型多种多样，要根据工作目标和工作任务的性质确定拟创建的团队类型。

一、职能部门团队

要创建的团队类型决定于团队总目标和任务的性质。就企业来说，一般可以按照组织系统的主要职能划分，建立管理团队、生产团队、营销团队和咨询团队。

管理团队存在于组织结构中的任何层次，根据管理层次的高低，管理团队划分为高层管理团队、中层管理团队和基层管理团队。

生产团队是直接生产产品的直线部门的团队。这类团队负责产品的开发和生产。

营销团队负责产品的市场开发、销售、售后服务。

咨询团队的任务是负责研究特别项目、特别问题、审计、质量监督、安全监督等。

每一类团队可以根据任务性质划分为更小的团队。例如，在营销团队中，可以划分为市场开发团队、销售团队和售后服务团队。一般来说，工作团队的队伍不宜过于庞大，有效互动的团队人数是有限制的，必须是一个小群体。在人数太多的团队中，因为个人与其他很多成员缺少直接的人际沟通机会，经常接触的成员容易形成更小的团队。因此，人数很多的团队其实是一个团队系统，在这个系统中存在多个小团队。

二、长期、中期和短期团队

以存续时间为划分标准，团队类型可划分为长期团队、中期团队和短期团队。

长期团队存在于组织的职能部门中，部门存在，则团队存在，团队的成员一般都是某个职能部门的员工。建立长期团队的目的是完成组织的基本职能，人员组成具有稳定性。

中期团队的生命一般从半年到几年之间。中期团队是为了完成某个特别项目设立的。如果项目需要不同领域的技能，则其人员来自许多部门，成员同时受团队的管理和原所在单位的管理。

短期团队是为了研究和解决某个问题或进行某项决策而设立的，随着问题的解决或决策任务结束后，团队便解散了。当出现新的问题需要解决或进行新的决策时，再组建新的团队。如果问题和决策任务涉及组织系统内多个部门，则团队成员从有关部门抽调，成员同时接受团队和原单位的管理。

三、自主管理团队类型

真正意义上的团队都具有自主管理的特征。但团队自主管理的程度在不同的组织内是不同的。例如，在军队中，下级团队虽然在职权范围内和需要灵活机动的时候也有自我管理权限，但由于统一指挥的需要，下级团队受上级的控制很严格，相比之下，在企业中的团队一般享有比较大的自我管理权。

根据自我管理程度的高低，可以粗略地划分为高度自我管理团队、中度自我管理团队和低度自我管理团队三种基本类型（表 2-1）。

表 2-1 团队自我管理程度

团队自我管理特征	高度自我管理	中度自我管理	低度自我管理
团队采用目标管理，团队对目标负责	几乎全部	很多	部分
团队自我监督工作的过程和结果	几乎全部	很多	部分
团队对自己的业务流程负责	几乎全部	很多	部分
团队的创新精神和创新机会	强，充分	中等，很多	低
个人受团队伙伴的影响	很大	中等	小
领导者适度使用职权，强调上下级沟通	是这样	经常是这样	有时是这样

自我管理的团队能够自我激励、自我评估、自我改进，这就大大降低了管理成本。与自我管理团队相对的是受到上级严密控制的一种群体，我们称之为“控制型群体”。

控制型群体的特点是：

（1）上级管理者对群体实行严格的过程管理，上级管理者监督群体的工作进程。

（2）上级管理者对群体很少授权，群体领导人经常向上级管理者报告工作进程和结果。

（3）在采购、库存、人事安排、生产目标、成本和质量等环节更多地依赖组织系统的计划和安排。

（4）群体较少有创新机会和创新精神。

（5）个人受群体管理者的影响很大，管理者更多地依靠职权管理。

由于控制型群体需要严密监督和控制，人力资源管理成本比较高。

第三节 分析团队角色

社会角色是与社会关系相对位置关联的、为社会文化认可的一组行为模式。在特定的社会关系结构中，每个人都处在一个特定的互动位置，社会文化要求占据特定位置的人应该表现出社会所期望的一组行为方式，这组为社会认同的行为方式构成了一个社会角色。例如，社会文化要求或期望身处“警察”位置的个人表现出符合社会文化认同的一系列行为方式，比如维持社会秩序，阻止犯罪等。

团队是一个小社会，团队中的角色是指团队文化所认同的一组行为方式，团队成员被团队期望表现出符合团队角色的一组行为。

分析团队的角色，有助于我们识别团队的分工和不同的活动方式。团队的角色可以分为一般角色、临时角色、工作岗位角色和非正式角色。

一、团队的一般角色

团队的一般角色是根据概括化的基本职能确定的角色，例如，领导者角色、观念产生者角色、监督评价者角色、专家角色等。这些角色与工作岗位有关系但并不固定对应于具体的工作岗位，而是对各类活动的主要功能进行概括、抽象出来的角色界定。

团队角色的互动具有合作的本质属性。从工作技能的需要来说，团队的角色必须是技能互补、相互支持的。剑桥产业培训研究部前主任贝尔宾博士和他的同事们经过多年在澳洲和英国的研究与实践，提出了著名的贝尔宾团队角色理论，即一支结构合理的团队应该由九种角色组成。贝尔宾团队角色理论是，高效的团队工作有赖于默契协作，团队成员必须清楚其他人所扮演的角色，了解如何相互弥补不足，发挥优势。九种角色中，无论缺少哪一种角色，团队都不是完整的，他们根据角色的主要功能，把这九种团队角色划分为三大类：理智的角色、行动取向的角色和面向人的角色（图 2-1）。

（一）理智的角色

（1）观念产生者。观念产生者提出新观念和战略，特别关注重大问题，寻求突破和创新。其特点：富有创造力和想象力，敢于突破陈规，注重战略。缺点是往往不拘小节。

（2）监督评价者。监督评价者分析问题，评价意见，促进团队决策。特点是认真，善于观察，精于分析和判断。缺点是：可能缺乏鼓舞别人的能力。

（3）专家。专家为团队注入技术信息。缺点是埋头技术，对其他问题关注不够。

（二）行动取向的角色

（1）塑造者。塑造者以行动为特征，主要是激发行动，其行动动机强烈，但对团队人际关系的维持不够关心，待人缺乏耐心，对同事常常公开批评，敢于冒犯同事的情感。当一个团队有几个塑造者的时候，人际关系往往比较紧张。但在团队遇到困难动力不足的时候，塑造者的价值就有机会充分体现出来。

（2）执行者。执行者将观念转变为实际工作程序，执行工作计划。缺点是可能不够灵活，对新的变化反应比较慢。

（3）完成者。完成者通常确保团队不犯错误，不遗漏必要的事情。他们关注需要特别关注的细节，在团队中维持一种工作紧迫感。可容忍的缺点是常过度担忧一些事情，对新变化反应比较慢。

（三）面向人的角色

（1）协调者。协调者指导和控制团队朝目标前进，促进团队决策，保证团队成员不偏离团队的航向和轨道，确保团队资源得到最好的使用。特点：成熟、自信，善于担任会议主席和澄清团队目标，清楚团队的优点和缺点。缺点是可能给人一种在操纵别人的印象。

（2）团队工作者。团队工作者的主要特点是支持其他成员，例如对其他成员提出的意见进一步完善，对有困难的成员提供支持和帮助，改善成员的沟通，促进团队精神的建设。团队工作者善于与人沟通，对人友好，善解人意，关心人，很少挑剔别人，一般不做重大决策。缺点是有时当断不断，犹豫不决。

（3）资源调查者。资源调查者关注团队外部的观念、发展情况和可以利用的资源，建立外部联系，进行谈判。这种人性格外向，热情，善于沟通。缺点是可能过度乐观，有时热情不能持久。

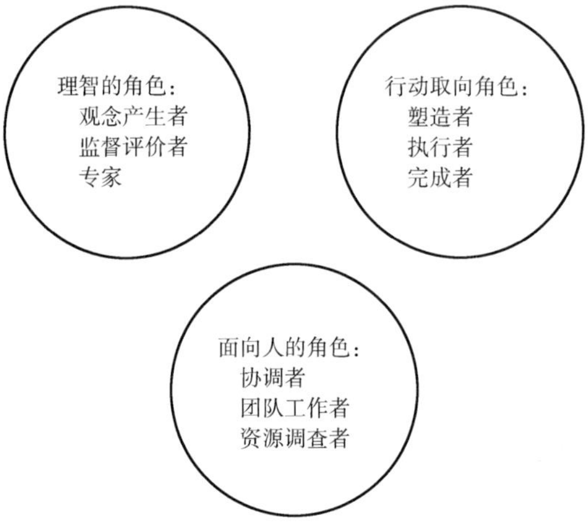

图 2-1　团队的三类一般角色

需要注意的是，贝尔宾等对一般角色的描述，不是针对具体的工作职务角色的描述，而是对团队中存在的一般行为方式和一般团队角色职能的描述，而且带有一定程度的理想化的色彩。贝尔宾等的角色定义只具有一般的意义，我们不能机械地理解这些角色。例如，对于各类角色人的缺点，在具体人身上未必如此体现。其他某些方面的特点在具体人身上也未必很精确地符合贝尔宾的描述。毕竟个人在履行某个角色时会受到个性的影响，因此，实际表现的角色与典型的角色有一定的差距，实际生活远比理论模型丰富和多样。

在一个团队中，一个人可能同时担任两个角色或更多的角色。例如，某个人同时担任协调者和团队工作者的角色。一种角色，有时同时有几个人在担任，一个人担任的主要角色随着时间、情境的转变也会发生变化。

不同的具体情境对角色行为方式的要求是不同的。例如，在会议这样的情境中，团队的各类角色表现出与会议相应的角色特点。因此，就需要另一种表达方式来描述会议过程中的团队角色。

二、会议中的团队角色

临时角色是为了解决临时的问题而组建的团队里的角色。最常见的临时角色是会议的角色，会议角色只存在于会议持续期间，会议结束，角色即终止。

一些研究者认为，在会议过程中存在八种基本的角色（图 2-2）。

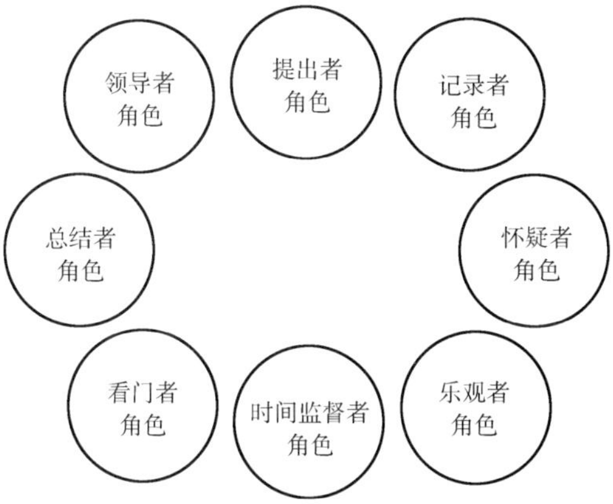

图 2-2　会议过程的八种基本角色

（1）领导者角色。负责管理整个会议，设置会议议程，促进和监督会议的进程。

（2）提出者角色。提出新的观念和意见。

（3）记录者角色。客观地记录团队成员提出的任何意见。

（4）怀疑者角色。批评其他人的意见。

（5）乐观者角色。对困难持积极的态度，积极寻找解决问题的办法。

（6）时间监督者角色。对会议进程的时间进行记录和监督。

（7）看门者角色。保证每个成员有表达的机会，要求成员发言或组织投票表决。

（8）总结者角色。总结、综合团队的各种意见。

一个人可以担任几个会议角色，同样，有的会议的角色可以由多人同时或轮流履行，例如提出者角色和怀疑者角色。在具体的会议中，可能缺少某种角色，例如缺少怀疑者角色。对于会议过程中的团队角色，不能机械地理解。

三、团队的工作岗位角色

工作岗位角色也就是通常说的职务或职位。例如在企业里的总经理、部门经理、会计、出纳、业务员、采购员、保安等都是岗位角色。工作岗位角色与工作岗位相捆绑，根据工作的需要来设计。有什么样的工作岗位，就有什么样的工作岗位角色，这是最持久、最稳定的角色。

四、团队的非正式角色

团队的正式角色是团队正式安排的角色，包括岗位角色和正式安排的临时角色；而团队的非正式角色是团队成员在工作和生活过程中自发形成的互动角色。

团队成员在互动过程中形成特定的人际关系状态，其中有些人结成更为紧密的人际关系。同事之间的人际关系互动，既出于工作需要，也出于个人人际交往需要。满足个人人际交往需要的互动是成员自发进行的，并非出于团队的安排，这种满足个人人际交往需要的互动过程中自发形成的角色，就是非正式角色。

正式角色的互动是工作任务取向的，是为了更好地完成团队的工作。非正式角色的互动是个人需要取向的，目的是满足个人交往的需要。非正式角色互动不直接与团队的工作目标和任务有关，虽然未必能促进工作任务的完成，非正式角色互动能满足个人交往需要，对个人心理健康是必要的，因此有利于提高员工士气，能够活跃团队中人际关系的气氛，有利于团成员加强沟通、融洽情感，对增强团队凝聚力是有利的，因此对团队合作产生积极作用（表 2-2）。

表 2-2　　团队几类角色的主要特点

一般角色	从工作岗位角色和临时角色的基本功能中抽象出来的角色
临时角色	为解决临时问题、项目而设定的角色
工作岗位角色	根据工作需要设定的，与工作岗位相捆绑的角色
非正式角色	在工作和生活过程中自发形成的互动角色，可以满足个人交往的需要，一般有利于团队中人际关系的发展

团队成员的选择决定于人员技能相互搭配的总体效应。团队人员各自的技能是相互补充的，而不是对称的。一个团队需要多种技能，每个人的技能与其他成员的技能有很多相似的地方，但每个人也有自己的技能特点。一个全部由具有一样技能的人员组成的群体，是无法完成复杂任务的。

不仅团队人员的技能相互补充，他们在个性特征方面也不应当是一个模式，一个团队需要各种角色。

第四节 配置团队人员

配置人员是指挑选人员并将各种不同性质的工作职责分配给适合的人。人员配置的原则是使工作与人员匹配，也就是说，由适合的人担任合适的工作，使工作条件适合工作者，二者的匹配尽量达到最佳状态。所以应根据团队工作目标、任务、团队类型、工作要求和成员的情况来配置团队人员。

一、分析工作和人员

（一）在人员配置前对岗位进行分析

首先，分析工作岗位的内容和性质，包括：

（1）工作目的和任务。

（2）工作责任和权力。

（3）工作条件和主要困难。

（4）工作与其他工作的关系。

（5）工作在整个组织结构中的位置。

其次，分析工作岗位需要的人员素质、条件：

（1）学历和专业背景。

（2）工作经验。

（3）工作技能。

（4）对工作者个性的要求（性格、能力、性别等）。

（二）分析候选人员

团队成员的选择决定于团队的工作岗位要求和个人因素。总的要求是：人与事匹配，即工作任务性质与个人因素匹配，人与人和谐，即成员相互的个性匹配，关系和谐。

团队成员的选择应考虑如下因素：

（1）个人的学历和专长。

（2）个人的工作经验。

（3）个人的个性品格。

（4）个人承担具体岗位的意愿。

（5）候选人员相互间的人际关系。

（6）候选人员间的技能互补情况。

（7）候选人员相互个性的匹配情况。

人的因素是最重要的。选择人员的一个陷阱是以僵化的观点看待人，特别是关于人的能力和专长，应充分考虑每个人的能力和技能是发展的。当个人目前没有完全具备某技能时，通过一段时间的学习和实践就可能具备，既要考虑每个人当前已经掌握的知识和技能，也要考虑每个人的发展潜力和发展动力。如果过分强调一个人当前已经具备足够的知识和专业能力，就很可能失去一个很好的人选。

团队所需的人才可以面向全社会招聘，但是通常大部分的团队人选来自本组织内部。有时组织内部可供选择的候选人员有限，尤其是当组织规模比较小，人数比较少的时候，符合要求的团队人员不足，在这种情况下组建的团队，成员存在一些缺陷是很自然的，如果是技能缺陷，则需要培训；如果是性格不太和谐，就需要人们主动协调。

二、选择人员配置方式

可供选择的团队人员的配置方式有以下几种。

1. 指派领导

根据团队工作岗位分析和人员分析的结果，由组织管理者征求团队成员候选人的个人意见后再确定人员名单，然后指定一个团队领导人，再由这个团队领导人分配团队角色给其他成员。这种方式比较适合组织对候选的团队领导者已经有明确的人选，而且建立团队的时间比较急迫的情况。

2. 沟通协商

根据团队工作岗位分析和人员分析的结果，由组织管理者征求候选人意见后确定团队成员名单，但不指定团队领导人，而是提供条件让候选人有互动沟通的机会，等团队成员经过一段时间的互动后由成员自行选出团队领导人，在团队领导人的主持下与成员协商分配角色。这种方式比较适合建立团队的时间表，进程比较从容，而且对领导人的人选一时难以确定的情况。

3. 自荐考核

根据工作岗位分析和人员分析的结果，确定工作岗位和所需人员，岗位一律公开招聘，由应聘者自荐拟担任的工作，组织管理者组织专家进行考核，经过组织考核，确认岗位人员配置。这种方式开放程度大，适合管理者对组织系统内人才不十分了解的情况，自荐考核可以让那些平时不为人注意的人才有展现的机会。

4. 临时组合

当临时出现需要讨论研究的问题时，组织临时召集一批人组成讨论型团队，除了讨论会的主持人和少数负责记录的工作人员外，不再具体分配工作角色。这种方式适合使用“头脑风暴法”征集各部门意见的情况。

三、配置人员的流程

（1）制订用人计划。使用人计划的数量、层次和结构符合组织的目标任务和组织机构设置的要求。

（2）确定人员的来源。即确定是从外部招聘还是从内部重新调配人员。

（3）确定备选人员。对应聘人员根据岗位标准要求进行考查。

（4）确定人选。必要时进行岗前培训，以确保能适用于组织需要。

（5）将所定人选配置到合适的岗位上。

（6）对员工的业绩进行考评。考核员工业绩，并据此决定员工的续聘、调动、升迁、降职或辞退。

专栏

专栏5：项目团队成员配置的流程

1. 工作分析。项目团队成员的选择流程是从工作分析开始的。工作分析能够识别一个成员必须完成的任务，每项任务的完成需要哪些知识、技能和能力。

2. 预选项目团队成员。每个组织都有自己的人力资源信息库，它包括员工的基本信息、成功的项目经历、工作状态、价值取向、人气/人格取向、团队角色取向、能力知识取向等。这一步实际上是判断项目团队能否与项目特点相和谐。

3. 初步确定团队成员。预选了项目团队成员之后，就要考察这些成员相互之间在人际关系方面是否和谐，在人格上是否匹配，在团队角色上是否相称。如果成员之间相互匹配、和谐，就将其初步确定为团队成员；否则，就重新选择项目团队成员。

4. 确定正式团队成员。如果项目团队成员之间在人格、团队角色等方面融洽了，还要看这些成员与项目的利益相关者之间是否匹配。否则，还要看这些成员所具有的技能能否弥补这种不足。如果某成员的知识和技能水平确实很高，能够弥补与利益相关者在人际关系上的不和谐，也可以成为项目的正式团队成员；如果某成员所具有的技能不能弥补这种不和谐，就需要重新选择团队成员。

5. 选择合同团队成员。第一，要明确所需要的技术类型、成员数量和具体的时间框架；第二，撰写工作说明书和工作规范，选择相关组织、部门或成员分发工作说明书和工作规范；第三，建立评估标准，评估并筛选符合条件的合同团队成员。评估通常采用评分表的形式，它包括一组有关主要特征和功能的问题，通过对每个问题进行加权，计算评分结果。第四，与合同团队成员签订合同。

四、配置人员的原则

（一）经济效益原则

组织人员配备计划的拟定要以组织需要为依据，以保证经济效益的提高为前提，它既不是盲目地扩大职工队伍，更不是单纯为了解决职工就业，而是为了保证组织效益的提高。

（二）任人唯贤原则

在人事选聘方面，大公无私，实事求是地发现人才，爱护人才，本着求贤若渴的精神，重视和使用确有真才实学的人，这是组织不断发展壮大，走向成功的关键。

（三）因事择人原则

因事择人就是员工的选聘应以职位的空缺和实际工作的需要为出发点，以职位对人员的实际要求为标准选拔、录用各类人员。

（四）量才使用原则

量才使用就是根据每个人的能力大小安排合适的岗位。人的差异是客观存在的，一个人只有处在最能发挥其才能的岗位上，才能干得最好。

（五）程序化、规范化原则

员工的选拔必须遵循一定的标准和程序。科学合理地确定员工选拔标准和聘任程序是组织聘任优秀人才的重要保证。只有严格按照规定的程序和标准办事，才能选聘到真正愿为组织的发展做出贡献的人才。

第五节 团队成员融合

团队新成员融合的过程是一个不断交换个人信息，彼此理解、加深关系和感情、建立比较稳定的互动关系的过程。

团队新成员融合过程经历以下几个典型阶段。

一、交流个人表层信息的阶段

人们刚刚加入一个新组合的团队时要经历一个相互认识的阶段。个人信息的分享是相互信任的基础，对于合作伙伴不了解，是一件令人尴尬的事情。刚刚组成一个新团队的成员之间相互不熟悉，急于了解成员的一些基本情况，包括个人姓名、来自哪里、学历、专业、专长，甚至家庭信息等，这个阶段比较短。

二、交流个人深层信息的阶段

当成员相互分享了彼此的个人表层信息以后，随着合作互动的进程，彼此交谈得越来越多，也越来越深入，于是开始分享个人深层次信息。个人深层次信息包括个人对事物的态度、对事物价值的评价和判断。这时伙伴之间常常对事物能够相当直率地交换看法。这个阶段持续比较长。适当的团队管理方式和团队活动可以促进人际互动的进程，从而缩短这个阶段。

三、暴露互动关系不协调的阶段

经过交流个人深层次信息阶段后，团队成员彼此相当熟悉了，对伙伴的需要、动机、情感、态度、技能、特长、个性特点、行为方式等个人信息有了相当全面的了解。总的来说这时团队成员的合作互动很默契，但是个人的一些缺陷、缺点也开始暴露了。人际互动关系开始暴露出一些不和谐、不协调的情况，个人对其他人的印象可能存在误解、偏见，还会出现争论甚至争吵，不同意见时有交锋。

四、重新调整互动关系的阶段

在这个阶段，人们对于团队内部的不协调互动关系开始进行调整，并且逐渐适应相互的特点。一方面，人们会进行自发的个人自我调整；另一方面，团队管理者也可以采取一定的措施促进调整。例如，在发生激烈冲突的时候召开会议，提供直接交流意见的机会，或者帮助成员分析关系不和谐的原因，探讨如何改善互动方式以促进互动。

五、稳定运行的强凝聚力阶段

团队成员互动进展顺利的话，团队将进入一个凝聚力很强的稳定阶段。在这个阶段，团队工作流程顺畅，人际关系融洽。

凝聚力对于群体的合作是重要的因素，尤其对于团队更是如此。凝聚力体现为人们相互信任，相互喜欢，有强烈的群体归属感等三个特征。

群体凝聚力的基础包括如下因素：

(1) 个人有归属群体的需要。每个心理正常的人都希望与其他一些人沟通并结成一个群体，个人在群体中可以获得许多利益，满足个人多方面的需要。在工作群体中，个人获得工作的机会、个人业务能力发展的机会、工作经验积累的机会、与同伴沟通的机会、发展友谊的机会和共同娱乐的机会等，群体提供个人满足这些方面需要的稳定机会。

（2）合作的经验。人们在分享群体共同的目标和利益的长期过程中，积累了合作的经验，长期体验到彼此相互支持、相互尊重的积极情感，逐渐树立起相互尊重和相互爱悦的态度。

（3）个性相容。群体成员的个人性格特征相互之间能够相容。个人性格特征在个体之间有很大差异，由于成员加入群体和群体挑选成员决定于许多因素，多数群体不可能全是由具有完美的个性特征的个人组成的，群体成员的个性必然是复杂的，有个体差异的。一个和谐的群体不是追求每个人性格完美，而是追求成员在性格特征方面能够相容、和谐相处。

群体凝聚力对群体的团结和合作固然是好事，但是凝聚力强也可能引起一些副作用。比如，成员之间不愿意相互批评，共同抵制来自群体外面的批评意见。作为特殊群体的团队，从理论上讲，团队应允许成员发表对团队的批评意见和虚心接纳外来的批评意见。团队成员对团队领导有不同意见，可以也应该发表意见。但是，因为团队是处在组织系统和社会大系统中，团队成员也受到组织文化和社会文化的影响。社会文化中“应该维持他人面子”的观念和道德要求，常常使人不愿意直率地批评别人，而“面子放不下”的心理特性也使得不少人不容易接受直率的批评意见。凝聚力强的团队同样面临如何克服这个相互之间不愿意批评的问题。

在一个大的组织系统中，往往同时存在多个小团队，凝聚力倾向于围绕小团队。在存在多个小团队的组织系统中，小团队比整个组织系统的凝聚力更强。其主要原因是人们与所在的小群体的伙伴沟通更多、更深，自然感情更深，也更为相互依赖（表2-3）。

表2-3　团队成员融合经历的主要阶段及其主要特征

团队成员融合过程	主要特征
分享个人表层信息阶段	交换、分享个人的类似于个人简历上常见的个人信息
分享个人深层信息阶段	交换、分享个人的态度、价值观点
发现互动关系不协调阶段	个人暴露出缺点，发现彼此不协调的情况
重新调整互动关系的阶段	个人自我调整，团队采取适当方式进行干预
稳定运行的强凝聚力阶段	团队形成，凝聚力很强，团队运行稳定

团队成员的融合离不开互动的机会，应全面提供工作情景中的互动机会。

团队不同于传统的控制型群体，团队沟通网络应当全面开花，即下行沟通、上行沟通和平行沟通以及“葡萄藤沟通”（即非正式沟通渠道）都是很畅通的。团队的全面沟通使人们能够比较充分地分享信息资源和分享情感。

团队还应当提供休闲、娱乐情境中的互动机会。例如，周末、节假日团队组织集体出游等。

团队游戏在培养团队合作精神方面具有特殊的功能，尤其是对培训新的团队成员具有特殊的作用。团队游戏能够促进刚刚组合的团队成员加快彼此认识的过程。在团队游戏过程中，解除了工作情境中的上下级身份角色束缚，团队领导与成员打成一片，增强了凝聚力。游戏不同于工作。游戏过程中，人们没有工作压力，身心放松愉悦，不论成功与否，都很愉快开心。团队游戏训练给人们提供了在愉快放松的情况下体验合作价值的机会。

拓展阅读

拓展阅读：创业团队人员配置

一、创业初期

团队有四名成员，即四个部门管理总监。

（一）主要管理层人员分配

总经理、财务总监、宣传总监、运营总监。

（二）岗位描述

1. 总经理：其主要职责为负责公司日常业务的经营管理，经授权，对外签订合同和处理业务；组织项目运营组班子，提出任免运营组长、部门负责人等重要职员的人选，并组织会议由总部讨论批准；定期向股东会报告业务情况，向股东会提交年度报告及各种报表、计划、方案，包括经营计划、利润分配方案、弥补亏损方案等。

2. 运营总监：主要负责监督项目的日常运营情况，进行市场调研与预期，对公司的经营策略提出合理规划，提交总部讨论，并组织实施；项目教练人事管理，负责员工的招聘工作及设备的购买；组织绩效评定并结合绩效评定进行薪酬管理。

3. 宣传总监：负责把握项目的文化定位；进行报刊及娱乐视频的选择、创建品牌网站并进行网站维护；协助运营部门策划促销主题活动并进行宣传。

4. 财务总监：负责公司的财务工作，保证所有财务活动的合法审批登记，维护公司的利益；负责处理公司账务，编制报表，纳税申报；负责分析财务状况和投资活动可行性，帮助公司融资。

二、公司经营中期

（一）人员配置

在企业发展中期，四名成员成为公司董事会股东，并且增加融资，新接纳2~3个股东。

（二）岗位描述

1. 运营监督部：由原有运营总监发展而来。负责公司具体战略的规划，监督直营分销项目的日常运营情况，进行市场调研与预期，对公司的经营策略提出合理规划，提交总部讨论，并组织实施。

2. 后勤部：后勤管理部设总监1名，员工3名，共4名员工。负责各个项目在日常运作中的设备供应，设备维修，安排好整个出行活动以及每个具体的活动的出行必需品的部门，后勤管理中心工作旨在保证公司提供的服务质量。

3. 财务部：负责公司全部财务工作。财务部设总监1名，员工3名，财务中心共有员工4名。

财务部主要负责公司财和物的规划与控制。主要职能有：

（1）组织执行国家有关财经法律、法规、方针、政策和制度，保障公司合法经营，维护股东权益。

（2）领导编制和执行预算、财务收支计划、信贷计划，拟订资金筹措和使用方案，开辟财源，有效地使用资金。

（3）领导进行成本费用预测、计划、控制、核算、分析和考核，督促公司各职能部室、各内部独立核算单位降低消耗，节约费用，提高经济效益。

（4）建立、健全经济核算制度，利用财务会计资料进行经济活动分析，参与经济决策。

（5）领导内部审计活动，监察、评价公司经营管理状况，完善内部控制。

（6）加强库存商品的管理，对库存商品的数量和成本进行合理控制，提高存货周转率。

（7）领导财务系统的培训和考核工作，提高财会人员的政治业务素质，并保持财会队伍的相对稳定。

（8）领导做好会计凭证、会计账簿、会计报表以及其他会计资料和财务管理资料的保管与定期存档工作。

（9）领导做好保密工作。

4. 产品开发部：产品开发部设总监1名，员工2名。主要负责旧产品服务的改善以及新产品的研究开发，主要为公司的长期发展作准备。这一部门的员工需要对户外运动及各处地形情况有详细的了解。

5. 人力资源部：人力资源部设总监1名，员工2名，共3名员工。

人力资源部负责满足公司对人员的可支配性的建立和保证，运用现代化的科学方法，对与一定物力相结合的人力进行合理培训、组织和调配，使人力、物力经常保持最佳比例，同时对人的思想、心理和行为进行恰当的诱导、控制和协调，充分发挥人的主观能动性，使人尽其才，事得其人，人事相宜，以实现组织目标。具体来说，人力资源中心有以下职能：

(1) 落实公司的管理战略和管理思想，建立人性化的人力资源管理制度，包括人才的引入、考核、辞退、奖励、惩罚、激励等制度，保证公司在正确的时间和地点能够用上合适的人，并保证公司人力能在规定的时间和框架内完成既定的目标。

(2) 建立起员工档案，了解每个员工的基本情况、性格特征和特长，帮助建立起和谐的公司—员工关系。

(3) 与各人力资源机构保持密切的关系，为公司的人才供应提供必要的信息支持和来源渠道。

6. 广告文化部：负责企业文化的完善工作，特别是公司项目与赞助品牌之间的文化结合，负责新产品的广告推广工作，扩大公司品牌知名度。

三、公司经营后期

后期公司在已有组织结构方面将不做大动作调整，但要着力完善部门内部分工，增加工作效率。

练习

练习 1：你是自立自强的人吗？

在日常生活、工作中，如果遇到困难，你毫不犹豫地请他人帮忙，还是自己解决？你的独立性怎么样呢？你会选择下面哪个答案？

A. 先自己解决，如果没有必要，不会去找朋友帮忙

B. 先找朋友解决，如果朋友没办法，再自己想办法

C. 不管困难多小，一开始就找朋友帮忙，免得自己把事情搞砸

D. 不管多困难，坚决不找朋友帮忙

分析：

选 A：你是个独立性很强的人，遇到困难都先自己解决，想办法试试看，真的不行，也不会外行充内行，会找一些救兵来帮忙。这样的心态从人际关系上来讲，可以有个合理的求救动机，朋友听到你是真的做不来，帮你的意愿会比较强，而且你的尊严和对方的感觉也会比较平衡。因为，对方在你真的做不到时才来帮忙，可显示出他的重要性；而且对方在心里觉得你很独立，但又不

孤僻，是个很好相处的人。如此一来，你的人际关系又有了进展，不管在广度或深度方面，都会有很好的成绩。

选B：你是个很聪明、很会利用朋友资源的人，这样可以缩短你和朋友之间的距离，又可以节省自己的体力和精神。这一招通常是女性用才有效，而男性用这招就会给人一种一无是处，甚至毫无男子气概的印象。不然，你先承认自己很没用，实在是不会解决这些问题，别人才会以同情的心态来帮你。这种心态基本上不会令朋友反感，不过一定要选对人，如果选帮人意愿不强的人，你就只好自己解决了。

选C：你如此依赖朋友，可能不是能力不足，而是你在暗示自己：我是做不到的！这种自我设限的暗示，可能来自你的自卑感，或许你曾经受过很大的挫折，或许你心理压力太大，以至于不敢轻易尝试着去解决问题。如果你不能打开这个心结，一味地依赖别人，到头来会造成恶性循环，一来使你的依赖性更大；二来你会吓走朋友。一旦你再也没有依靠，你可能要费很大力气振作起来。因此，奉劝你赶快自立自强。

选D：你是个死要面子的人，最主要的是你心中有自卑感在作祟。你总认为别人来帮助你是在贬低你的价值，这不仅伤了你的自尊，也破坏了你的形象，影响别人对你的看法，因此，你宁愿把自己搞得很狼狈，让自己下不了台，也不愿请人帮忙。这样的个性，不仅得不到朋友的谅解，还会让人觉得你是一个很没有人情味的人，而不想跟你接近；另外，想要帮助你却又碰了一鼻子灰的人，也会觉得你不近人情。

练习2：团队角色测试

下面有七个测试题目，请把10分按照最能描述你的行为的方式，分配到1至8之间，可以出现0.5分。在极端的情况下，你可以把10分全部分配给一个句子，当然很可能某几个句子的得分是零分。

一、我认为我所能贡献给团队的是：

1. 我能够迅速看到并且利用机会。

2. 我非常善于同各种类型的人一起工作。

3. 我认为贡献思想、产生主意是我的一个天然资源。

4. 我的能力在于，不管什么时候，只要我觉得谁具备一定价值，我就能说服他为团队的目标做贡献。

5. 我认为善于跟进和落实对我的个人成就起很大作用。

6. 如果最终能有好的结果，我准备接受暂时的孤立。

7. 我经常能感觉出来什么是现实的和可行的。

8. 我善于在不带偏见的情况下，提出新的替代方案。

二、如果我在团队合作方面有什么缺陷的话，我认为可能是：

1. 开会时，如果会议没有完整的结构，进程没有严密的控制，我会感到不安。

2. 对那些持有正确看法，却没有受到适当对待的人，我往往过于宽厚。

3. 每当团队讨论新想法时，我往往说得太多。

4. 我对目标的看法阻碍我满怀热情地与同事们相处。

5. 人们有时会认为，在必须做出某件事时我比较强制和专断。

6. 我发现自己不太容易在前面带领别人，可能是因为太在意团队气氛了。

7. 我太容易被各种主意所吸引，却忘记了眼下应该做什么。

8. 同事们认为我没有必要那么担心细节，也不必那么担心事情会出错。

三、在与别人合作，共同完成一个项目时：

1. 我的态度会影响别人，不需要动用压力。

2. 对细节的关注使我避免粗心和疏忽。

3. 需要时我会敦促人们采取行动，确保会议没有浪费。

4. 人们指望我贡献创意。

5. 我随时准备支持对大家都有好处的建议。

6. 我总是热切寻找新的思想和新发展。

7. 我相信自己的判断力有助于形成正确的决策。

8. 在确保所有必需的工作都得到精心组织方面，我不负众望。

四、在对待团队工作方面，我的特点是：

1. 我真诚地渴望深入了解同事们。

2. 我不怕挑战其他人的观点，也不怕成为少数派。

3. 我经常能找出一大串论点来拒绝没有道理的建议。

4. 我认为一旦计划要实施，我的才能在于让计划变成现实。

5. 我有一个倾向：避免一清二楚的东西，追求未知。

6. 对待任何我承担的工作，我都抱着追求完美的态度。

7. 我乐于动用团队以外的关系。

8. 一方面，我对所有主意都有兴趣；另一方面，在必须下决心时我决不犹豫。

五、我在工作中的满足感来自：

1. 我热衷于分析情况，然后权衡所有可能的选择。

2. 我对找出解决问题的方法特别有兴趣。

3. 我喜欢看到自己正在工作中培植良好的人际关系。

4. 我对决策有很大的影响力。

5. 我能结识能够提供新东西的人。

6. 我能让人们同意行动路线。

7. 我能看到工作在我手中最后完成。

8. 我喜欢找一个能挑战想象力的领域。

六、如果突然接受一个困难的任务，时间紧张，人员又不熟悉，这时：

1. 我想缩到角落里先想出一个走出僵局的思路，然后再制定行动方案。

2. 我很乐意与那个能够给我最正面方法的人合作。

3. 通过确定不同的人最适合做什么，我想办法把任务化小。

4. 我的紧迫感将有助我们确保不延误工期。

5. 我相信自己应该保持冷静，发挥自己敏锐的思考能力。

6. 即使在压力面前我也坚持明确的目的性。

7. 如果我觉得团队没有进展，我愿意担当积极的领导作用。

8. 我会展开讨论，激发新的想法，推动事情开始启动。

七、在遇到问题时：

1. 对那些阻碍进展的人，我容易表现出不耐烦的态度。

2. 其他人可能会批评我做太多的分析，缺少直觉。

3. 去要求做工作应该有条不紊，这一点有可能阻碍工作进程。

4. 我很容易厌倦，常常依赖一两个团队成员激发我的热情。

5. 我如果觉得目标不清楚，便很难启动。

6. 有时候我很难把复杂的问题对其他人解释清楚。

7. 我知道别人向我求助一些我自己也不会做的事情。

8. 当我遇到强烈的反对时，我不太愿意表达自己的看法。

评分：请把每道题中8个选项的分数填入下表相应空格。每行代表题号，然后按照列的方向汇总分数。

	IM		CO		SH		PL		RI		ME		TW		FI		
一	7		4		6		3		1		8		2		5		
二	1		2		5		7		3		4		6		8		
三	8		1		3		4		6		7		5		2		
四	4		8		2		5		7		3		1		6		
五	2		6		4		8		5		1		3		7		
六	6		3		7		1		8		5		2		4		
七	5		7		1		6		4		2		8		3		
总分																	

测试结果说明：

类型	典型特征	积极特性	能容忍的弱点
实干者（IM）	保守；顺从；务实可靠；计划性强	有组织能力、实践经验；工作勤奋；有自我约束力；相信一分耕耘一分收获；立足于本职	缺乏灵活；对没有把握的主意不感兴趣；当变革产生时最易感到紧张
协调者（CO）	沉着；自信；有抑制力；属于众星捧“月”；可以称得上民间领导人	对各种有价值的意见不带偏见地兼容并蓄，甚为客观；个人魅力极强；有时可以解决公司内解决不了的问题	在智能及创造力方面并非超常；不依靠权力压制别人；有时会认为自己对团队贡献最大
推进者（SH）	思维敏捷；开朗；主动探索；新事物的倡导者	有干劲，随时准备向传统和低效率、向自满自足挑战；说干就干；受领导赏识；说到做到	好激起争端，爱冲动，易急躁。反对拖拉；有争议的角色；注意准确性
创新者（PL）	有个性（内向）；思想深刻；不拘一格；点子型人才	才华横溢；富有想象力；智慧；知识渊博；亚洲经理人最缺乏的角色；企业创建初期和需要变革时最需要	高高在上；不重细节；不拘礼仪；与群体距离远；不喜欢条条框框
信息者（RI）	性格外倾；热情；好奇；联系广泛；消息灵通做规划时需要信息者帮助	有广泛联系人的能力，不断探索新的事物；勇于迎接新的挑战；BP 机、电话随时响，下班通常不直接回家	事过境迁，兴趣马上转移；喜新厌旧
监督者（ME）	清醒；理智；谨慎；最高决策团队中的一员	判断力强；分辨力强；讲求实际；站在很远处观察；善于权衡利弊	缺乏鼓动力和激发他人的能力；对任何事顶多说还行；挑剔别人
凝聚者（TW）	擅长人际交往；温和；敏感；牺牲自己照亮别人；不过分强调自己	有适应周围环境及人的能力；能促进团队的合作；团队中的润滑剂	在危急时刻优柔寡断；考虑人际关系过多；太在意“合”为贵
完善者（FI）	勤奋有序；认真；有紧迫感；追求卓越；精益求精；注意细节	持之以恒；理想主义追求完美；不会做没把握的事；120% 成功；专家型人物；要求别人和他一样好	常拘泥于细节，不洒脱；自己累；手下人更累；但成长快，可以学到很多技巧；过注重小事，多授权

练习 3：对下列描述选择“是”或“否”

1. 您经常与团队成员共同商讨有关问题。

是　否

2. 成员能够积极地对目标提出改进意见。

是　否

3. 团队制定目标后召开所有成员参与的“目标发布会”。

是　否

4. 团队目标不是您一个人来制定、全团队都参与其中。

是　否

5. 在对目标进行任何变动之前，您都会征询成员的意见。

是　否

6. 对于偏离目标的做法，所有成员都会明确表示反对。

是　否

参看答案：上述6题中，如果选择“是”的情况多于4个，那么说明您的团队具有比较完善的目标对话机制，所有成员都能参与到制定目标中来，从而提高了实现目标的可能性。

游戏

游戏1：松树和大树

适合人数：10人以上

材料及场地：无要求

时间：10~20分钟

操作程序：

1. 事先分组，三人一组。二人扮大树，面对对方，伸出双手搭成一个圆圈；一人扮松鼠，并站在圆圈中间；培训师或其他没成对的学员担任临时人员。

2. 培训师喊“松鼠”，大树不动，扮演“松鼠”的人就必须离开原来的大树，重新选择其他的大树；培训师或临时人员就临时扮演松鼠并插到大树当中，落单的人应表演节目。

3. 培训师喊“大树”，松鼠不动，扮演“大树”的人就必须离开原先的同伴重新组合成一对大树，并圈住松鼠，培训师或临时人员就应临时扮演大树，落单的人应表演节目。

4. 培训师喊“地震”，扮演大树和松鼠的人全部打散并重新组合，扮演大树的人也可扮演松鼠，松鼠也可扮演大树，培训师或插其他没成对的人亦插入队伍当中，落单的人表演节目。

目的：在混乱中迅速找到你的合作伙伴，考察学员建立新团队的能力。

游戏 2：圆球游戏

适合人数：每组约 20 人

材料及场地：空旷的地方

时间：10~20 分钟

操作程序：

1. 将所有的人分组，每个小组约 20 人，每组配一只篮球。

2. 游戏要求将球从发起者手里发出，最后按此顺序回到发起者手里。在传递过程中，每一人都必须触及球，所需时间最少的获胜。

3. 球掉在地上一次额外加 10 秒。

目的：

凡事只有坚持才能成功，每一件看似不可能的事，只是人们的一种心理定式，是否成功，取决于你是否去做，怎么去做。发挥团队智慧，集合团队的创意，一件不可能完成的事情也会奇迹般的成功，这就是团队的力量！思维可以指导人们的行动，同时也约束人们的行动，要想成功，唯有敢于超越自己的思维。

对于企业家而言，为员工建立一种启发创造性和“冲破框架”的环境条件，鼓励创新精神，从而开发突破性的解决方案与策略，也就为企业创造更多地意想不到的机会。

游戏 3：蒙眼三角形

适合人数：每组 4~10 人

材料及场地：户外草地

时间：10~20 分钟

操作程序：

1. 准备长短不一的绳子每组一套，眼罩每人一只。

2. 将成员分组，每组 4~10 人，描述任务：每个小组成员在蒙上眼罩的情况下从分配到的一组绳子中找出一根最长的绳子，并且将绳子拉成正三角形，且顶点必须对着北方。完成时每个人都能握住绳子。

3. 各组成员先观察一下四周的环境，然后戴上眼罩，完成任务。

4. 以先完成任务的小组为胜。

目的：使学员互助合作形成共识，从而完成任务。

第三章 团队领导

学习目标

通过本章的学习，了解优秀的团队领导应该具备的特质，掌握团队目标制定的过程以及调整目标的方法，了解创建团队合作氛围的方法，掌握如何通过分权等方法建立信任，了解拥有丰富的技术诀窍对领导的重要性，掌握控制团队绩效的方法。

知识要点

1. 成功的领导必须具备的六种特质：关注目标、保持团队的合作氛围、树立信心、拥有丰富的技术诀窍、明确优先次序、控制绩效。

2. 目标必须清晰而且鼓舞人心。团队领导应该不断更新并提高团队的目标，一成不变的团队目标最终将毫无效用，甚至还可能影响团队的绩效。

3. 合作型团队的成员应该具备四种能力——坦率、乐于助人、较强的行为能力以及积极的个人行事风格。

4. 团队领导应设立定期报告的工作程序，帮助团队成员报告合作中出现的问题，并为他们解决问题提供指导与帮助。

5. 要领导团队高效地解决问题就必须使决策过程民主化，使团队成员能够真正参与决策。

6. 领导控制过强或过弱都会导致团队成员较低的工作满意度。

7. 分权是团队领导抑制自己、控制欲望的最佳手段。

8. 让团队领导对下属价值既不过分承认也不轻视的三种方法：创造协调工作的团队气氛，指派责任重大的工作，分权给下属适当的自由决定权。

9. 在团队领导的领导过程中，对成功的渴望与积极的行动，这两个特征的共同作用可以降低团队的运作风险。

10. 优秀的团队领导能够及时地认可并赞赏下属的工作成就，帮助下属树立成就事业的意识。

11. 优秀的团队领导除了自己要掌握技术诀窍外，还可以向团队的技术骨干与专家求助，同样可以在团队内建立个人威望并得到大家的信任。

12. 团队领导在实现目标的过程中不仅应该明确优先次序，还要掌握改变优先次序的时机。

13. 团队绩效管理的3个方面包括：建立期望标准，监督督促，奖励激励。

14. 对团队成员的奖励必须使大家都知道，要起到宣传先进的作用。如果奖励是不公开的，那么对于被奖励者与其他观望者来说，奖励的效用会大大贬低，奖励的整个过程也让人怀疑。

案例导入

刘经理具备哪些团队领导特质？

刘先生是一家私营软件企业的老板。他大学毕业后先在一家大型的软件公司打工两年，然后开始自己创业。刘先生每年都给自己定好奋斗目标，工作兢兢业业，但也感觉承受着很大的压力。公司的业务不断发展，规模也不断地壮大。近年来，刘先生因为业务发展的需要，相继招聘了十余名应届大学毕业生，但是其中几个都没有多久就相继辞职了。导致刘先生需要不断地招聘人员，这使他分散了相当一部分的精力。刘先生非常感叹现在的年轻人眼高手低，不能吃苦。这天，刘先生收到一个程序员的一封电子邮件，而这个程序员正是刘先生十分器重的一个员工。该电子邮件的内容如下：

刘总，您好！我知道您收到这封信后一定会十分生气，但我还是决定要离开贵公司。非常感谢您对我的培养，我绝对不是因为在这里学到了东西，翅膀硬了才走的，而是您的一些做法让我实在忍无可忍。我知道您白手起家干到如今很不容易，而且从您身上我确实学到了很多东西。但是这并不是说您的每一个看法和决定都是正确的。每当我想要发表我的看法时，您总是不予以重视，甚至不给我讲话的空间。但是一旦出现了问题，您就会大发雷霆，无论是天大的事情还是芝麻小事。每当这个时候我都想和您理论，但是您没有给过我机会。这样反而使您更加觉得自己的决定都是对的。我知道这是我的第一份工作，对于公司的发展战略我没有发言权，但是我觉得这样发展下去迟早会对公司不利的。我感谢您对我的培养才和您说这些，有不对的地方，请您原谅。

问题：

作为团队的领导者，你认为刘先生的领导风格有哪些问题？

一个优秀的团队领导能够带动并且提高整个团队的活力，指导并帮助团队取得更加突出的成就。但是，优秀领导的做事方法各异，性格各不相同，而且有些还难以捉摸，因此，很难用具体的语言或文字来描述他们的行为特征。

本章所要讨论的是，领导者的领导行为应该能够集聚人才、发挥团体合力的；能够创造出一种开放的氛围、高效且鼓舞人心的工作环境与工作过程；利用每个公共关注问题或机遇来施展个人力量。那些有着开放心态的、平和而身处幕后的领导往往能够成就大事业。

团队领导的工作目标是使本团队的集体增加更大的价值。所有团队的领导都应该做到在情感和专业技术上能够为团队服务，能够更有效地指导团队，帮助团队去取得成功。也就是说，作为成功的领导必须具备六种特质：

（1）关注目标。

（2）保持团队的合作氛围。

（3）树立信心。

（4）拥有丰富的技术诀窍。

（5）明确优先次序。

（6）控制绩效。

第一节　关注目标

团队领导的首要职责是使整个团队朝着共同的目标努力。我们可以把这个共同的目标称为团队使命、团队愿景、团队策略、团队的首要目标等。团队共同的目标是团队存在的原因，因此，目标必须清晰而且鼓舞人心。

团队领导必须协助成员清晰把握团队的使命与团队前进的方向。无论是成员自己选择的目标还是上级组织制定的目标，领导都必须确保团队成员对组织的未来充满信心。领导要利用团队成员的想象力，帮助团队成员认识团队的未来，使他们感到为实现团队目标投入自己的时间与精力都是值得的；要帮助团队成员清楚本职工作与团队愿景间的关系；要保持团队目标的现实性，使团队成员理解并支持团队对目标所做出的适应性调整。

一、对团队目标做出清晰的定义

团队领导的首要任务是对团队目标进行清晰的定义。目标的清晰性与成员对团队发展前景的信任程度以及他们的努力程度呈正相关。目标清晰能够促进团队在开展各项活动时相互合作，提高领导在团队工作过程中的威信。

专栏

专栏1：方尼玛公司的团队目标

方尼玛公司（Fannie Mae）是全美最大的住宅抵押融资供应商，是一家专门为客户提供以最低利率进行融资的金融服务公司与组织。公司领导将工作的目标定为：帮助新婚者和中低收入者拥有自己的住宅，帮助他们实现他们的美国梦。

方尼玛总是不断试图加强人们对其团队目标的认识与信心，比如，在某促销广告的宣传海报中，白色木屋与黑体标语“国家的丰功伟绩铭刻在纪念碑上，我们的成就建筑在提供给您的房子中”相互映衬；另一张海报的场景是工人们正在建造一所房屋，上面写着“他们为建造美国住房而辛勤工作，却不该拥有自己的住房?”第三张海报是一张放在床头柜上的家庭照片，照片边上是“想知道我们去年的业绩？把这张家庭照片乘上900 000吧。”在这样的团队使命的驱动下，2000年方尼玛公司总共为2 000 000个困难家庭提供了住房融资。

方尼玛公司的员工认为，他们的工作不仅仅是帮助人们借钱还款，而且是满足人们的最基本的生存需要，帮助大多数人实现他们美国梦的一部分。

事实上，团队目标经常被定义不准确，或是被错误定义。定义不准确的目标会使团队漫无目的地浪费许多宝贵的工作时间与工作精力。同样，充斥着模糊概念或对团队发展前景缺乏一致思考的错误目标也会使团队在不相关的事务上浪费时间与精力，使团队成员无法愉快工作。以上两种情况的任何一种都会使团队工作漫无目的，团队成员弄不清团队目标的重要性，弄不清本职工作在团队目标中所处的地位，造成团队工作不愉快。

在目标不明确的团队中，团队成员常常会觉得自己像是迪士尼电影里的丑角，与同事们的关系总是紧张而又彼此冲撞。这些不愉快的工作经验最终会使集体优先原则难以在团队中得到贯彻。

二、以鼓舞人心的语言描述团队的目标

制定了清晰的团队目标后，团队成员们应该用一些精练且押韵的语言将其描述，以便于记忆，并且团队领导还应将激励机制与团队的组织承诺进行适度结合。

团队目标与社会责任感相结合会产生巨大的内在吸引力。但是，团队目标与社会责任却不可能自动结合，因此，需要有人（通常是指团队领导）来揭示本团队目标的社会性，对本团队存在的意义进行回答。

鼓舞团队成员的士气是领导工作的职责。团队的领导应该能口头描述本团队未来的诱人前景，因为口头沟通可以帮助团队成员更好地认识团队目标的价值，提高团队目标的重要性程度。

专栏

专栏 2：《财富》杂志前 100 强企业的法律顾问团体

早期，他们将本团队的目标或者说本团队的使命定义为：响应企业内部交易需要，为企业鉴别合法的资源。不过，这支团队的法律人士认为，他们应该将企业内部的工作需要与外部的法律挑战相结合，提升团队目标的社会意义，使本团队成为企业与环境的协调者。“我们的职责是保证任何诉讼事件都不会影响本企业在全球范围内的产品销售与服务。”新的团队目标表述方法从全新的角度、用更加有意义的方式重新审视自己的职责，改变了团队的目标。显然，新的使命陈述能更好地鼓舞士气。

三、避免团队目标与办公室政治相联系

团队领导应首先保证目标能在团队内部得到贯彻。但是，在多数情况下，团队领导却任由琐事分散自己的注意力。团队领导都或多或少地忽略了团队目标的贯彻情况，成为他们的重要过失。比如说，由于与本组织其他部门某个人的私交，团队领导可能会花费大量的精力去关注此人的活动，从而影响到本团队的工作，使整个团队的努力功亏一篑。再比如，团队领导追逐个人利益最大化，也同样会削弱他对团队工作的关注。玩弄办公室政治伎俩不可能使团队领导得到好处，因为团队成员们很清楚领导将在什么时候向团队目标妥协，他们能够预期领导的行为并采取对策来应对。

四、帮助团队成员明确本职工作与团队目标间的联系

设立团队目标的时候必须同时给出对团队的许诺，这一点非常重要。因为无论是团队成员、组织部门、职能机构还是商业部门，如果在自己与团队目标之间找不到任何相关联系，就会觉得自己被排除在团队之外。一旦团队成员觉得自己是组织活动中的边缘人，或者无法将个人的发展计划与团队的未来设计相结合，他们就无法证实并衡量自己在团队中的价值。

说明团队成员工作与团队目标之间的关系也许只需要几句话，却有可能会极大地影响到某个人、某个机构或某个职能单位的生产效率，这种影响力的大小还与领导具体职位的高低相关。因此，团队领导必须经常向下属们描述自己对团队目标的理解，坚持不懈地帮助团队成员明白他们与目标的联系以及他们的工作对目标实现的重要性。

五、调整团队目标时确保所有成员都知道调整的原因

团队领导应该不断更新并提高团队的目标，即使现有的团队目标非常完善、前途一片光明，团队领导也不应该将其束之高阁。一成不变的团队目标最终将毫无效用，甚至还可能影响团队的绩效。

有些时候，尽管团队目标的核心并没有改变，但它却正在按照某种轨迹向着团体未来的战略优势转移。比如，企业在经营过程中有可能需要对业务领域进行扩展，使原有的产品、服务或市场变得更加多样化。通过制订计划，企业规划与战略转移会发生缓慢的变化，因此，团队领导有必要根据环境的变化情况对团队的目标进行及时的调整与更新。

外在的竞争压力与内在的自我成就压力都是推动团队目标调整的力量。

外部的压力可能来自于很多方面。有时是技术创新或发明产生的压力，有时是技术发展到饱和阶段所产生的竞争压力，有时政府现有政策的改变也会产生压力等。事实上，由于外部压力的存在，大多数团体都不得不从几个或者很多方面来对团队目标进行不断更新。

为了调整与巩固突出团队的目标，团队偶尔也会在内部对自身施压，产生内在压力。团队对自身发展越来越不满时就会形成这种压力。内部自我施加的压力能够激励团队实施变革，从而避免团队僵化，陷入平庸或失败的境地。

无论压力来自外部还是内部，只要压力存在，它就要求团队改变原有的目标。这时，团队领导工作的重点应该是及时设计出有效的团队目标的更新方案。

然而，如果团队经常改变目标，而且其行为缺乏管理，那么团队内部就会

出现不满的情绪。有时候，团队领导有可能因为过于偏爱新的团队目标而导致行动过快，却忽视了发动团队成员的积极性。这种盲目行动将造成团队内部权力混乱，影响领导的威信。

因此，团队领导应该掌握团队目标变更的一些技巧，以使团队目标既保持一贯性，又能够得到扩展与充实，并且与团队成员进行充分的沟通，使他们认识到目标的变革确实是必需而且是合理的。

表 3-1 所列的行为反映了团队领导对团队目标的关注：

表 3-1　　关注团队目标的表现

①对团队目标做出清晰的定义
②以鼓舞人心的语言描述团队的目标
③避免团队目标与办公室政治相联系
④帮助团队成员明确本职工作与团队目标间的联系
⑤用生动和鼓舞人心的方式来激发团队成员明确目标
⑥调整团队目标时确保所有成员都知道调整的原因

第二节　保持团队的合作氛围

一旦团队目标确立，领导最重要的工作就是为团队成员创造一个可以畅所欲言的组织氛围。

合作具有公开性与互助性双重特征。合作是一种能力，它能够以一种激发思考与激励参与的方式，发现团队实现目标过程中的实际障碍，并提出有效的解决方案。如果领导对团队成员的言谈进行追究，那么，就不会有人愿意向领导说出真实的想法。因此，团队领导必须为成员创造一个健康和谐的合作氛围，使他们爽快地说出自己对团队与领导的真实看法。领导与团队成员应该倾听并理解彼此的不同意见，从而共同克服团队发展中存在的障碍与隐患，把握团队发展的机遇，更加有效地解决团队的问题。

事实上，衡量团队合作氛围的指标非常简单：在团体会议结束后，成员们是否会自发地形成非正式的群体，谈论那些本应在会议中讨论的问题？如果答案是肯定的，说明团队的合作氛围就是存在问题的。

形成合作氛围的前提条件是：存在有效的团队沟通，不断增强并巩固的内部人际关系以及组织的承诺。

一、使成员们畅所欲言

为了创造出一个互相合作的团队氛围，团队领导首先要保证团队成员们的言论自由——要使他们相信，只要态度端正、负责任，并且足够尊重他人，就可以在团队中讨论任何与实现团队目标与团队未来有关的事情。除此以外，团队领导还应帮助团队成员清除交流过程中的人为障碍，减少现实障碍。

优秀的团队领导应该能够大致了解下属们的想法，在团队中快速建立起个人威信。如果团队领导并不十分优秀，对下属提出的问题暂时无法回答，或是无法立刻与其开展讨论，可以推迟与下属会谈的时间，这比什么都不做要好，至少可以创造一个虽然开放性较弱但支持性较强的合作氛围。

二、为团队设计合作途径

团队的合作氛围还要由全体成员的个体行为以及他们对合作氛围的期望程度来决定。团队领导希望团队能够彼此帮助，合作共事的明确态度可以提高团队合作的期望值，促进团队成员的合作。领导创造合作氛围的要旨是简单而直接。

合作型团队的成员应该具备四种能力——坦率、乐于助人、较强的行为能力以及积极的个人行事风格。这四个个性能力因素不仅决定了个体的行为方式，还向领导提供了借助个体加强团队合作的规则与规范。许多领导（包括一些 CEO）都曾运用行为因素分析作为媒介对团队进行信息反馈，团队领导首先从行为因素角度对团队成员进行评估，同时要求他们进行自我评估，之后再与成员们一起逐项分析评估结果，剖析自己对此结果的想法。这一过程为领导激励团队合作意愿提供了有效的途径，也为他改善领导能力提供了契机。而且，由于领导对成员间合作的关注，还有助于纠正与改善团队合作，使之不至偏离基本的标准。

团队领导还应设立定期报告的工作程序，帮助团队成员报告合作中出现的问题，并为他们解决问题提供指导与帮助。

从已有的经验来看，优秀的团队领导都会要求下属和自己或其他成员进行深度会谈。他们所带领的团队经常每 60~90 天就进行一次 30 分钟的交谈，每个交谈小组 9~10 人，他们来自不同的团队，会谈结果填入预先做好的表格中，并送交团队领导。这种方法的实质是通过加强团队关系，在问题发生前就对潜在的问题做出提前反应。

深度会谈有助于团队沟通。团队关系中每减少一个隐患就等于是铲除了团队发展中的一个障碍，从而避免了它们对团队发展可能造成的妨碍。

三、褒奖合作行为

为了促进团队合作、提高团队绩效，团队领导应该讲明合作行为会得到应有的激励，如果团队内部的合作行为未得到恰当的奖励，那么合作就不可能持久。

无论奖励的方式与考核目标如何不同，奖励的对象都应是众望所归的、团队工作中的先进人物，否则，奖励就会传递出错误的信息，在团队中产生消极效应。除了物质奖励外，团队领导还应该再采取其他辅助方式对成员们的成绩进行认可与激励。也就是说，激励手段应该多样化。从对团队成员个体影响的角度来说，这会促使他们主动地进行团队合作；从对整个团队影响的角度来说，认可是促进团队合作的最有效的强化剂，能更持久地加强团队合作。因此，许多组织会在年终的销售会议上表彰先进，一些特殊的职能部门有时也有类似的表彰会议。随着时间的流逝，成员对团队合作的关注就会在团队中积累成为一种促进合作的有效动力。

四、引导团队解决问题

为了生存与发展，团队必须能够发现存在于自身内部的各种隐患并有效地除去这些可能会妨碍到团队发展的障碍。因此，领导应确保团队始终关注目标，不允许任何理由分散团队的注意力。

引导团队解决问题的方法。

1. 确保每位成员都了解团队存在的问题

把团队正在全力以赴解决的问题列入单因素活动挂图中，然后问问团队成员："如果这个问题得到解决，团队目标就能实现吗?"

2. 确保团队能够得到充足的相关信息

在判断问题之前，应确保成员能够得到充足的相关信息，通过充分、客观的分析进行判断，从而得出决定性结论。团队领导应该重视现实问题或潜在问题的反馈信息，因为它们能引导团队全面考虑各方面的威胁，使团队能够从容应对挑战与困难。

3. 确保解决方法是基于完备的信息与集体的决策

4. 确保每位成员都能参与团队决策

创造开放自由的团队氛围，确保每位成员都能参与团队决策，都敢于提出不同的见解。要领导团队高效地解决问题就必须使决策过程民主化，使团队成员能够真正参与决策。团队领导必须对具体情况加以区别，根据具体情况判断何时需要团队集思广益，何时需要运用专家决策的能力。

五、控制利己主义与支配欲

人性中喜欢控制的天性使得团队的领导之间、团队的成员之间、团队的领导与成员之间争权夺利、彼此竞争、产生冲突并不奇怪，但是如果领导支配欲过强，会使团队对其产生公愤。领导对团队控制过多会使管理过程过于集权化，群众意见被忽视，他人的感受受到漠视。

另一种极端的情况是团队领导根本不关心、不过问团队决策的制定，造成团队领导缺位的结果。领导对团队的控制程度与团队成员对工作的满意程度之间以及团队的关系之间存在着相关性（图 3-1），领导控制过强、过弱都会导致成员较低的工作满意度。

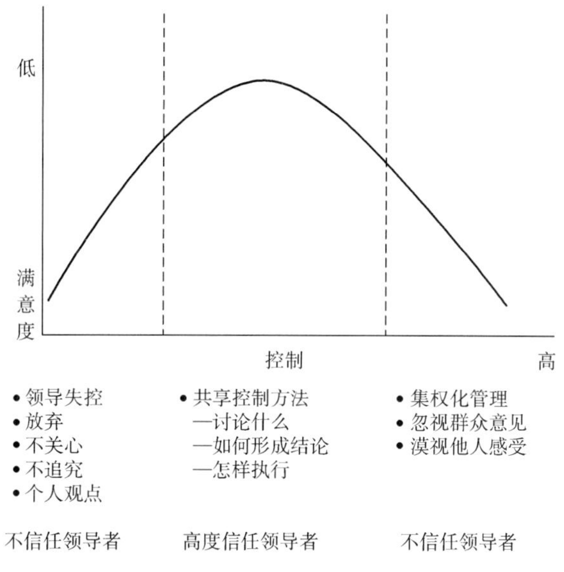

图 3-1　控制与团队满意度

合作型团队的领导会努力使自己更加成熟、客观、正直、自信，他们的焦虑不安不会影响到团队工作，他们也不会费尽心机地为自己创造角色。因为他们明白，领导能力最终将由他人评价，评价的结果取决于工作成绩而不是职位高低。

专栏

专栏 3：团队领导的行为特征

为能够更精确地描述你所在团队的领导的行为特征，请完整地阅读并回答下面所列的所有问题：

1. 领导是不是只是错误地要求团队搜集信息？

2. 领导有没有在团队成员正热烈讨论的时候提前结束会议，限制团队的交流？

3. 团队成员是否有被骗或被迫决定的感觉？

4. 团队领导是不是经常因为有人在会议中说这次会议简直是“浪费时间”而感到苦恼？

5. 团队的领导有没有试图规定其他人的品位或风格？

6. 团队领导对一般的事物是不是很消极或过分挑剔？

7. 团队领导是否使自己经常沉溺于那些应授权给下属去处理的常规事务中而无法抽身？

8. 团队领导会不会使其他人感觉需要进行自我保护？

9. 团队成员认为需要为会议准备一个恰当的话题，以避免会议冷场或无法得出结论吗？

表 3-2 各项列出了团队成员认为的能“确保团队合作氛围”的最佳行为。

表 3-2　　确保团队合作氛围的最佳行为

①创造自由安全的讨论氛围，使团队成员们能够公开、支持性地讨论任何与团队成功有关的事情
②进行团队沟通时要公开、公正
③与团队成员讨论时要毫无忌讳、主动热情
④确保团队内没有无法解决的问题
⑤决不容忍破坏团队合作氛围的散漫行为
⑥认可、奖励那些能促进团队工作环境的开放性和互助性的行为
⑦创造一个便于团体解决工作绩效问题的内在环境
⑧不允许组织结构、组织体系或组织程序成为削弱团队成就的障碍
⑨自觉调控自己的支配欲
⑩避免私人缺点阻碍团队取得成就

第三节 树立信心

合作型的团队领导鼓励团队成员自信，通过建立工作信任来提高团队成员自我成就的期望值。他们总是能使成员及时了解团队的动态、所发生的变化以及存在的问题，总是乐于帮助下属取得成功，获得成就；他们能够掌握分权技巧，懂得如何通过授权来调动下属工作的积极性；他们鼓励团队成员自我发展，鼓励创新，鼓励尝试。

合作型的团队领导对机遇与成就都抱有积极的态度。他们能对全体团队成员一视同仁，公正无私，不偏袒，不排斥。一般的，合作型团队的领导都一致认为真正出色的领导是能提高他人自信的领导。

团队领导在帮助下属建立自我成就的信心时应提醒自己，下属们不仅可能是一位未来的领导，更是自己领导过程中的合作者，所以，他们的成绩就是你的成绩。如果团队领导是这么想的，他就会努力改善自己的领导水平，多做能提高团队信心的事情。以下是有利于提高团队成员工作信心的领导行为。

一、实现团队目标

领导绩效的衡量标准是他能为团队成员、组织、顾客与投资者带来多少最终收益。如果团队能够实现目标，那么团队及其成员的信心就会乐观而且高涨。反之，则整个团队都会受到挫折，即使是为团队做出了突出贡献的人也同样感到失望、沮丧。

信心是一种意识形态，必须用成功来浇灌培养。尽管小的成就与普通的成绩并不足以建立团队信心，但它们在树立团队信心的过程中却又是必不可少的。

二、让成员了解团队的关键事件与相关情况

团队领导都希望自己的下属能够深入了解那些影响团队绩效的关键事件以及与其相关的种种情况，希望他们能认同团队的使命与远景。同样，团队成员也不愿整日忙于应付混乱无常的工作，他们很想弄清楚自己是否在做与团队成功有关的关键工作。

专栏

专栏4：赛车手的工作

赛车手在比赛前一定要检测赛车的性能状态，事先估计出比赛名次，然后再根据这两者估算比赛的安全系数。他对赛车性能的了解与掌握决定了他在比赛中的自信，而自信决定了他能否镇定地跑完所有的弯道、直道并出色地完成比赛。如果赛车手没有清楚地了解赛车的性能，他在比赛中就可能受到迟疑或忧惧的影响而无法得到理想的成绩。

概括地讲，简单、清楚是自信的推动力，而自信是行动的推动力。

团队领导在工作中应当确保团队成员对团队的关键事件及其相关情况能够

充分了解，这是团队领导的工作内容之一。任何团队成员也有权了解而且必须了解团队的关键事件及其相关情况，每个团队成员都不能对此存有困惑或概念模糊。团队领导应在工作中留心下属的表现，观察团队是否存在信息不足的迹象。如果领导发现团队成员缺乏信息，那他就得为下属们提供必要的帮助以使他们能够出色地完成团队工作。

但是领导不可能总是能够确切地掌握下属对团队关键事件及其相关情况的了解程度，团队成员也不总是了解团队关键事件及其相关情况。所以，团队领导应当通过简单的形式反复强调团队的关键事件及其相关情况，并鼓励团队成员深入了解这些关键事件与相关情况，引导他们进一步深入思考团队关键事件及其相关情况与自己本职工作与决策过程的内在关联性。

三、通过分权建立信任

信任是帮助人们树立信心的最有效的方式。领导信任某人的最直接的信号是授予此人一份责任重大而有意义的工作。

一个高效率的团队领导善于充分利用自己下属的才智。他们通过观察、衡量团队成员的能力，然后再依据每个人的能力分别授予他们相应的职责，在下属完全能够适应本职工作之后，他们就可能为下属安排新的任务，使他们承担更大的责任并帮助他们突破现有的能力瓶颈。高效率的团队领导只是偶尔让下属突破能力的极限，他们不会让下属总是一直承担巨大的工作责任与工作压力。同样，如果团队成员觉得自己有实力与决心突破现有的能力极限，那么团队领导就应为他创造成长的空间，给他能施展其才华的舞台。

四、公正无私

团队成员都希望得到团队的承认、领导的重视，希望享有公正的待遇。但事实上即使领导在工作中的确公正无私、毫无偏袒，他的一些无意识的举动也可能会使成员产生误解，让成员觉得自己被轻视，受到了不公正的对待，被领导孤立了，团队成员很容易被这种自认为的不公正行为伤害。为了让下属觉得既不被领导过分承认也不被轻视，以下三种方法可以帮助团队领导。

（一）创造协调工作的团队气氛

团队领导可以指派责任重大的工作给下属，并且分权给下属适当的自由决定权。

（二）在工作会议中公平对待下属

团队领导在工作会议中的行为由一系列能影响团队成员角色感觉的信号组成，团队成员能通过这些信号形成自己是否得到了团队的公正对待或自己是否对团队很重要的自我感觉，从而完成自己在团队中的自我定位。这种领导行为尽管非常含蓄，但却能有效地在团队中传达积极或消极的信息。具体表现为：

团队领导在重要会议或活动中会不会特别邀请或排斥某些团队成员；团队成员在工作会议中发言时间的多少及发言的顺序安排；团队领导对某个下属工作能力的依赖度，不只是欣赏或是提防；团队领导与团队成员单独会谈的频率；团队成员意见影响团队领导日程安排的难易程度；团队领导视察下属办公室或工作场所的频率等。

（三）预告估计下属心目中领导对自己的评价

团队领导在考虑团队成员的价值与重要程度时，首先应事先估计一下团队成员自己认为你会怎么评价他；如果团队领导能够当面向成员询问这个问题，就应该直接询问。因为与领导的枉自臆测相比，这种方法更客观、更合理。

作为团队的领导，如果能做到以上三点，就会被团队成员认为是公正无私的。而根据实际工作经验来看，虽然团队领导不公正、不正直的行为会对某些团队成员有利，但也会对另外的一些团队成员不利，而他的不公平与不正直始终都会影响团队的工作，不利于团队的长期发展。

五、强调积极性

团队领导要树立团队的信心，就必须在工作中尽量显示出对下属的积极态度。不同的领导表达这种积极态度的方式不同，有些领导沉着冷静，而有些则热情洋溢；有些领导对团队的工作事务能够灵活处理，而另一些则按部就班，在工作中遵循规则。团队领导在不同的环境与机遇中各种各样的个性特征都有可能构成其在团队中的积极态度与领导优势。

调研结果显示，在可能构成领导积极态度的所有特征中有两种突出的品质：对成功的渴望和积极的行动。这两种品质的共同作用降低了团队的运作风险，风险降低了，团队就更容易建立成就事业的信心。

$$\text{风险}=\frac{\text{成功的欲望}}{\text{失败的恐惧}}$$

（1）成功的欲望。最能显示团队领导成功欲望的行为是主动为团队设立挑战性的目标。成就导向型的团队领导能够带领团队向着目标不断前进，使团队工作更具目的性与有效性，更加迅速。

（2）积极的行动。它指实干精神，而不仅仅是喊口号、做样子。领导乐观的、积极的工作方式是一种由逆境激发出来的勇往直前的精神，能够鼓舞整个团队战胜和挑战任何困难与挫折。团队领导所具有的攻无不克、战无不胜的持久自信能够感染整个团队以及每位成员，使他们在工作中也具有同样的自信。

六、表达感谢

许多团队领导天生拥有体力或智力优势，但他们却无法融入团队，无法得到团队的广泛接受与认可。其原因各不相同，有的是因为领导自己没能抓住成功的机遇；有的是因为他们误认为激励的最佳方式超过了下属能力范围，使得下属怀疑自己的工作能力；有的是因为他们从不对下属的优异工作表达谢意。

优秀的团队领导能够及时地认可并赞赏下属的工作成就，帮助下属树立成就事业的意识，他们不断地承认并奖赏团队成员为团队所做的贡献。除此以外，他们还经常鼓励团队成员主动争取与实现更多的个人成就。

美国医疗物资供应公司 CEO 卡尔·贝斯（Karl Bays）曾经说过“好的管理其实就是要求领导能够有礼貌、有常识，而道谢正是优秀管理的最简单的形式。”

表 3-3 列出的是一些有效的领导行为，团队领导能够通过这些行为帮助团队树立信心。

表 3-3　　有效的领导行为

①确保团队有能力实现领导制定的目标，能够取得成功
②帮助团队成员加强个人的自信心
③保证团队成员能够清楚地了解团队的关键事件及其相关的各种重要情况
④通过分权，赋予团队成员具有一定重要性的职责，显示团队领导的自信与信任
⑤对团队的所有成员一视同仁、公正无私
⑥乐观积极，关注机遇
⑦发现、认可并感谢团队成员的贡献

第四节　拥有丰富的技术诀窍

有效团队领导的第四个特质——拥有丰富的技术诀窍，意味着团队领导必须了解并把握团队工作的真实内容与实质，能够有效地带领团队实现目标并获得成功。当团队工作的技术性很强时，团队领导必须掌握一些特殊的专业知识。掌握技术诀窍除了要求团队领导具备一些专业知识外，还要求团队领导能深入了解团队或组织所生产的产品、提供的服务或目标市场；要求团队领导去深入了解产品的制造过程，掌握食品或医疗物资的分销渠道；要求团队领导能了解组织的历史、价值观与组织文化。

总之，所谓技术诀窍就是通过辨别、分析团队关键事件，促进团队实现目标的综合体系。通常，技术诀窍由团队领导学习的知识与实践的经验两部分共同构成。

专栏

专栏5：小王的职务变迁

小王原来是一位生产一线的管理人员，因为在原工作岗位表现出色，最近被晋升为公司中层职能主管。

作为生产一线的管理人员，人们对小王的评价是：睿智、效率高、善于处理人际关系，然而被调到新的管理工作岗位后，小王对新工作的技术知识不了解，为了尽快取得工作成绩、证明自己的工作能力，小王在尚未充分了解团队工作因果关系的情况下，不顾团队成员们的劝告，做出了一些鲁莽的决策，最终工作以失败而告终，小王也被调离了管理工作岗位。

这次失败在小王以后的工作中形成了难以克服的心理障碍，最终辞职离开了公司。

对于团队成员来说，这次任命导致了他们18个月的情绪骚乱，使他们误以为团队根本不重视他们，而且轻视他们对组织工作所做出的贡献与价值，为此，两名团队成员愤而辞职。对组织功能来讲，组织也在可信度以及对人才的吸引力方面遭受了重大损失。

当然，缺乏技术诀窍并不都会导致领导失败。那些聪明、优秀而且善于处理人际关系的管理人员常常可以在团队内建立个人威望并得到大家的信任，善于向团队的技术骨干与专家求助。但是，一个对团队工作的内容与实质没有充分了解的领导，很容易在工作中挫伤团队成员们的热情，影响团队工作的顺利进行，降低团队在整个公司或组织之中的影响力。因此，为了有效地领导团队的工作，团队领导应该至少懂得团队工作内容的基础知识与常见问题。

一、掌握团队关键技术的相关知识

领导者掌握的技术诀窍对于团队顺利开展工作有显著的、关键的影响力得到了反复的验证。领导学专家沃伦·本尼斯（Warren Bennis）在对包括沃尔特·迪士尼工作室、曼哈顿工程团队等六支团队实际观察的基础之上，在其著作《领导天才员工》中通过观察数据得出结论：领导者应该掌握必要的技术诀窍。掌握团队工作的详细知识，可以提高团队领导帮助团队解决更精确的技术问题的能力，这些技术问题可能直接关系到团队能否实现其发展的目标。

带领团队制造飞机领导者必须掌握工程学知识；领导法律团队的领导者必须掌握法理知识；领导外科手术团队的领导者必须接受过医学方面的教育。有的时候，专业技术能力可以被广泛的经验案例证明，但是随着时间的推移，好奇心与积累下来的经验也能够弥补领导专业技术知识的不足，使领导能够很好地掌握实现团队目标必需的技术知识。

团队领导的技术诀窍尽管可以通过后天的努力得到，但是仍然是组织在人事任命时所必须考虑的。团队领导并不总是需要这个领域的专家，但他必须掌握团队关键技术的相关知识。

二、虚心接受团队成员的技术建议

有效的团队领导的标志之一就是他能够利用别人的专业知识，取人之长，补己之短。有效的领导清楚本团队内哪些技术资源是可利用的，他们能够把这些资源加以整合利用，从而使团队的整体效益最大化。

组织设置团队的首要原因是要把拥有不同技术与观点的人才结合到一起。团队领导所扮演的角色就是帮助团队分析组织在实现目标过程中所遇到的难题，而不是为团队提供全套的可行方案。这意味着领导应谦虚地接受团队成员的技术建议，因为他们在特定的技术领域里比自己更加专业；也意味着领导要学会提出问题，要虚心请教，要承认自己对技术问题的了解不多，要表现出倾听与学习的意愿；还意味着领导应该拿出足够的工作时间在重大问题上向团队内的专家们请教。这种时间投资可以保证领导能够在得到团队成员信任的基础上，游刃有余地与成员讨论团队的关键事件。

表 3-4 列出了一些能够较好地“显示团队领导技术诀窍”的行为。

表 3-4　　　　能够较好地“显示团队领导技术诀窍”的行为

①了解团队实现目标的过程中必须解决的技术问题
②在团队目标所涉及的技术领域内拥有丰富的经验
③虚心接纳团队成员在技术方面提出的建议，使得他们在技术方面更专业
④帮助团队成员分析那些与实现团队目标相关的复杂问题
⑤团队之外的其他人也认为领导可靠而且博学

第五节　明确优先次序

团队成员最常有的抱怨就是，他们为工作所做出的各种努力被浪费了，因为团队领导总是关注团队内的每一件事，却忽略了团队发展中的关键事件。

一、明确优先次序

广义来说，优先次序就是我们在面临选择或抉择竞争性活动时所做出的决定。这也是团队领导的领导能力的显著特征。决定优先次序的能力表现为团队领导能否协调好团队工作在时间、资金与精力等有限资源方面的矛盾。

一个人到底能够遵守多少种优先次序？用多少种方法分配时间是最有效率的？个人素质的差异性与环境条件的差异性决定了答案的差异性。行业不同、公司不同、工作不同、个人情况不同，很难给出精确的定量结论，甚至是定性化的等级也不可能。

因此，团队工作的要点就在于领导能否集中注意力解决好以下问题："为使系统效率提高并能够最大限度地促进团队目标的实现，团队的领导必须做好哪些工作？""如果我不做或是推迟这项特殊的工作，团队哪方面的需求——业务、组织、社会关系……就不可能得到满足？""哪些事情能够更有效地推动团队目标的实现，又有哪些事情没有做好而可能影响团队的业绩？"为了能够很好地明确团队中的优先次序，领导必须拥有以下个人特质：业务知识，决策力，自信，意志坚定。

有效的团队领导都很清楚推进团队实现目标的迫切性，他们知道应该如何将迫切性转化为团队工作中的适当的优先次序。他们从不在无关紧要的小事上浪费精力，而是把注意力集中在将会对团队实现目标产生影响的可数的几件关键活动上。与此同时，他们还会要求团队的每个成员在本职工作领域内也这么做，要有所为有所不为。有效的领导要求团队的成员回答："在你的工作领域中，哪三个目标最重要，最能够推动我们团队实现共同目标？"

总之，领导的过程应该能够对团体的目标做出持续性许诺，并对可以推动团队实现目标的团体行为进行清晰定义。

二、掌握改变优先次序的时机

在团队工作中遵守优先次序并不意味着优先次序将永恒不变，相反，很少会有优先次序能够一直不变的。团队实现目标的策略通常会随环境而改变。也就是说，团队工作中的优先次序也必须随之而变化，从而保证团队能够顺利实现其目标与远景。有效的团队领导拥有协调优先次序的相斥性的能力。他们能够解决优先次序矛盾的关键原因，就在于他们从不允许团队在工作中无限制地增加优先次序，并因此影响到团队工作的积极性。有效的团队领导了解决策制定的重要性，他们能够通过对决策事件实施的观察，测试团队优先次序的适当程度，并发现提高团队工作绩效的更优的工作方法。

值得注意的是，如果团队没能完成工作计划，那么有效的团队领导就肯定会考虑变革团队工作的优先次序。一旦需要对优先次序进行调整，有效的团队领导总是会向全体团队成员说明变化的缘由，以便每位团队成员都能够知道这次调整意味着什么。

团队领导可以通过很多途径了解团队成员对于变革的意见，其中一种方法就是询问团队的每位成员，让他们描述一下新的优先次序将会对他们的工作产生何种影响。团队成员对此问题的回答，能够帮助团队领导决定应该对优先次序做什么样的调整，还能更有效地加强团队工作的协调性与一致性。

表 3-5 列出了一些能够较好地“设立团队优先次序”的行为。

表 3-5　　能够较好地“设立团队优先次序”的行为

①建立一套易于处理的团队工作次序体系，从而提高团队的业绩，促进团队目标的实现
②领导与所有成员应在团队工作程序中的优先次序方面达成共识
③与团队成员进行沟通，不断巩固现有的次序
④不要设置过多的优先次序，避免它们妨碍到团队工作
⑤如果必须对优先次序进行调整，领导应该让团队成员们明白改变的原因

第六节　控制绩效

当团队成员们发现领导对于工作的绩效疏于管理时，最常见的代表性抱怨就是：某领导根本不称职，或者某领导很难与之共事。在任何一种情况中，反馈的重点都是团队领导工作的失职，或他们不愿意处理团队绩效的问题。

专栏

专栏 6：团队成员的抱怨与领导的反馈

在一家财富百强公司的一次 CEO 与行政管理人员的团队会议中，团队成员们给 CEO 的反馈集中在“CEO 不太愿意对团队内部的绩效进行评价与赏罚”。团队成员列举了这样一个事例，有一名成员绩效非常低下，但是 CEO 本人过了很久才决定开除他。看过团队的反馈并仔细倾听了大家的建议之后，这位 CEO 解释说：

是的，从表面的现象看来我似乎没能像大家所期望的那样及时快速地处理好团队绩效的问题。但是我要问问你，如果你是那人，你会不会希望我对你尽量宽容？难道你不希望我给你公平的机会并帮助你扭转现在的局面吗？

CEO的回答包含两层意思。第一，管理控制团队的工作绩效需要时间，至少应该慎重地对待以确保决策的正确性：与团队共同讨论此事，形成行动的计划，在此过程中要给当事人足够的观察期。第二，即使团队的领导已经确认此人确实无法胜任那项工作，而团队却未必也知道此事；也许有时我们自己恰好就是那个工作绩效有问题的人，但却还在抱怨团队的绩效管理有问题，这种情况不多，但确实存在，只是大家不知道而已。

总而言之，在团队的扩张阶段，团队成员比较容易形成错误的认识，他们很可能意识不到团队绩效存在的问题或者对领导偏袒下属的行为并不敏感。但是，团队领导要恰当并推心置腹地解决团队的绩效需要相当长的时间，在这个过程中可能会使团队成员误以为领导忽略了这些问题的存在。

为了解决团队领导与成员认知的不对称，唯一的办法是在团队内形成一种有效的管理绩效的考核体系，团队领导可以先集中精力处理好团队绩效管理的三个方面：建立期望标准，监督督促，奖励激励。

一、建立考核标准

业绩管理的首要工作就是明确地制定出绩效的考核标准。而且，领导还应该确保这些考核标准是自己与整个团队在彼此的协商理解中做出的，考核标准的对象必须是团队成员们的工作成果。

（一）目标

业绩管理的第一种方法是由一些特殊的目标组合而成的，这些目标是团队实现其发展愿景与共同目标的前提条件。要注意的是，无论是领导还是团队成员都不能把工作量与工作绩效相混淆。如果忽略了工作量与绩效的区别就会打击团队成员工作的积极性，工作很努力但因为被误导而达不到绩效考核的标准对成员来讲是非常不幸的。更不幸的是，如果团队成员给自己设立错误的目标，那么所有的工作就会白费。

团队领导的首要职责就是帮助团队成员正确地理解团队的发展战略与团队的目标，并把团队的发展战略与目标转变为所有成员的共识，使他们自觉为此而努力。详细阐述团队的目标可以帮助成员们按照工作的重要程度正确地分配自己的时间与资源，确保团队更有效地实现其发展战略与目标。

（二）合作

业绩管理的第二种方法是掌握相关的工作知识与技能，并且要求团队在整体范围内进行合作。团队领导应当在工作中公开明确地强调团队合作，而不是仅仅通过隐晦的个人偏好提倡合作。团队的每一个成员都应该以一种能够最大限度地激发他人工作热情与灵感的方式完成自己的本职工作，因此成员不仅要其对工作成果负责，还要为取得这些成果所采取的方式与手段负责。

（三）管理技巧

管理技巧反映了团队领导有效管理人事与资源的能力。团队成员应该了解管理控制是团队领导的职位所特有的权力，任何人都不应该打击团队工作的热情和浪费团队的资源。团队领导对成员管理的目的应该是帮助成员取得工作成就，因此，团队领导应该特别关注其管理团队的方式方法。

（四）个人发展

团队领导应当充分关注成员的个人发展，激励并强化成员与团队合作，帮助其在职业生涯发展领域中获得充分的发展。这样做的结果，不仅是成员个人通过努力取得进步，而且还对组织内的其他人起到典范的作用，同时为团队成员提供发展机遇对于团队领导本人的工作也是有利的。

设立明确的绩效考核标准固然重要，但是设立考核目标应当遵守的准则更加重要，无论是团队领导还是成员都应该明白这个道理。

二、监督督促成员

在确立了团队的绩效考核目标之后，有效的团队领导会定期对成员的绩效进行观察督促，这种关注能够促进团队的工作。

有效的团队领导认为处理不好绩效问题是领导的职责，结果会导致团队的管理失控，破坏团队的工作。因此，团队领导愿意花大量的时间与团队成员们共同关注绩效的问题，这种关注不是年度的例行公事，而是在团队工作过程中的持续行为。领导通过对团队工作表现的观察，对成员们的绩效从“目标、合作、管理技巧、个人发展”四个方面给出全面评价。

三、建设性地反馈

对团队成员绩效的反馈分为两个方面：一方面是对工作成绩优异且稳定的团队成员正向的反馈意见，正向反馈是对团队成员取得成就的认可，同时也是促进个人发展与团队整体进步的机遇。

另一方面是对绩效有问题的成员的反馈，即负向反馈。负向反馈者一般会非常期望接受者能够慎重考虑自己的建议并立即采取相应的更正行动，但是有时因反馈内容含糊不清易导致接受者错误的行为，或者表达方式过于直截了当使接受者在情绪上无法接受。

有效的团队领导往往能够正确处理反馈意见，他们不会因为反馈意见就一股脑地去打击问题成员或者立刻对问题成员进行警告，因为过于轻信反馈有可能会错误地低估成员对团队的贡献，影响团队正常的工作秩序。如果收到的反馈意见客观属实，有效的团队领导会向当事人了解情况，尽可能地帮助成员解决问题、提高绩效。他们往往采取直接的处理方式，抓住事情的要领与关键，尽量保证使当事人既不感到被排斥，也不感到自尊受威胁。如果反馈的接受渠道通畅，有效的团队领导也能够判断对团队绩效何时应该继续观察保持宽容，给当事人一定的缓冲时间，当然这并不意味着他们会对团队成员的不良绩效纵容不管。

有效的团队领导在处理绩效的反馈问题时通常是对事不对人的，这是他们能够处理好团队绩效问题的重要诀窍。

四、解决绩效问题

团队领导对成员进行绩效考核的方法，通常是把团队合作的高低程度用四分位信息表列出来，利用相应的管理工具与图表将本团队绩效的各种数字指标与其他优秀团队相比较。如果结果显示某位成员绩效有问题，领导应该主动积极地与成员接触，督促帮助他解决问题。具体方法如下：

首先是单独与问题成员进行恳谈，提醒他团队目标的意义与重要性，并直接告诉他哪些行为会妨碍团队实现集体目标；其次，领导会对他提出期望并希望他能够适当调整自己的工作表现；再次，领导还会为他调整工作表现提供支持，强调自己愿意帮助他；最后，领导会使问题成员在认识上达到一种境界——明白承担改进工作的挑战也是自己的职责之一。他会与问题成员一同商讨矫正补救的方法，并监督监控整个改进的过程，确保这个过程不会失败。领导会清楚明白地向成员描述自己对他工作的期望，然后观察其工作的表现。如果团队成员为此努力拼搏，他就会放心地把工作交给他；如果团队成员工作不佳又不理会领导反馈给他的意见，那么领导就会把他从团队中解雇。

经验证明，绩效问题的处理绝不是件简单的事情。团队领导在考核团队绩效的时候，必须隐瞒团队使他们不知道自己正在被考核，以避免大家的人际关系出现尴尬与危机，这对领导的心理素质提出了很高的要求，要求领导要掌握劳动保护方面的相关法律知识，拥有避免团队成员逆反心理与行为的管理实践经验。

优秀的团队领导从不忽略绩效考核，并且总能及早有效地解决问题，整个问题处理的过程也都公平、合理。

五、奖励高绩效行为

对工作成果进行检查之后，领导最后还应该对那些完成了工作指标甚至是超额完成工作的员工进行奖励。与团队领导们的期望相同，团队成员很看重金钱奖励与团队的承认。

团队成员们的想法揭示了奖励的一个简单但却清楚的原则：奖励形式应该是多种多样的。奖励可以是金钱、职位晋升，还可以是委以重大责任等，总之可以采用任何能够使团队成员感到自己被集体与领导认可、赞赏的形式。

对成员的奖励应该让大家都知道，要起到宣传先进的作用。如果奖励是不公开的，那么对于被奖励者与其他观望者来说，奖励的效用会大大贬低，奖励的整个过程也让人怀疑。

（一）团队领导必须保证奖金激励与团队目标的实现相结合

领导要求成员们为了某个目标而努力，但却时常因为其他原因奖励他们。比如，领导很可能要求销售部门人员与其他部门人员合作以挽回流失的顾客，但却只单单奖励他们在销售业绩与总利润目标上所取得的成果。团队目标与奖励之间的这种彼此矛盾会挫伤团队的工作热情。因为团队目标与奖励没有因果关系，团队内部很容易会产生持久性的失望情绪。有效的领导会将奖励与那些他提倡的能够促进团队实现目标的活动直接联系到一起。

（二）奖励必须是公平合理的

奖励必须符合希波克拉底（古希腊名医）规则，不伤害其他人工作的积极性。奖励应该是公平合理的，即奖励的幅度是适当的，相关考核指标是公平的。

决定是否奖励以及如何奖励不是一件容易的事，需要领导基于以下问题做出判断：与其他目标相比，实现这个目标到底有多难？这个成果究竟对团队使命目标有何影响？公正合理的奖励要求领导把成果本身与取得成果的方式区分开来。比如，假使团队成员是以严重破坏团队目标为代价取得了工作成果，那么领导在考虑其绩效时就应该同时权衡两个方面的影响。因此，如果团队领导希望成员们能够彼此进行合作，他就应该在奖励时将取得成果的方式也作为衡量绩效的标准之一，否则，至少在短期内，绩效考核的可信度将受到质疑。

（三）设置一整套令人信服的奖励标准

赏识并奖励团队成员卓越的工作是领导不可推卸的责任。领导奖励什么样的人和什么样的绩效，奖励的内容就是成员所理解的奖励标准。奖励行为传递着一个组织的文化，奖励接受者与他所取得的成就一起代表了团队所要求的工作标准。随着时间的流逝，这种标准就渐渐固定沉淀下来并被成员所认可。

奖励标准应该是明确的，奖励的成果必须是那些能够得到大家公认的，是能够推动团队工作标准的，绝不应该使团队不知道什么才是表现优异从而陷入混乱与猜疑。卓越的成果奖励应该是对卓越成就认可的一种方法，否则团队的工作就会脱离正轨。同时，领导还应该注意不要让奖励考核造成团队关系冷漠。

表 3-6 所列各项是总结得到的团队领导“控制绩效”的较好的行为。

表 3-6　　　　团队领导“控制绩效”的较好的行为

①清楚设置团队工作绩效的期望值
②鼓励团队在指导集体成功的一系列价值观上达成共识
③保证奖励与激励能够与团队目标的实现相结合
④对成员进行考核时，既考虑其绩效又考虑其合作能力
⑤给团队成员能帮助其工作、发展其能力的反馈以建议
⑥愿意主动去发现并解决成员绩效不佳的问题
⑦认可并奖励卓越的工作者

拓展阅读

5 分钟让上司接受你的建议

【第一现场】

会议室，张强正和经理争吵不休。今天 3 号，按照惯例正在召开部门月度工作布置会议。

“这个指标我完成不了，经理你每天坐在办公室里，根本不知道我们在一线的辛苦。现在市场竞争这么激烈，新客户很难开发。现在你要求这个月实现业绩增长 30%，这根本就不现实。”张强对于经理布置的本月工作任务很不满。

“为什么你完成不了呢？”经理问道。

“我人手不够。我带的三个业务员，钱可刚毕业没什么经验，老周和赵明不错，可赵明这个月 18 号就将离职了。没有兵你让我怎么打仗？”张强觉得这个理由很充分了。

“就这个原因吗？这是你的问题。怎么带新人，怎么降低老员工离职带来的业绩影响，是你这个做主管应该考虑的事情。”经理说。

“我的问题？那经理你做什么？难道部门任务都是我们的事情？”张强不服。

“如果你觉得做不了，可以选择辞职。”

“辞职就辞职，照这样下去根本就没有法做了。”

“好，你可以离开会议室了，等会议结束后把辞职报告交给我。”

【案例点评】

张强错了吗？答案是肯定的。

张强错了，最明显的标志是，他的目标结果——让经理接受他的建议并没有实现。目标没有实现，说明行为有问题。

张强错在哪里？

第一，张强选择了错误的建议时机。工作布置会议不是工作讨论会议，布置会议召开时，决议已经形成，此时提建议就是推翻原有的决议。

没有人喜欢被别人说自己错了，上司更不喜欢下属说自己的决策是错误的。且工作会议场合是公众场合，在这样的场合指责上司错了，无疑是当众给了他一个耳光。上司在这样的情况下，很难会接受建议，甚至连听建议的心思都没有，他唯一想到的事情是如何维护自己的权威。

第二，张强选择了错误的开场白。张强上来的第一句话就是："这个指标我完成不了，经理你每天坐在办公室里，根本不知道我们在一线的辛苦。"这是上来就给经理一棒子。在张强心里，自己这个经理根本就不称职！经理说："这是你的问题。"经理先前问他一句"为什么你完成不了呢?"并不是真的关心张强有什么困难，而是要张强说出理由，而后反驳这个理由，以证明张强是错的，不是张强的建议是错的，而是他关于经理不称职的观点是错的。

第三，张强选择了错误的建议方式。张强是以口头形式提出建议的，这个形式很不好。首先容易因语气、语调、身体语言等问题影响语言内容本身的信息传播。同样的话，以不同的语气说完全就是两个概念。说话人无意的一个动作，可能会干扰语言信息的传播，在接收人那里可能进行了错误的"解码"，同样会产生歧义。即便上司是个开明的领导，他可以承认自己的错误，但决议的形成需要重新形成文字。这就可能无法在当时就形成新的决议，在新决议形成之前，可能会有新的变故而导致建议最终依然没有被接受。

第四，张强选择了错误的建议内容。其实张强根本就没有提建议，只提了意见。分析张强的话，他只说了"工作难""人手不足"等问题。他给出了问题而没有给出方案，因此经理说张强"这是你的问题"并没有错。经理关心的不是有什么困难，他只关心结果实现，他能做的就是为困难的解决提供条件和支持。张强说了一堆的问题，但偏偏没有说自己解决这些困难需要经理做什么。

那张强该如何向经理提建议呢？

第一，选择好建议意见。不要在决议形成后再去向经理提建议，而应该在决策讨论的时候或决策未公开前提建议，这样避免了经理推翻决策的面子问题。

第二，别在公开场合提建议。有其他人在场，经理依然存在一个面子问题，在没有其他人在场的情况下，张强提建议被经理理解为挑战权威的可能性会小一些。

第三，以书面的形式提建议。制作一份类似申请书的书面材料，而后留出专门的批示处，列上抬头："经理批示"，这样，建议变成了申请，经理会觉得事情仍是他在决策，不会觉得被下属压制，同时由于是书面材料，避免了口头表达可能产生的歧义。而且，由于有专门的批示处，这样的建议一定会得到反馈，无论经理是否同意，经理的意见已经反馈过来了。张强可以根据反馈意见进行方案修改。

第四，组织好内容。张强之所以要向经理进行建议，无非是觉得这个月自己的业绩可能完成不了。但他不能直接和经理说："我完成不了。"因为那是张强的事情，和经理无关。因此张强应该转换问题焦点，把业绩能不能完成转化为我需要什么样的条件。例如向经理要求更多的人手配置，之所以要求的理由是人手不够。这样的建议内容，通过书面的形式递交给经理，经理首先不会认为张强是有意逃避工作责任，但经理不一定就会同意增派人手，没关系，因为经理已经知道张强那边人手不够，而且现在新市场开发工作有一定的困难，这样他自然会重新考虑给张强的业绩指标。

第五，给你的要求以足够的支撑，向经理提建议，不是说你想要什么别人就必须要接受什么，关键是你要让经理明白为什么必须要求这些条件，这就需要你给出足够的论据支撑。什么才是论据，用数字说话。以张强为例，他应该在困难分析时，列出手下三个业务员最近几个月的业绩表现，以说明为什么钱可作用不大，且赵明的离开将带来极大的影响。同时给出近几个月的业绩增长示意图，通过数字和图例直观地反映出近几个月的业绩增长幅度有多大，平均增长速度如何，30%的增长幅度是否可行。

【再来一次】

张强根据自己的团队现状写好《关于申请增派业务品的报告》来到经理办公室，"经理，我这有份申请报告，麻烦您批示一下。"说着，将写好的报告递上去了。

经理拿过来一看，看了一眼标题，明白是张强想要增派人手的申请。报告的开始，是目前张强所负责业务组的情况分析。几个表格，很清晰地反映出目前该业务组人手不齐的实际情况，同时几个业绩报表也反映出近几个月的业绩增长情况。

张强走后，经理拿出已经做好的业绩分配表。想了想刚才张强的报告，觉得这个月给张强制定"业绩增长30%"的目标似乎很难实现。再斟酌斟酌吧。

3号那天，经理在部门月度工作布置会上宣布："张强的业务组这个月的业绩增长目标是10%。"同时经理说："其他组比张强的组目标要多一些，张强组里的赵明18号就要离职了，而且钱可现在还需要锻炼和学习，所以就酌情少给一些任务。不过人力部门已经开始招聘新人了，等人手配齐后，就不会有这种情况了。"

拓展阅读　团队氛围建设

团队氛围和团队成员之间的关系就好像是空气和人、鱼和水，它就是确确实实地充斥在团队的每一个角落。设想一下，在一个雾霾天或者沙尘暴的天气里，人的生存状态是什么样的呢？再设想一下，在一个被污染的水源里，鱼的生存状态又是什么样的呢？所以，毋庸置疑，建立一个积极向上，团结一致，轻松愉快的团队氛围，对于一个团队的意义何等重要。

可是，要如何建设一个积极向上，团结一致，轻松愉快的团队氛围呢？

首先，团队的leader自己要设想一下，你要让你的团队在一个什么样的工作氛围中生活，并且用具体的行为表现形式把他列举出来。比如，工作时精力全部投入工作中，休息时一起好好地放松，小憩一会儿等可以具象的行为方式。列举的行为越细越好，最好涉及工作生活中的每个细节。

第二，团队的leader自己本身必须时刻要求自己做到如上所约束的行为。因为团队的领导就是团队的精神支柱，你团队的所有人都会看你的行为来适度的表现自己的行为。如果你每天都很严肃，很紧张，我想你的下属是不敢和你开玩笑的，工作上也会处处小心，战战兢兢。这样不但不会提高他的工作效率反而适得其反。所以，你想建立什么样的团队氛围，首先自己要做这种氛围中行为方式的表率。你的团队不用你说就会照着你的行为方式去做，因为这就是领导效应。

第三，要在任何你认为合适的场合和时机，向大家宣导我们的团队应该在行为方式上形成一种什么样的氛围。这样做的目的就是为了统一大家的思想，进而统一大家的行为方式。行为方式一致了，你要的氛围自然而然就出现了。

第四，要时刻监控团队成员的思想。归根结底，行为是思想的表现形式。如果你不及时关注成员思想变化，不注意团队行为的细微变化，慢慢地你所想要的团队氛围就会消失，会被另一种思想所带来的行为构成的氛围给取代。

第五，要及时鼓励正确的行为，同时要及时而严肃地遏制错误的行为。鼓励正确的行为就是在梳理榜样，就是在告诉所有人我们团队应该具有怎样的行事作风。及时的鼓励还会让被表扬者更加地愿意突出这个方面的行为，可以极大地促进氛围的激烈程度。及时严肃地遏制错误行为的主要原因就是"不表态就是默许"。一个错误的行为，你没有表态，你的成员就会认为你对这种行为是默许的，慢慢地这种行为会在团队内像病毒一样肆意传播，直到最后，你没办法把控局面为止。所以，对于好的行为就是要鼓励，不好的行为一定要批评。

综上所述的五个方面，在开始使用的时候会有一定的逻辑顺序，但是随着使用的深入，你会体会到，其实你就是在不停地平衡以上这几点。因为管理，说到底是在通过管理人的思想来管理人的行为，最终完成某项任务。总之，建设团队的氛围很重要，想好建设一个什么样的团队氛围很重要，做好团队氛围的表率和监督更重要。

练习

练习 1：领导力之决策果断

假设你是一名船长，从某地出发，一路风平浪静，行驶极为顺利，突然间，浓雾弥漫，视野不佳，当雷达发现对方船只时已经避之不急，船撞上了……

这时候，身为船上最高领导者的你要采取应急措施，请对以下的 15 个项目做出判断，你认为最急切需要处理的事项就写上 1，最不急切的事项写上 15，依次进行排列。

A. 放点音乐，舒缓船上人员的紧张情绪。

B. 命令乘员放下救生艇。

C. 命令检查发电机是否运转中。

D. 搜索附近海域。

E. 分配各救生艇准备钓具。

F. 请船医准备医疗品。

G. 为同舟共济，准备捆绑身体的绳索。

H. 与现场人员确认事故状况。

I. 通知船上人员进入紧急事故戒备中。

J. 让各救生艇准备信号弹。

K. 求神拜佛。

L. 封锁船体破损区的闸门。

M. 为救助对方的乘客而放下救生艇。

N. 准备搬出便携式无线电。

O. 向附近船只发出 SOS 求救信号。

答案：1~15 分别是 HLIBOCNDJMFGEKA

练习 2：团队领导模式测试

请根据自己的实际情况，对下面各题进行认真选择。

1. 上级对下级的信任（　　）

A. 几乎无　　B. 有一点　　C. 比较高　　D. 很高

2. 下级能否随便找上级讨论工作问题（　　）

A. 不可能　　B. 较少可能　　C. 较多可能　　D. 经常

3. 上级是否经常征求和采纳下级意见（　　）

A. 极少数　　B. 有时　　C. 可能　　D. 经常

4. 奖惩状况（　　）

A. 惩罚为主，偶尔奖赏　　B. 奖赏与处罚并用

C. 奖赏为主，偶尔处罚　　D. 优厚奖赏，启发自觉

5. 完成组织目标是谁的责任（　　）

A. 上级　　B. 上级与中级　　C. 多级　　D. 各级

6. 协作状况（　　）

A. 很弱　　B. 较弱　　C. 一般　　D. 较强

7. 信息交流状况（　　）

A. 下向　　B. 一般下向

C. 下向与上向　　D. 下向、上向与横向

8. 下级对上传下达信息的态度反应（　　）

A. 怀疑　　B. 可能怀疑　　C. 小心谨慎　　D. 接受

9. 往上传递信息是否准确（　　）

A. 一般不准　　B. 经常不准　　C. 较准确　　D. 准确

10. 上级的工作问题下级了解吗（　　）

A. 不清楚　　B. 还算清楚　　C. 较清楚　　D. 很清楚

11. 做决定是哪一个级别的责任（　　）

A. 最高一级　　B. 高级与委托

C. 高级决策委托较多　　D. 每个级别

12. 下级有没有参与决策（工作问题）的权力（　　）

A. 几乎无　　B. 偶有　　C. 一般有　　D. 充分参与

13. 决策的过程对情节有多少影响（　　）

A. 很少　　B. 较少　　C. 有些影响　　D. 有较大影响

14. 组织目标是怎样制定的（　　）

A. 命令、指定　　B. 命令、征求意见

C. 讨论、然后命令　　D. 团体决策

15. 下级对组织目标顺从吗（　　）

A. 不顺从　　B. 较不顺从　　C. 较顺从　　D. 很顺从

16. 考核和控制的权限是否集中（　　）

A. 集中在上级　　B. 较集中在上级

C. 不大集中，有委托　　D. 充分分担

17. 有没有非正式组织采取消极抵抗（　　）

A. 很强　　B. 常有　　C. 有时有　　D. 没有

18. 企业的成本、生产率和其他控制数据的应用目标（　）

A. 管辖处罚　　B. 奖赏和处罚

C. 奖赏和自我指导　　D. 自我指导和解决

分析：

如果选择A的数量明显多于B、C和D，那么你的领导方式属于压制和权威式。

如果选择B的数量明显多于A、C和D，那么你的领导方式属于开明和权威式。

如果选择C的数量明显多于A、B和D，那么你的领导方式属于协商式。

如果选择D的数量明显多于A、B和C，那么你的领导方式属于集体参与式。

游戏

游戏1：众人围圈向前进

人数：8~12人

时间：15分钟左右

场地：宽阔的场地

用具：无

步骤：所有队员手牵手结成一张网，在不松手的情况下要求众人向前到达目标。

问题讨论：在有阻碍的情况下怎样迅速沟通，领导团队向前，协同团队完成任务。

关键点：快速产生领导，有效协调，配合领导达成团队目标。

游戏2：七巧板

人数：20人以上

时间：40分钟左右

场地：宽阔的场地

用具：任务书和相应的资源

步骤：

1. 把整个团队分成 7 个小组，每个小组都拥有自己的任务书，也会得到相应的资源，要求小组利用资源按照任务书所规定的规则进行项目，达到团队积分 1000 分的目标，如下图所示：

2. 快速计算出学员的得分，并将它写在计分板上。

3. 组织学员围坐在一起，每一个组先派一个代表或者所有的人都简单地发表自己的看法。

总结：资源和信息的优化配置根本不可能在很多局部“小交易”中进行，也不可能达到人们想要的结果。个体的利益追求如果没有大团队目标的指引和规定，必将会出现小团队为获取自身利益的最大化而不顾大局，从而导致系统的崩溃和项目的失败。

培训目标：

1. 培养团队成员主动沟通与合作的意识，体验有效的沟通渠道和沟通方法。

2. 培养市场开拓意识，更新产品创新观念。

3. 培养学员科学系统的思维方式，增强全局观念。

4. 体会不同的领导风格对于团队完成任务的影响和重要作用。

第四章 团队成员效率

学习目标

通过对本章的学习，了解团队成员效率的两大方面：工作知识要素和协力要素；掌握工作知识要素中工作经验和解决问题的能力；掌握协力要素中开放的心态、充满互助的精神、较强的行为能力和个人积极的行事风格。了解丰富经验队员的特征、高效率解决问题的队员的行为特征、开放型团队成员的行为特征、了解具备互助精神的团队成员特征、了解较强行为能力成员的特征、了解积极个人行事风格的行为特征。

知识要点

1. 从工作知识要素和协力要素两个方面来分析团队成员效率。

2. 工作知识包括两个方面的内容，即有足够的经验把手头的工作做好，同时具备必要的解决问题的能力，并可以克服在实现团队目标的过程中所遇到的任何障碍。

3. 仅仅具有工作知识是不够的。另外的四种个人素质也就是我们通常所称的四种“协力因素”，即拥有开放的心态、充满互助精神、具有较强的行为能力以及个人积极的行事风格，对于团队的成功来说也是至关重要的。

4. 一个团队是保持乐观的氛围抑或是愤世嫉俗在很大程度上影响着高效的团队成员的前三种行为，即开放性、互助精神与行动能力的实施效果。

案例导入

永远都成熟不起来的团队

上级领导已经清楚地告诉琳达，她们团队所承担的这个任务是所有工作的重中之重，所以琳达认为她必须对该任务给予高度的重视。她非常明确并很有逻辑性地向她的团队解释了摆在他们面前的这项任务，还强调指出，在这件事上他们几乎没有任何选择的余地。虽然任务非常明确，但是她还是想让大家从一开始就团结一致、齐心协力去完成这项任务。可是讨论还是变得几乎失控，这使琳达极为愤怒。这个团队平时是一个极为成熟、极其冷静的团队，可这一次却挖空心思地在想如何才能拒绝接受这个任务。大家对预算、对所规定的期限，对完成任务的途径都极为不满。他们清楚地知道琳达还没有完全答应接受这个任务。为什么他们就不能勉为其难接受这个任务，咬牙挺过去呢？

一个成功的团队拥有所必需的人才储备。但是，要成为一个高效率的团队成员，究竟需要具备哪些个人素质呢？

从团队成员的评价中可以看出，他们寻求的队友所具备的首要素质是核心竞争力，我们将这种素质称为“工作知识”。“工作知识”包括两个方面的内容，即有足够的经验把手头的工作做好，同时具备必要的解决问题的能力，并可以克服在实现团队目标的过程中所遇到的任何障碍。

然而，仅仅具有工作知识是不够的。另外的四种个人素质也就是我们通常所称的四种“协力因素”，即拥有开放的心态、充满互助精神、具有较强的行为能力以及个人积极的行事风格，对于团队的成功来说也是至关重要的。

在这一章里，我们对每一项因素进行了详细的解释。尽管每个团队成员不可能都具有极高的六种素质，但是把这六种个人素质有机地加以结合，对于组建一个成功的团队来说是非常必要的。

但是，成为一个高效的团队成员所要求的特定素质与行为特征往往又是模糊的与难以界定的。一般来说，情况总是这样的：召集起一群人，组成一个群体组织，然后就希望他们能像一个团队一样高效率地工作。不幸的是，人们经常没有考虑到或者没有考虑清楚什么样的行为特征才是一个高效团队所真正需要的，而作为团队成员通常也只是各自在考虑什么样的行为对于实现团队目标来说是合适的、有效的。设想，你曾经参加过一个十分混乱的团队，而这些人所打出的口号往往是为了促进团队工作更好地开展，或者是为了促进团队与队员之间的相互合作。

一个高效的团队成员总是善于解决问题，能够帮助建立起团队成员之间的信心与相互信赖，并且具有领导能力，可以激发团队的每个成员最好的工作态度并产生积极的想法，最终实现团队的目标与价值增值。相反，在一个低效的团队中，团队成员之间互不信任，难以对问题达成一致看法并最终做出决定，更不用说朝着目标不断迈进了。

那些与众不同的团队主要从两个方面体现出他们的特殊性：第一，团队要有一个明确的目标，这个目标通常被认为是一个绩效目标。换句话说，就是团队想要完成什么，而不是团队想要成为什么。绩效目标往往是十分具体与有形的，因为你可以很明确地说出你是否已经完成了这个目标。团队由一群人组成，这些组成人员是为了实现一个特定目标而来的。这些目标通常很具体，比方说，设计一个新产品，组织一次大规模的产品生产，举行一次登山活动，开展一场抗击流行病的战役，救火或是其他的种种目标。第二，实现团队目标要求团队成员之间相互合作。高效的团队要求其成员不仅在技术上要具有一定的造诣，同时还要善于与其他队员合作来实现他们共同的目标。

我们总结出了区分团队成员高效或低效的六要素。这些要素被分成两类，如图 4-1 所示。第一类要素是“工作知识”，包括工作经验与解决问题的能力两部分。第二类要素我们称之为“协力要素”，包括拥有开放的心态、充满互助精神、具有较强的行为能力以及积极的个人行事风格四项要素。这六要素中的每一项都是一个成功的团队所必不可少的，否则就会失败。

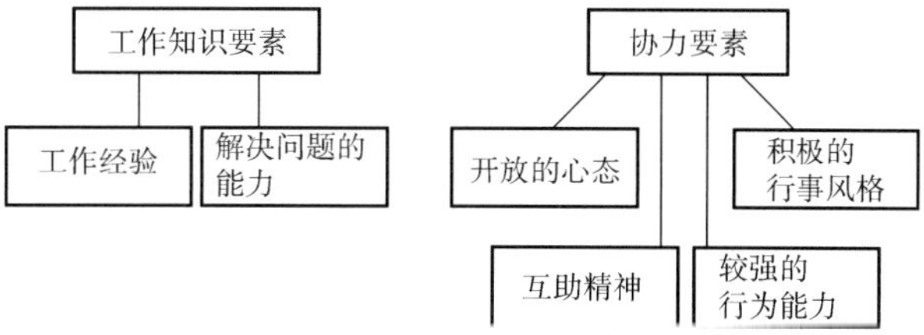

图 4-1　区分团队成员高效或低效的六要素

第一节　工作知识要素

为了实现团队目标，高效率的团队成员首先必须具备的两个基本要素就是工作经验与解决问题的能力。在成功的团队中，至关重要的成员往往具有渊博的知识，对自己所从事的行业有充分的了解，同时他们也是解决问题的高手。这两项基本要素我们称之为“工作知识”。

一、工作经验

对于选择团队成员来说，相关工作经验是首先要考虑的因素。不论组成团队是为了着手进行一项心脏手术，或者是去登山，还是打算建造一架飞机，总之，一旦目标确定，首要考虑的问题就是“谁在这方面有经验?”换句话说，团队所寻求的那些人必须具备与团队目标相关的实际工作经验。

一般来说，一个团队最受关注的应该是团队的领导。作为领导往往拥有丰富的实际工作经验、广博的知识，并获得过许多次的成功。

在实践中，当团队的成员们被问及他们的队友有什么长处、在什么方面需要进一步加以改进时，他们都强调了工作经验的重要性。我们可以通过以下的评价来进行比较。

对具有丰富经验队员的评价：他熟悉他所从事的行业，有着明确的目标；他拥有丰富的经验与渊博的知识；他经验丰富，判断准确，具有敏锐的商业意识；他能够充分发挥各种技能，准确把握我们的需要；他十分熟悉自己所做的工作，能够系统与全面地看待出现的各种问题；他所具有的技术背景非常好。

对缺乏工作经验队员的评价：他需要更多地了解“产品或商业”方面的知识；他的系统知识很欠缺，在梳理细节时没能注意到当中可能存在的隐患；由于他对事物缺乏全面的了解而忽略掉一些重大的战略性问题；他需要对影响企业经营决策的企业环境有更好的了解；他应该具有全局观念，而不是割裂地看问题。

二、解决问题的能力

随着团队工作向前推进，另一项个人素质开始受到人们的重视。这里暂且先不考虑他们工作经验的多寡，我们发现一些团队成员善于解决那些不可避免地成为团队成功障碍的问题。这些成员解决问题的能力表现在许多不同的方面一些成员擅长发现问题、分析问题与理解问题，一些成员则擅长制定解决问题的方案，分析哪些方案对解决问题会有所帮助，哪些方案则可能不会起什么作用；一些成员对于整个团队工作的目标与宗旨理解得很清楚，这非常有利于他们提出解决问题的建设性意见。总之，不论成员在团队工作中做着什么样的贡献，那些能帮助团队有效地解决问题的人往往有办法让整个团队去共同关注存在的问题，并促使团队朝着既定的目标不断前进。

高效率解决问题的队员的行为特征：十分主动，在解决问题时表现得十分积极；积极参与事关团队运作中所存在的各种问题的讨论，同时能够提出建设性意见；努力使大家重视与面对团队存在的各种问题；对于事关团队生死存亡的问题分析理解得很透彻，能够提出切实可行的解决问题的方案。

相反，不能解决问题或是低效率地解决问题通常是由于成员的粗心大意、优柔寡断或是没能足够重视问题而导致的。解决问题效率低下队员的行为特征：总是忙于参加各种会议。本可以做出更多的贡献，但有时会被工作日程与一些琐碎的事情牵绊住；需要对问题进行更加深入的研究，而不是道听途说；对于正在讨论的问题应该有足够的重视。

具有丰富的工作经验与解决问题的能力是一个团队的核心竞争力，也是驱使团队不断朝着团队目标前进的巨大动力。通过上面的比较评价，我们就很容易理解这些要素为什么很早就被人们所重视，并成为衡量团队成员优秀与否的重要标准。

尽管这两项素质对于团队成员来说是至关重要的，但是我们也要充分认识到，要成为高效的队员，仅仅具备这两项素质是远远不够的。团队工作的最终失误是由多种因素造成的。这些因素包括：团队中有带着成见来工作的队员；团队成员之间的合作不融洽；组织文化不利于团队哲学的建设；团队成员受到不公平的待遇；团队成员对于自己的工作目标不明确等。所以，接下来我们要讨论的就是那些对团队的成功做出巨大贡献的高效的团队成员所具备的第二类素质。

第二节 协力要素

团队成员已经充分认识到具有丰富工作经验的重要性，也了解到解决问题的能力是必不可少的素质。同时，他们还意识到，拥有足够的社会竞争力对于确保团队工作的有效开展也是至关重要的。具体来讲，拥有由四项“协力因素”所构成的社会竞争力能够使团队中具有广博知识的人共同实现他们的目标。这四项要素分别是开放的心态、互助精神、较强的行为能力与积极主动的行事风格。

一、开放的心态：团队成功的基本要素

在团队成员描述团队中那些贡献最大的成员时，他们提得最多的一个特点我们称之为“开放的心态”。心态开放的成员总是乐于处理各种问题，懂得营造一种开放的氛围让其他人畅所欲言，以促进彼此之间的交流。这些团队成员

实际上是真正高明的沟通者，他们善于营造一种氛围来促进成员之间的相互交往，使得团队无论遇到什么问题都能得到有效而合理的解决，最终使团队的整体绩效提高。

通过调查的团队成员对其他同事与自己所在团队的成员的“心态的开放”状况所进行的评价。这几个问题是：①成员能否合理地提出问题？②成员是否会主动发表观点？③成员从不同角度考虑问题的能力如何？他们的评价表明了开放型成员与封闭型成员不同的行为特征。

开放型成员的行为特征：能够坦率地发表自己的观点；他很坦率，你用不着去琢磨他究竟在想什么；乐于提出问题并找到解决问题的可行方法；乐于讨论一些微妙的问题；敢于提出自己的观点，并接受大家的反馈意见。

封闭型成员的行为特征：经常处于自我防卫状态，应消除此种状态，乐于接受大家；不够坦率，可以尝试用新方法来工作；过于相信自己的感觉，不善于处理那些对自己很重要的问题。

显而易见，作为团队成员需要面对诸多问题。例如，需要考虑团队应该如何运作，考察团队运作的绩效如何，观察谁需要帮助，谁遇到了问题，或者为了改进团队的绩效团队成员能够做什么等。因此，心态的开放对于团队合作的成功以及达到协力效果最大化来说是一项极其重要的因素。

团队成功所必须具备的基本要素是心态的开放性。如果团队成员能够做到不以自己为中心，努力发现问题并创造一种大家都可以放心大胆解决问题的环境，那么这个团队已经成功了一半，因为它已经具备了最基本的竞争力。如果团队成员还具备除了开放性之外的另外三种协力因素——互助精神、较强的行动能力与积极的个人行事风格的话，这个团队就可以获得前所未有的巨大成功。

二、充满互助精神

高效的团队成员所具备的第二项协力因素就是我们所说的具有“互助精神”。尽管互助精神有着不同的形式，但其核心在于有一种帮助其他人取得成功的愿望。有时这意味着鼓励一个自信心开始动摇的人；有时意味着对人们遭受到的困难表示出善意的理解；有时意味着帮助某人克服困难，而不是乘人之危；有时意味着保护一个受到攻击的人。通常，互助精神是指把团队的目标置于个人的目标之上，乐于一起工作并帮助他人取得成功。无论具体的行为表现是怎样的，那些被认为具有互助精神的成员常常竭尽所能地帮助团队获得成功。团队成员在这一因素上所体现出的特征多种多样，我们可以通过以下的评价来进一步地加深对这一要素的认识。

具备互助精神的成员特征：愿意为团队的成功做出自己的贡献，并努力寻求对于团队来说最好的方案；做了很多幕后的工作来帮助团队取得成功；只要有需要，无论何时都会全心全意地投入；总是乐于帮助他人，态度积极，愿意承担更多的责任；很好相处，一起工作是一件快乐的事；仔细聆听他人的观点。

缺乏互助精神的团队成员更多关注的是“我自己”，而不是“我们”。他们通常以牺牲他人的利益来实现自己的目标；对于团队中的其他成员，他们根本不关心。

缺少互助精神的成员特征：总是利用他人来完成自己的工作，当其他成员的工作涉及他的工作领域时，他却不愿意伸出手去帮助他们；以个人利益为导向，而不是追求团队的目标。他应该走出自己的办公室，与其他人交流，让大家充分认识到自己对团队来说是有价值的；应该多花点时间以更好地了解其他人的观点，在聆听他人的发言时要有耐心。

在这里，我们想要明确的是“互助精神”并不意味着团队成员是那些缄口的被动接收者；并不意味着他们不会捣乱，不会让与自己意见相左的成员感到窘迫；并不意味着他们不会说团队现在做得不够好，因为这会令团队不舒服。

“互助精神”实际蕴含着这层意思：它是一种帮助团队取得成功的更积极的方法。虽然对此提法众说纷纭，但是我们更赞同“群体中的重要工作实际上是由团队中三分之一的成员完成的”观点。团队中的许多人属于一种我们称之为“社会流浪者”的人，这些人消极被动，老是让其他人做较为繁重的工作。随大流的那些人，大多数人说什么，他就支持什么。他们甚至根本不具备能够对团队做出重大贡献的行为能力。

互助精神还意味着对同伴表现出在一定程度上的关心。我们经常可以在高效率的团队中发现，团队成员之间互相关心、相互爱护、彼此喜欢与具有浓厚的友情，而这种气氛在效率低的团队中是很少能够碰见的。最近的一些证据表明，“只能在工作场所之外保持友谊”的这种老式的看法其实是错的甚至可能会误导他人。事实上，友谊可以改善工作关系，提高工作质量与生产效率。

（一）互助精神与心态开放相结合

能够将互助精神与开放的心态有机结合起来的团队会产生预想不到的效果，这就是那些最成功的团队所具备的特征。互助精神与开放性的结合是关键，因为开放性可能会导致两个极端。一方面，开放性有可能使我们变得刻薄，轻易地侮辱人，而且对人表现出冷漠。具体一点，表现为我们在口头打击对方。对于那些真实的或者是虚构的委屈与不满，我们会进行报复。所以开放的一种可能是“你希望开放一点吗？我希望你能把握住分寸。你准备好了吗？它来了。”也就是说，开放与冷漠的结合是具有破坏性的。开放的原则只是想要说明讨论更有利于解决问题。互助精神的原则说明讨论事情的方法是千差万别的。

另一方面，开放性与互助精神相结合可以让组织朝着一个完全不同的方向前进。如果团队成员能够发现问题并开诚布公地讨论问题，这就意味着情况正在好转。同时，如果讨论的氛围是充满互助精神的话，那么凝聚力已经生成了，这种凝聚力可以使团队在受到挫折时维持成员之间合作所必要的积极的态度与情感。每当团队需要它们时，它们就可以发挥作用。当我们观察一个兼具开放与互助精神的团队时，我们很乐于看到这个团队能够成功地解决遇到的任何问题。

（二）互助精神、渴望成功与取得成就

研究表明，一个群体或者团队的绩效水平与它对于成就的渴望是密切相关的。换句话说，我们通常达到的绩效水平是我们努力想达到的绩效水平。我们认为自己能够做什么，通常情况下我们就可以做到。态度决定一切。一个团队的工作态度是决定该团队的绩效水平的最重要的因素。教练与军队长官都知道，在决定结果的众多因素中，态度比任何有形的资源都更为重要。伟大的德怀特·D·艾森豪威尔将军说：“悲观的态度注定在任何一场战斗中都会失败。”事实上，在那些备受赞扬的领袖所做的工作中，最受瞩目的事情就是两件“激发起共有的远大目标”“鼓舞人心”。

对于群体态度的早期研究将态度区分成“防卫性”与“支持性”。防卫性态度的对立面是支持性的态度。具备防卫性态度的团队成员十分羞涩内向，不愿与他人分享信息，对工作敷衍了事，不愿意沟通。防卫性的态度取决于沟通是评价性的还是判断性的，是战略性的还是操作性的。防卫性的态度是导致群体行为低效的一个重要原因。

大体上讲，自我防御与对成就的渴望是互相矛盾的。自我防御意味着将精力花在保护自己、设立防范的壁垒与等待外部的攻击上面。而渴望成就则意味着设定目标，制定新的标准，使用新的方法开展工作。开放性与互助精神使得很多事情由最初的设想变成可能的现实。更重要的是，团队成员是否将团队目标视为是可能实现的目标，开放性与互助精神起到了重要的影响作用。同时，决定团队绩效水平高低的最为重要的因素是团队成员渴望成功的热切程度。最终，团队成员努力的目标是什么，他们坚信自己能够完成什么在很大程度上决定了他们实际上能够做什么。

三、较强的行为能力

高效率的团队成员所具备的第三项协力要素是具有较强的行为能力。较强的行为能力是指具有马上采取行动的倾向，知道下一步将要干什么。同时，它也意味着鼓励他人采取行动。较强的行为能力还意味着乐于设计行动路线，愿意进行尝试，做一些与众不同的事情。

具有较强行为能力的成员总是努力在做某些事情，而被动的成员则总是在等待，希望其他人来处理他们手头上的问题。

较强行为能力成员的特征：积极面对挑战，渴望有所成就；对于现实需要积极加以回应；想尽一切办法为团队带来更多的业务；一个精力充沛的人学习东西很快，工作安排得井井有条，有面对问题的勇气。

行为能力较弱成员的特征：应该表现得更加自信，要积极地做好工作，更加有激情，对问题的处理要立场鲜明；应该更加积极地参与到事关团队运作的讨论中去；不能延误时机，要敢于冒险；有时行动略迟缓。

这里所讲的行动不是一般的常规性行动或是处理日常事务方面的行为。行为能力属于领导能力范畴，团队领导或是普通一员都可能具备。这种行动有助于克服工作中的困难，打破前进道路中的壁垒，并能够有效地处理棘手的问题。

（一）高效的团队采取行动

在一家传统保守型金融机构中的一个“无助”团队。所谓“无助”，是指这个团队认为它现在无论做什么都不能真正显著地改善团队目前的运作现状。因为团队中的员工觉得现状就是这样的，他们根本无力改变什么。出现的问题超出了他们能够控制的范围，使得他们无法高效率地工作。可以设想，如果这种状况发生在一个负责改善整个金融服务机构现状或负责更新整个金融产品设计线的团队身上时，这个公司的发展前景确实十分令人担忧。

更糟糕的是，这个团队没有一个领导。六个星期之前，这个团队的领导被调到公司另一个部门岗位去工作了。至今为止，他们还没有一个正式的领导接任。这使得整个团队的工作更加停滞不前。显然，由于这个团队在整个公司的地位十分重要，而且也正是因为这个团队的重要地位，所以，至今公司还没有任命一位新的领导人。

好在这个团队处于无所事事状态的时间持续很短，团队成员很快进行了调整，并自行确定了保证团队成功所应具备的领导人职责。就相应的领导岗位为团队领导人写了一份工作说明书，同时设立了一系列的标准来考察谁适合这个岗位。他们挑选出一批领导岗位的候选人，并向公司最高管理层汇报了他们所做的一切，公司高层管理者对此十分满意。这个“无助”的团队现在考虑的问题不再是“我们在做正确的事情吗?”而是“我们现在在做事吗?”

“顽固的”团队是一种与众不同的团队类型。通常，这种类型团队的工作成绩很好，其表现往往能够超过同行业的平均水平。整个团队中的成员都十分自信，因为他们都是一些专家与技术方面的能人。团队成员自己也意识到自己的团队是很不错的。于是他们开始考虑团队与自己的地位问题。他们自己很清楚他们都是一些优秀的人，也乐于发展与团队中其他人的特殊关系。这种特殊的关系最终使得他们内部的人际关系过于紧密而渐渐地抱成一团，变得越来越孤立，导致他们与公司中的其他团队与部门之间产生越来越大的隔阂。他们浪费很多的时间来抱怨公司内部其他部门的人，并把他们所遇到的任何困难都归咎于他们团队之外的人。

顽固的团队，它与公司内部其他团队与部门的关系很糟糕。这个团队与公司内部其他成员之间的关系、与客户之间的关系以及其他重要部门的关系都受到了侵害，其危险程度已经足以影响整个组织的效率与目标的成功实现。这种由内部一小部分核心成员所领导的团队往往能够建设性地提出问题，对于发生的事情以及事情发生的原因都能够取得一致的看法，因此也容易建立起一个系统程序来解决团队存在的问题，以重塑与其他群体与团队的关系。当然，这种变化只有到团队中的某个人真正面对那些难堪局面的时候才会发生。例如，某个人不得不说：“我认为发生了一些事情，使得我们不能像从前那么优秀。”一旦出现这种情况，团队就必须对现状达成统一的认识，包括正确认识到问题的严重性等，然后决定接下来应采取的措施。

（二）成功的第一法则

在现实世界里，我们已经习惯了那些我们赖以生存的行为模式与生活规律，并且对此往往熟视无睹。规律支配着整个社会。人类的一些行为模式就如同物质世界里的物质一样，其变化是可以预测的，或者说几乎是可以预测的。

专栏

专栏：埃里森和凯特

两个女孩，一个名叫埃里森，另一个叫凯特。她们的生活方式完全不同，并且在不同的成长经历中学习到了完全不同的东西。她们性格的形成是由许多因素决定的，这其中包括：在她们成长的过程中被人们所接受的程度（是容易被人们所接受还是经常被人们所拒绝），与父母在一起的生活快乐与否、成功与失败的经验怎样等诸如此类的众多因素。

当这样两个不同性格的女孩在面对相同的境遇时，看待问题采取了完全不同的态度。面对新的问题，埃里森总是喜欢顺着这样的思路对自己说：采取什么样的方法可以做好这件事，如果好好干的话事情会有怎样的好结果，采取某些行动必会起作用的原因何在。而凯特的想法与之正相反，面对相同的情况，她会对自己说，这事会带来什么不好的后果：如果做了这事却没做好又会有什么样的坏结果，并思考为什么一些行为不能发挥作用的原因。

要是埃里森与凯特同处在一个团队所举行的会议上，对于同一种情况会做出完全相反的回答。埃里森看到存在的问题，会对此进行讨论，试图找出解决问题的方法，并鼓励其他人做一些事情，她总是会说服自己，同时也努力使团队中的其他人相信每个人都可以做一些力所能及的工作，而且这些工作必定会有助于解决现有的问题。凯特则否定问题解决的可能性，并会不断地寻找这个问题解决不了的原因以进行开脱，而且断定所采取的任何行动都将是无效的。

假定她们现在离开了会议室。一个小时以后，在一座大楼的出口处，她们看见了一张招聘海报，海报提供的是一个很好的工作机会。埃里森读着海报，自己说："干吗不试试呢？它看起来很有趣啊。"她想，这确实是她一直都很想做的事，她相信自己能胜任那份工作。即便没能成功取得这份工作，努力争取的过程本身也是很有趣的呀。这时凯特在想什么呢？凯特看着同一张海报，却在对自己说："噢，不，你要知道，这样的好工作会有好些人都准备好了，正排着队等着呢。"她相信他们不会选上她的。事实上，她自己都不确定一旦他们向她提供这份工作，她自己是否能够胜任。

这种现象揭示了人类行为的一个规律，这个规律就像物理学中的任何一项物质运动规律一样是可以预测的。简单说来，这个规律，就是如果你采取行动，你改变现状的可能性更大。

研究者们发现，领导与团队中的成功人士采取行动的动机很简单。我们上面的所有讨论是基于两个最基本的动力：要么做，要么什么也不做。"什么都不做"的结果必然是现状本没有发生改变，但只要采取一次行动去"做"，就能够提高成功的可能性。你先尝试着做一些事情，然后回过头去看看它的运行状态如何。如果运行状态健康和谐，你要考虑的是如何保持；如果看起来所做的工作没起什么作用，那么你就要考虑改变方法以提高成功的可能性了。如果这种不良状态继续维持，你应该要懂得放弃，你将会从经验中发现你能够做什么，然后可以再尝试着做一些新的事情。只要你不断地尝试最终成功的概率就会很大。

由此我们可以总结出来的成功法则就是：采取行动比不采取行动成功的可能性更大。正因为如此，具有较强的行为能力的人对于团队的成功来说是非常重要的。如果没有这些人，团队就无法解决所面临的重大问题。这些人确实将会极大改变团队成功的概率。

四、个人积极的行事风格

高效团队成员所具备的第四项协力因素是积极的个人行事风格。正如社会科学家们很早就已经了解到的那样，人与人之间所存在的根本差别在于他们所表现的是积极的态度还是消极的态度。团队成员也是如此，他们可以很快就注意到某些成员很有活力、开朗乐观、自信心十足，善于与人相处，与他一起工作使人感到心情愉快。

积极个人行事风格的行为特征：善于激励别人，态度非常积极，喜爱自己所从事的工作；拥有旺盛而充沛的精力，总是有很多新的点子，创新能力很强；对工作的热情极大地感染与影响着其他人的斗志；能与其他人相处得很融洽；对人友好，受到人们的喜爱。

有一些人则总是表现得愤世嫉俗，充满自我防卫而没有同情心，对于人类最崇高的与最有价值的行动总是在泼冷水。一个团队只要有一两个这样的人就会严重地影响到一个群体或者整个团队的精神凝聚力。这种玩世不恭的态度就像一场瘟疫一样会不断地扩散开来，伴随这种心理所形成的态度与行为也是会传染其他人的。

消极的行事风格的特征：团队内部成员间的竞争没必要搞得那么紧张；更加开放一些，要学会与其他人合作，一起把工作做好，让人更容易亲近；应该更加友好；要更有耐心；可以更积极地去进行一些争论——在提出自己观点的同时聆听其他同事的看法；不能总是这么消极，好的看法应该用一种更平和的沟通方式表达出来；在对不同的主题发表看法时，不应该这么愤世嫉俗。

几乎所有的社会科学家都已经认识到行为是具有传染性的。在不同的学科里，这个规律有不同的名称。也有人将其称之为“人际反射”“占据效应”“双价效应”或是“互惠准则”，以及其他的一些名称。尽管所立之名并不总是正确，但是你怎样对待其他人，其他人就会怎样对待你：你对他人微笑，别人还之以微笑；你老是抱怨他人，他人也会抱怨你；你不把自己的内心敞开，别人更不会对你敞开心扉。愤世嫉俗、玩世不恭可是会比感冒传染快多了。

一个团队是保持乐观的氛围抑或是愤世嫉俗，在很大程度上影响着高效的团队成员的前三种行为，即开放性、互助精神与行动能力的实施效果。团队中只需要很小一部分人就可以形成这样的氛围，并且一直能够使这样的氛围得以保持。

团队成员个人行事风格的差异可能会引出各种复杂的团队问题并导致困难的出现。这些问题集中表现在“差异性”与“整体性”两者之间的相互矛盾。

我们是否应该对个体差异表示赞同，这意味着他们可以按照自己的方法办事，而且会感到很愉快；抑或者我们应该对成员施加压力，让他们按照能够促进团队成功的方法来实施其行为，有时这确实是一个两难的选择。

在这样的情况下，我们的最终选择得看团队的目标是怎样的。如果团队目标相对来说不是特别重要，与团队最终成功或是失败的结果联系不是那么紧密，那么我们应当鼓励成员的个体差异。让每个人都按照自己的方式行事，如果因为成员实施团队目标的过程与自己的行为规则相左而感到非常痛苦的话，其本能反应必定是先保护自己。但是，如果团队目标很重要，与团队的成功或失败联系紧密的话，那么一定程度上的团结通常就是必不可少的了。尤其是，如果愤世嫉俗的态度破坏了整个团队的情感凝聚力，这种态度就必须要得到妥善处理。

拓展阅读

团结合作：有些人可以，有些人不可以，有些人根本不会

团队成员的评价在很多方面是坦诚直率的，也是合情合理的。很明显，团队成员的态度、行事风格与相互作用的行为模式对于绩效结果来说有着很直接的影响。有些人善于团队合作，有些人则不知道该怎么办才好。

更准确地讲，我们按照人们之间相互合作的态度与能力将人们进行不同的划分，而且所划分出来的三类人可以被看成是一个完整的统一体。第一类人：被所有成员公认的、对团队成功起到至关重要作用的个人。大部分团队成员都觉得要是没有这些至关重要的个人，他们根本不可能最终成功。这些起到重要作用的团队成员有些是从外部招进来的专家，但更多的则来自于该团队内部。在团队的工作进程中，这些人起到极强的领导作用，并一直保持着一种开放的状态：他们鼓励团队成员发表自己的观点，耐心地帮助人们解决在合作过程中遇到的挫折与各种复杂问题。简言之，他们所做的“鼓舞人心”的事也正是作为领导倡导的事情。

这些人也会有疑虑，也会对事情的成败拿不准，还有一些自身的缺点。但是他们努力超越自己的极限，而不是放任自己的缺点任意横行。他们把精力集中在主要的问题上，而不是追求个人的目标。这些人在他们的工作中兢兢业业、恪尽职守。所看到的每一件有价值的事情都在很大程度上归功于这些人的创意，他们勇于而且善于表达自己的观点。

第二类人在我们的讨论中属于中间类型。这些人有着美好善良的意图以及与人合作的强烈愿望。但是他们的行为方式使他们无法有效地实现他们的意图或愿望。在这些人中，有的表现出一种高压的行事风格，做任何事情都雷厉风行。一旦其他人在可能的选项上考虑时间过长或考虑太多，他们就会变得很不耐烦；有的人过于自信而使思想接近于闭塞；有的人则因为害怕或者保守而不愿意与他人分享自己的观点；有的人从小生长在一个充满竞争的家庭环境中，他们能够很好地把握这种氛围，于是在出现这种情况的时候他们觉得最惬意。总之，我们见过的很多人本身有着健康和谐的意图，真诚地希望自己所在的群体或者团队能够取得成功，但是他们的工作方法却阻碍了团队或者群体最终取得成功。由于某些原因，事情脱离了正常轨道。

事实上，我们真的很喜欢这类人中的某些人，我们也很乐于帮助他们。我们可能给他们一些反馈，让他们更加了解自己对其他人有着多么大的影响。的确，对一个特定的团队所进行的研究结论显示，如果这些健康和谐的人们对于团队中其他成员给他们的反馈予以重视并且能够尽力去加以改进的话，团队中的其他人很可能会支持他们，并继续肯定他们对团队的价值。

不幸的是，还存在第三类人，他们处于这个统一体的另一极端，也就是我们所说的那类“根本什么也不会”的人。他们可以分成好几类。一种人看似已经找到适合自己的小环境，他们把绝大多数时间花在寻找组织结构中对自己最有利的位子，他们想通过在工作上好好表现来达到这个目的。因此，他们会选择这种比较稳定的方法来工作，即使工作的结果有可能对于其他人来说是灾难性的，甚至可能会降低整个组织实现目标的可能性也在所不惜。他们只按照自己所希望听到的鼓点踩着节奏前进，考虑问题的先后顺序是“我是首要的”，然后是那些他们依赖于寻求安全感的周边的人，或者说是与他们有最紧密利益关系的人，最后才是组织中的其他成员。

不会合作的另一种类型表现则不同，这种类型的人认为自己与其他人相比容易受胁迫，并使他们防卫他人，偏离平衡。这些人对于充满争论与竞争的环境习以为常，同时他们发现自己比其他人能够更好地处理这样的局面。如果他们是从输赢的角度来看待与他人的人际关系的话，他们经常是赢家，并且认为这个竞争的过程很值得。对于这些人来讲，团队工作与合作的原则简直就是愚蠢至极而令人苦恼的。他们中的一些人甚至用反对合作的宣言来明确表明身份。他们喜欢让别人认为他们有能力胁迫他人。

这类人通常会公然地利用他人来实现自己的目标。他们的自我主义极度膨胀，脸皮很薄。有时候他们的到来会引起工作节奏上发生有趣的变化，他们那种公正的、生硬的工作方法会给团队带来一股清新的空气。但是与这种不合作的人一起工作之后，最先让人感到清新的那股微风会渐渐地变成一股很强的旋流，而透过旋流是虚张声势的竞争以及很强的控制欲望，不断地追求大家对于他们本人的预算的认同。其实，正如人们所认为的那样，这是一个关于成熟的问题。尽管这些人已经是成年人了，但他们却保持了一些孩子般不合作的特点。

在开会的时候，这些人都吹嘘“他们的人”在过去的6个月里每个周末或是绝大多数晚上是怎么工作的。我们会听到，这些人在议论哪些人做得好、哪些人做得不好。我们发现，这些人在团队成员之中制造隔阂，破坏队友之间的信任感。也许你也曾遇到过这种以牺牲团队的整体利益来保全个人优势的家伙。只有当协力与合作产生出一种公平与公正的假象时，他们才会报之以欢迎的态度。但事实上，他们会避免真正的协力与坦诚的合作，因为这样做所产生的后果对于他们维护自身的控制权来说太不可预测了。

有些人知道怎样进行团结合作，有些人不知道怎样进行团结合作，有些人则根本不愿意合作。不幸的是，我们的团队往往是这三类人群的统一体。我们通过每个人的合作努力，追求那些最能够实现的目标。如果与我们合作的人都具有开放的心态、充满互助精神，具有较强的行为能力而且还拥有积极的个人行事风格的话，这个工作就很简单了。但是，考虑到在我们的工作中各式各样的人都会有，与我们一起工作的那些人具有与我们完全不同的工作态度、行为模式与个性特征，应让团队成员能够更好地实现合作，并具有更高的劳动生产率。

练习

练习：单项选择

1. 下面哪一个选项不属于“团队”概念范畴？一个团队是由几个人组成的一个小组，这些人拥有（　　）。

A. 实现共同目标所需的彼此互补的知识和技能。

B. 相似的技能和背景。

C. 共同的绩效目标。

D. 集体承担责任的准备。

2. 知道团队有多大的权力这一点是很重要的。下面哪一个选项不属于“团队权力”范畴？（　　）

A. 在预算内决定资源分配情况。

B. 设计完成项目的方法。

C. 对团队的持续发展过程做出评价。

D. 对团队的计划和交付期做出调整。

3. 导致团队协作失败的两个主要原因是什么？（　　）

A. 完成工作所需的资源不充足和激励机制不健全。

B. 团队把有限的精力集中在任务上，忽略了内部关系。

C. 缺乏管理层的支持和团队领导不善。

D. 团队成员不负责任和团队成员对进程不满。

4. 当团队任务非常复杂且需要特殊技能时，建议采用多大规模的团队最为合适？

A. 5~9 人的小组。

B. 最少要 12 人，这样才能拥有所需要的全部技能。

C. 最多要 25 人。

5. 在团队决策的过程中，经常运用以下四种决策办法，它们是：①多数票决策法。②全体一致通过决策法。③专家小组决策法。④团队提出参考意见，领导做出决策法。其中哪一种决策方法更有助于鼓舞大家的士气？（　　）

A. 多数票决策法和全体一致通过决策法。

B. 只有全体一致通过决策法。

C. 专家小组决策法和多数票决策法。

D. 团队提出参考意见，领导做出决策法。

6. 下面哪一个选项最能恰当补全这句话？团队领导者就像是（　　）。

A. 一个教练：帮助并支持团队成员连创佳绩。

B. 一个传统的管理者：集中全部精力来确保团队的任务能够按时完成，而且不超过预算。

C. 一个四分卫：拿着球，但需要团队的配合。

7. 在计划实施的初期，你注意到团队内部形成了派系。你想要重新安排各派成员，以便他们能够与其他成员密切配合。这是一个好主意吗？

A. 不是。

B. 不是，除非解散派系的所有其他办法都无效，再采用这个办法。

C. 是。

8. 在你把一个不适合团队协作的人从团队中调离出去之前，你应该把他带到团队成员面前进行一次小组讨论吗？

A. 不应该，这不合适。

B. 应该，当你和这个人已经解决了这个问题之后就比较合适。

C. 应该，这是使团队意识到该问题的第一步。

9. 你的团队计划在进行到一半的时候陷入了困境，你要帮助大家摆脱困境。下面哪一个选项最不切实可行，最不能帮助你们团队步入正轨？

A. 领导全队进行一次讨论来重新回顾团队的目的、方法和目标，努力找出意见上的分歧。

B. 设定一个共同的、容易产生立竿见影效果的目标，然后去实现它。

C. 介绍一些组织机构内部的信息和不同的观点，并与其他情况进行比较。

D. 改变团队成员的组成情况。

参考答案：

1. A. 组建团队时，要考虑相关的知识、专业技能和态度，只有这样，管理者才能激发出员工更大的创造性，工作效率才能大大提高，这种创造性和工作效率是单个个体或拥有相似技能的团队所无法比拟的。

2. D. 一般情况下，高层管理者只对团队计划和交付期有决策权。除此以外，高层管理者还在以下几个方面拥有决策权：超出特定换算之外的开销、更换关键产品供应商或服务提供商、是否引进外部资源以及整个公司范围内政策和目标的变化。

3. C. 缺乏管理层的支持和团队领导不善是导致团队协作失败的最主要原因。然而，所有的选项都可能导致团队失败。

4. A. 尽管团队的规模应该由团队的目标和任务来决定，但一般情况下，当团队的任务较为复杂且需要特殊技能时，5~9 人的小组是最有效的。而当团队任务比较简单、比较明了，且团队成员同意在有必要的情况下分成小组完成任务时，25 人左右的大组会比较容易发挥作用。

5. A. 团队在选择决策方法时，必须要权衡利弊。在决策的过程中，参与决策的团队成员越多，他们就越有可能支持决策结果。所以全体一致通过决策法和多数票决策法更有助于鼓舞大家的士气。

6. A. 团队领导者更像是教练。在从传统的管理角色向现代的团队领导者角色转换的过程中，团队领导者要把注意力从命令监督上转向引导促进上，你要依靠大家的知识和经验，而不是本人就是“专家”。作为团队领导者，你要负责发起行动，并负责实施的全过程，要为团队做出表率，并为团队成员充当顾问、专家和导师。

7. C. 团队工作意味着整个团队共同协作，而不是特殊选的来自少数几个团队的成员的工作。要在团队内部消除派系问题。重新分配团队成员，以使他们能够与团队的其他成员密切配合，这样可以有助于他们互相了解。

8. B. 首先，你要使该问题成员意识到他的问题所在，让他倾听并参与到对这些问题的讨论中来，并给他一个改过的机会。如果这样他还没有改过的话，那么就有必要把他带到团队成员面前。在会上，让大家把焦点集中在问题上，不要让大家对他进行人身攻击。

9. D. 不错，如果团队陷入了困境，这就是那个最不可取的办法。团队在执行任务的过程中，陷入困境的原因有很多，有时是因为团队成员的方向感很弱；有时是因为对团队绩效所作出的贡献不够或不平衡；有时是因为在关键技能上存在差异；而有时，团队会感到困惑，相互敌视，或者遭受其他小组的白眼。作为团队的领导者，你的任务就是帮助团队找出任何可能存在的问题，并把问题清楚地表达出来并逐一解决。

游戏

游戏：一元钱游戏（找财神）

游戏说明：

参与人数：集体参与　　时间：30 分钟　　场地：不限

游戏材料：人民币 1 块钱若干

游戏步骤：

所有参加游戏的人员，每人拿出 1 块钱作为参赛资本金，确认后，第一轮游戏开始。参加者两两结对，用“石头、剪刀、布”猜拳方式，以一局定输赢，胜者赢取对方的参赛资金，并加上自己原有的参赛资金，进入下一轮比赛。第二轮重复第一轮的过程，以此类推，直至最终一人将所有参赛资金赢到手，游戏结束。

游戏总结：

1. 要准备参与经营，必须有资金支持。

2. 市场机会稍纵即逝，一次决策也许就决定企业命运。

3. 资金风险意识，设想把游戏资金无限扩大，参与者是否还愿意加入游戏。

4. 马太效应。

5. 根据自己的理解，深挖游戏所能阐述的经济学理论或参与者的心理变化。

第五章 团队品质养成

学习目标

通过本章的学习，掌握团队精神的内涵；掌握培养团队精神的方法；了解团队的价值及其评估方法；掌握发展团队能力的原则和方法；理解创业团队中信任管理的必要性；了解高层管理团队不同阶段的信任管理措施。

知识要点

1. 团队精神的基础是尊重个人的兴趣和成就，核心是协同合作，最高境界是全体成员的向心力、凝聚力，反映的是个体利益和整体利益的统一，并进而保证组织的高效率运转。

2. 只有通过相互协作、群策群力才能圆满完成团队目标。一个好的企业、好的部门往往是通过自我调节把摩擦问题降到最低点的。

3. 学习是培养团队认同感的重要手段。团队学习的内容，可以从知识、技能和态度三个方面来进行。

4. 团队要快速发展，先要定出发展目标，既要有近期目标又要有长远目标。而目标制定要切合实际，要落实到具体的数字和具体的时间。

5. 快速沟通可以使团队在第一时间里拿到最新的情报和最新的各种资料，从理论和实践上做好准备。

6. 团队的激励不拖延，一旦发展成功和进步的案例，就要在最短的时间里进行各种各样的激励。

7. 团队要善于总结，通过总结能找到公司、团队、个人存在的问题，通过不同层面的意见，能找到合理的解决方案。

8. 团队伙伴之间只有相互了解，认为彼此的人品和能力都可靠时，才能建立信任关系，才有可能形成高效团队。

9. 创业团队的建立可能会遇到很多法律问题，这些问题可以通过外在的、法律强制的合同，或者由植根于彼此信任和信誉价值的内在不成文的协议来解决。

案例导入

蚂蚁和螃蟹

生活在海边的人常常会看到这样一种有趣的现象：几只螃蟹从海里游到岸边，其中一只也许是想到岸上体验一下水族以外世界的生活滋味，只见它努力地往堤岸上爬，可无论它怎样执着、坚毅，却始终爬不到岸上去。这倒不是因为这只螃蟹不会选择路线，也不是因为它动作笨拙，而是它的同伴们不容许它爬上去。你看每当那只企图爬离水面的螃蟹，就要爬上堤岸的时候，别的螃蟹就会争相拖住它的后腿，把它重新拖回到海里。人们也偶尔会看到一些爬上岸的螃蟹，但不用说，他们一定是单独行动才上来的。

在南美洲的草原上，有一种动物却演绎出迥然不同的故事：酷热的天气，山坡上的草丛突然起火，无数蚂蚁被熊熊大火逼得节节后退，火的包围圈越来越小，渐渐地蚂蚁似乎无路可走。然而，就在这时，出人意料的事发生了：蚂蚁们迅速聚拢起来，紧紧地抱成一团，很快就滚成一个黑乎乎的大蚁球，蚁球滚动着冲向火海。尽管蚁球很快就被烧成了火球，在噼噼啪啪的响声中，一些居于火球外围的蚂蚁被烧死了，但更多的蚂蚁却绝处逢生。

品评：这两则关于动物之间团队精神的故事相映成趣，说明这样一个道理：掣肘，易事难为；携手处，难事可成。螃蟹的“拖后腿”，多么像人类中某些人的做法，由嫉妒心和一己之私作祟，他们惧怕竞争，甚至憎恨竞争。一旦看到别人比自己强，就千方百计竭尽倾轧之能事。蚂蚁的“抱成团”却与此大相径庭，这一抱，是命运的抗争，力量的凝聚，是凭借精诚合作的团结精神共渡难关。无此一抱，蚂蚁们必将葬身于火海；精诚团结则使它们的群体得以延续。

上述螃蟹的“拖后腿”，足以令某些人顾镜自照而汗颜；蚂蚁的“抱成团”则抱出了使人类学习、效法的伟大和美丽。人们如果能常将螃蟹的“拖后腿”与蚂蚁的“抱成团”所造成的后果对照起来好好想一想，想过以后该怎样见贤思齐，择善而从，就不言自明了。

第一节 培养团队精神

一、团队精神

（一）团队精神的基础认知

所谓团队精神，简单来说就是大局意识、协作精神和服务精神的集中体现。对于团队精神的理解要注重以下几点：

（1）团队精神不等于集体主义。集体主义更注重的是集体利益高于个人利益、个人利益服从集体利益，追求趋同，埋没个性与特长。团队精神却是尊重个性与特长，使个人爱好与成就得到发展，因此，仔细区分团队精神与集体主义，这是成功团队的要害。

（2）挥洒个性是团队精神的基础。团队精神的形成，其基础是个人的爱好和成就。设置不同的岗位，选拔不同的人才，给予不同的待遇、培养和肯定，让每一个成员都拥有特长，都表现特长。

（3）协同合作是团队精神的核心。团队的根本功能或作用即在于提高组织整体的业务表现。强化个人的工作标准也好，帮助每一个成员更好地实现成就也好，目的就是为了使团队的工作业绩超过成员个人的业绩，让团队业绩由各部分组成而又大于各部分之和。团队的所有工作成效最终会在一个点上得到检验，这就是协作精神。

（4）凝聚力是团队精神的境界。向心力、凝聚力是从松散的个人集合走向团队最重要的标志。在这里，有着一个共同的目标并鼓励所有成员为之奋斗固然重要，但是，向心力、凝聚力，一定是来自团队成员的内心动力，来自于共识的价值观。在没有展示自我机会的团体里是不会有这样的向心力的；同样，在没有明确的协作意愿和协作方式下也不可能形成真正的凝聚力。除此以外，建立团队精神还必须相互信任，形成良好的文化氛围，鼓励成员协同进步，并倡导整体大于个体之和的精神。

（二）团队精神的具体作用

1. 目标导向功能

团队精神能够使团队成员齐心协力，拧成一股绳，朝着一个目标努力，对团队的个人来说，团队要达到的目标即是自己必须努力的方向，从而使团队的整体目标分解成各个小目标，在每个队员身上都得到落实。

2. 团结凝聚功能

任何组织群体都需要一种凝聚力，传统的管理方法是通过组织系统自上而下的行政指令，淡化了个人感情和社会心理等方面的需求，团队精神则通过对群体意识的培养，通过队员在长期的实践中形成的习惯、信仰、动机、兴趣、爱好等文化心理，来沟通人们的思想，引导人们产生共同的使命感、归属感和认同感，逐渐强化团队精神，产生一种强大的凝聚力。

3. 促进激励功能

团队精神要靠每一个队员自觉地向团队中最优秀的员工看齐，通过队员之间正常的竞争达到实现督促和提醒的目的。这种激励不是单纯停留在物质的基础上，而是要能得到团队的认可，获得团队中其他队员的认可。

4. 控制功能

在团队里，不仅队员的个体行为需要控制，群体行为也需要协调。团队精神所产生的控制功能，是通过团队内部所形成的一种观念的力量、氛围的影响，去约束、规范、监管团队的个体行为。这种控制不是自上而下的硬性强制力量，而是由硬性控制向软性内化控制；由控制个人行为，转向控制个人的意识；由控制个人的短期行为，转向对其价值观和长期目标的控制。因此，这种控制更为持久且更有意义，而且容易深入人心。

二、团队价值的构成

（一）团队价值与个人价值的统一

要实现团队价值与个人价值统一，主要立足于以下三个方面。

1. 共同理想和事业目标

弘扬团队精神，首先，要能够使团队成员确立明确的共同目标，增强吸引力、感召力和战斗力；其次，做到合理分工与协作，使每个成员明确自己的角色、权力、任务和职责，以及相互之间的关系；再次，要培养高度的凝聚力，使团队成员积极热情地为任务的成功完成付出必要的时间和努力；最后，还要实现成员间有效的沟通，形成开放、坦诚的沟通气氛。

2. 制度和纪律

制度是用来约束和制约那些缺乏团队精神的人的。在一个团队中，积极开展各种活动，加强内部日常规范管理，强化工作纪律，规范工作秩序，有助于提高工作效率和工作水平。进一步完善规范化建设制度，要求全体成员认真学习，同时严格遵守制度，心中常怀自律戒心，这样才能为工作谋创新、求突破、干事业、促提高、快发展、出成绩提供坚实保障，才能为实现个人价值打下良好基础。

3. 个人素质的提高

团队的效率如何，每个团队成员的个人素质至关重要。需要通过学习和实践，不断提高成员个人素质，才能把外部知识转化为内在能力，才能不断修正、调整、丰富、提高成员素质，提高分析问题、解决问题的能力，增强工作的系统性、预见性和创造性。实践就是你在单位中分担的工作，在努力工作中实现自己的个人价值。

（二）团队价值评估

在团队成员共同合作实施一个短期或长期的项目之前，首先要弄清楚大家是否都遵从相同的价值观。可以采用评估问卷的方式。评估问卷可以帮助团队成员确认是否已经准备充分，同时也可以帮助找出合作过程中需要进行微调的某些方面。本书提供了常见的团队问卷问题和问卷形式。

专栏

专栏 1：阿里巴巴集团核心价值观

团队价值管理，是福特公司 2003 年开始大规模推广的一套流程管理系统。这一系统的主要内容，是将工程、采购、生产、财务等部门集合起来，与供应商一起讨论如何提高产品价值，优化产品质量。

阿里巴巴集团有六个核心价值观，它们支配他们的一切行为，公司管理系统中融入了这六个核心价值观，如下图所示。

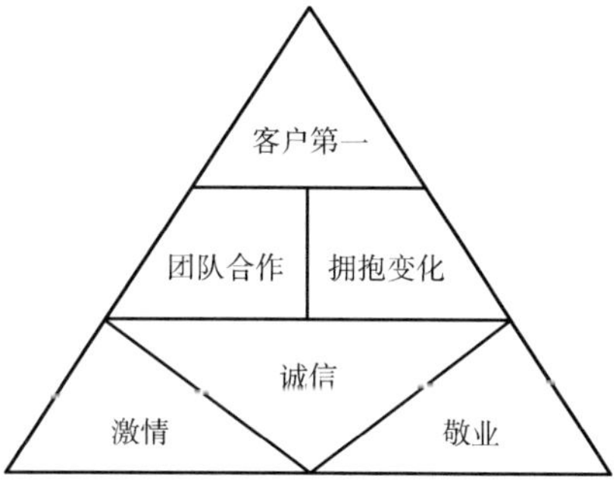

1. 客户第一

客户是衣食父母尊重他人，随时随地维护阿里巴巴形象。站在客户的立场思考问题，在坚持原则的基础上，最终达到客户和公司都满意。

2. 团队合作

共享共担，平凡人做非凡事。积极融入团队，乐于接受同事的帮助，配合团队完成工作。决策前积极发表建设性意见，充分参与团队讨论；决策后，无论个人是否有异议，必须从言行上完全予以支持。积极主动分享业务知识和经验；主动给予同事必要的帮助；善于利用团队的力量解决问题和困难。善于和不同类型的同事合作，不将个人喜好带入工作，充分体现“对事不对人”的原则。有主人翁意识，积极正面地影响团队，改善团队士气和氛围。

3. 拥抱变化

迎接变化，勇于创新，适应公司的日常变化，不抱怨。面对变化，理性对待，充分沟通，诚意配合。

4. 诚信

诚实正直，言行坦荡，表里如一。通过正确的渠道和流程，准确表达自己的观点；表达批评意见的同时能提出相应建议，直言不讳。

5. 激情

乐观向上，永不放弃喜欢自己的工作，认同阿里巴巴企业文化。

6. 敬业

专业执着，精益求精。今天的事不推到明天，上班时间只做与工作有关的事情；持续学习，自我完善，做事情充分体现以结果为导向。

三、团队精神的培养方法

团队精神的培养，主要从以下几个方面来做：

（1）确立共同目标。共同的目标、共同的期望是形成一个团队的首要条件，也是达成职工对一个团队、一个组织忠诚的重要方式。一个有想象力的目标，是团队成功的基石，而目标也使得团队具有存在的价值。因此，要有导向明确、科学合理的目标。如进入世界五百强，成为世界一流的医疗企业等，使全体成员在目标的认同上凝聚在一起，形成坚强的团队，团结协作，为实现目标奋斗。

（2）主动服务意识。团队的作用在于相互补台，日常工作中，许多事不能十全十美，而一些被人们忽视的地方往往是很重要的，这就要求我们发扬团队精神，主动为其他部门提供优质服务，尽心尽力帮助他人解决难题。一个好的企业、好的部门往往是通过自我调节把摩擦问题降到最低点的。对一些处于边界的问题避免采取“踢皮球”“守球门”的态度，要识大体，顾大局，尽量在自己部门里加以解决，为其他部门、上下级、上下道工序创造好的工作条件。

（3）增强领导者影响力。领导是团队的核心。作为领导者，应了解和理解团队成员的心理，尊重他们的要求，以“服务治理心态”，而不是监管、控制心态，通过自己的组织协调能力以及令人拥戴的领袖魅力去影响和引导团队成员按既定的方向去完成组织目标。领导者要注重倾听不同声音，要注重接受不同的意见和观点，并加以重视和思考，求同存异，保留不同的思想，利用好团队的合力。这样既有利于防范决策风险，又能赢得下属的尊敬。领导者还要引导团队成员使其个人目标与组织目标保持一致，因为只有当个人的奋斗目标和职业生涯道路与团队的组织目标高度融合时，个人才可能为之奋斗终生。

（4）建立科学治理制度。系统科学的制度可以使治理工作简单化，可以使大家的行为制度化、规范化、程序化，保证组织协调、有序、高效运行。

（5）经常沟通和协调。沟通主要是通过信息和思想的交流达到熟悉的一致，协调可以取得行动的一致，两者都是形成集体的必要条件。治理沟通与团队精神养成之间存在着因果关系，而良好的沟通是建立在双方相互了解和理解的基础之上的。因此，要多了解和理解沟通对象，要积极地向别人推销自己的主张，认真地倾听别人所提出的与自己不同的意见和主张，用“双赢”的沟通方式去求同存异，达到良好沟通的目的。

（6）强化激励，形成利益共同体。激励可以激发人的动机，使其内心渴求成功，朝着期望目标不断努力。激励员工的方法有很多，比如为员工提供一份挑战性的工作，为员工提供学习新技能的机会，以及确保员工得到相应的工作条件等。此外，认真听取员工意见也能激励员工。员工提拔、晋升的标准也是激励员工的最好方式之一。但是单凭资历提拔不能鼓励员工争创佳绩，只会使他们养成坐等观望的态度。要以工作业绩为主制定一整套内部提拔员工的标准，激励员工有更多贡献。

第二节 发展团队能力

一、发展团队合作能力

团队合作能力是适应社会、立足职场不可或缺的重要素质，如果缺乏与他人合作的精神，不仅在事业上会毫无建树，而且将很难适应并融入社会中。500 强企业在招聘人才时经常把团体精神作为一项重要的考核指标。因为企业每个人的工作都不是绝对独立的，一项工作的完成，一定是大家共同努力的结果，唯有团结协作才能不断增加企业的向心力和凝聚力，使企业永远保持欣欣向荣。作为团队中的一员，应该从哪几个方面来培养自己的团队合作能力呢？

1. 寻找团队积极的品质

在一个团队中，每个成员的优缺点都不尽相同。你应该主动去寻找并学习团队成员中积极的品质，克服你自己的缺点和消极品质，让它们在团队合作中被弱化甚至被消灭。如果团队的每位成员都主动去寻找其他成员的积极品质，那么团队的协作就会变得很顺畅，工作效率就会提高。

2. 对别人寄予希望

每个人都有被别人重视的需要，那些具有创造性思维的知识型员工更是如此。有时一句小小的鼓励和赞许，就可以使他们释放出无限的工作热情。

3. 时常检查自己的缺点

应该时常检查一下自己的缺点。比如，表情还是不是那么冷漠，言辞还是不是那么锋利。在单兵作战时，这些缺点可能还能被忍受，但在团队合作中，它们会成为你进一步成长的障碍。团队工作需要成员在一起不断地讨论，如果固执己见，无法听取他人的意见，或无法和他人达成一致，团队的工作就无法进行下去。团队的效率在于配合的默契，如果达不成这种默契，团队合作就不可能成功。如果你意识到了自己的缺点，不妨就在某次讨论中将它坦诚地讲出来，承认自己的缺点，让大家共同帮助你改进，这是最有效的方法。当然，当众承认自己的缺点可能会让你感到比较尴尬，但你不必担心别人的嘲笑，因为一般人只会给你理解和帮助。

4. 让大家喜欢你

你的工作需要得到大家的支持和认可，而不是反对，所以你必须让大家喜欢你。除了和大家一起工作外，你还应该尽量和大家一起去参加各种活动，或者礼貌地关心一下大家的生活。总之，你要使大家觉得，你不仅是他们的好同事，还是他们的好朋友。

5. 保持足够的谦虚

任何人都不喜欢骄傲自大的人，这种人在团队合作中也不会被大家认可。你可能会觉得自己在某个方面比其他人强，但你更应该将自己的注意力放在他人的强项上。只有这样，你才能看到自己的肤浅和无知。团队中的任何一位成员，都可能是某个领域的专家，因此，你必须保持足够的谦虚。谦虚会让你看到自己的短处，会促使你在团队中不断地进步。

二、发展团队建设能力

（一）建立规章制度

在团队管理中，制度建设是根本性的，它为团队精神的形成提供了动力机制和组织保证。作为团队的领导者，不在于事必躬亲、辛苦努力做了些什么，关键在于为组织制定的规则是否科学合理。

评价团队制度的好坏标准主要有四条：第一，是能创造出一个良好的工作氛围，把成员的积极性调动起来，无论是工作本身还是团队目标。要做到这一点，关键是组织目标设计要有吸引力。第二，是严格的执行标准，有令必行，规则一经制定，必须贯彻执行。作为领导者，要身体力行。组织规则的维系，在很多情况下，需要由领导者示范性的行动来表明它的不可动摇性。第三，是公平的考核标准，这个标准应是客观的，不以个人的因素为转移，把评判因素中人为的成分降到最低程度。第四，是激励要有效，团队对于成员的吸引力，重要在于对成功者的回报是否让他们满意。如果满意度高，就会形成良性循环，团队凝聚力会更增强，反之会使原本十分努力的人失去动力，众多失败团队的教训都证明了这一点。

（二）学习与培训

学习是培养团队认同感的重要手段。团队学习的内容，可以从知识、技能和态度三个方面来进行。知识学习就是要求成员学习各种有用的知识，并运用知识进行脑力活动，促进工作改善；技能学习包括对成员的运动技能和智力技能的培训，运动技能学习主要是让成员掌握完成具体工作任务所需的肢体技能，按要求进行有关的体力活动。智力技能培训是使成员学习和运用知识要领、规则与思维方法，来分析问题与解决问题，改进工作并发明新产品、新方法、新知识等。态度学习又称情感学习，主要涉及对成员价值观、职业道德、工作满意度、不同主体的利益关系的处理，以及个人行为活动方式选择等内容。团队学习可以采用多种不同的方式进行，案例分析、现场教学、讨论、情景模拟等都在实践中被证明是团队学习和培训的好形式。

（三）创建组织文化

团队赖以运行的组织文化是决定团队工作能力的关键因素。组织文化是组织和组织的成员信奉并付诸行动的价值理念，是所有团队成员共享并传承给新成员的一套价值观、共同愿景、使命、被组织成员广泛接受的思维方式、道德观念和行为准则。

组织文化按照由浅入深、由表及里的表现方式，可分为物质文化、行为文化、制度文化、精神文化四个层次。物质文化是组织文化的表层部分，是由有形的、占有一定空间的、具有一定使用功能的外显的物质形态的东西所构成，它能反映出组织的理念、哲学和审美意识；行为文化是组织文化的浅层部分，是组织成员在生产经营、工作学习、文体娱乐中产生的文化现象，它是组织精神面貌、作风和传统的动态体现，也是组织价值观的折射；制度文化处于组织文化的中层，包括组织的规章制度、公约、纪律等制度形态的东西，体现了组织文化其他层次对员工和组织行为的要求，是组织文化的中坚和桥梁，把物质文化和精神文化有机结合成一个整体；精神文化是组织文化的深层部分，是组织文化的核心和灵魂，主要指组织的价值观念、基本信念、职业道德、组织哲学等。

组织文化的四个层次是紧密联系的，其中物质层和行为层是组织文化的外在表现和载体，是制度层和精神层的物质基础；行为层是制度层和精神层的动态体现；制度层则约束和规范着物质层和精神层的建设；精神层是形成其他层次文化的思想基础。

三、发展团队执行能力

无论组织拥有多么美好的愿望与周密的计划，归根到底都要落实到行动上，没有执行就没有一切。要想打造一支有战斗力的团队，就必须从提高团队执行力入手。

（一）高效执行三要素

对于团队而言，执行力的强弱将直接影响到团队的发展速度、发展质量、发展规模及营利能力。团队高效执行有三个要素——执行的效果、执行的效率、执行的效能。

1. 执行的效果

只有当团队达成了预定目标时，才可以说是有效果的，效果通常是指做事的结果，团队成员首先学会做正确的事，而不是正确地做事。效果强调团队成员所做的一切都必须有助于实现目标，也就是“做正确的事”。但在团队执行过程中仅仅关注效果会产生其他问题。

2. 执行的效率

效率通常指“正确地做事”，它强调的是做事的方法和方式。效率重点在于过程的管理，在于选择合适的路径以最短的时间达成目标。效率意味着速度，也就是在有限的时间内取得最大的成果。在团队工作中，很多成员只顾着一味往前“跑”，却不知道停下来看看脚下的路是否能够通往目标。做事只关注效率，容易产生“南辕北辙”的问题，目标是到北方去，结果却到了南方，而且往往是效率越高，执行结果也越离谱。团队领导者要提高团队成员的工作效率，不能靠“加班加点”，更重要的是要靠工作技巧。

3. 执行的效能

效率强调的是正确做事，效果强调的是做正确的事。执行力强的团队绝不会将二者割裂开来，而是追求二者的融合，这便是团队的效能。通俗地说，团队效能就是以最高的效率实现预定的团队目标。团队没有效能，一切都无从谈起。卓越的团队与平庸的团队之间最大的差别就在于效能的不同。

（二）执行力提升方法

1. 营造良好的执行文化氛围

团队文化犹如团队的灵魂，是团队精神、团队价值取向及行为的总和。团队文化一旦形成，就会像一只“无形的手”，实现对团队成员的“软”管理。

2. 提高团队领导者的执行力

要打造高效执行团队首先要提高团队领导者的执行力。因为团队领导者的执行力在很大程度上影响了团队成员的执行力。提高团队领导者执行力的关键有两点：

（1）实现自身角色定位转变。作为团队领导者，应坚持“两手抓”：一手抓决策；一手抓执行。抓决策可以保证做正确的事，而抓执行能够保证正确地做事，再好的决策只有执行后才能体现其价值。团队领导者实现自身角色的转变，要求其具备两种能力：一是改变团队成员思想的能力；二是协调行动的能力。这两者缺一不可，否则再宏伟的规划也只能是空想。

（2）建立合理的管理制度。在团队管理中，要真正实现制度管人，而不是人管人。实现从“人制”到“法制”的根本转变。

3. 提高团队成员的执行力

执行力的提升应该是整个团队的事，而不是团队领导者的专利。培养团队成员的执行力才是提升整个团队执行力的关键。提升团队成员的执行力要从五个方面着手。

（1）提高团队成员的计划能力。团队工作看似简单，实则纷繁复杂。如何使团队成员把工作做好，就要靠做计划，定目标，排进度。

（2）挖掘团队成员的领悟能力。有悟性的团队成员能够迅速领悟团队目标和任务，知道自己要做什么，该怎么做。有悟性就能逐步把握团队任务落实的程度，举一反三，触类旁通。

（3）培养团队成员的判断能力。要培养成员透过现象或问题看清事物本质的能力。从判断中吸取经验和教训，改进工作方法，提高执行效率。

（4）培养团队成员的创新能力。团队工作不能总是按部就班，要善于发现，勤于分析，及时总结，力求在总结中有所提高。找到新方法，技巧和工具。

（5）提高团队成员的执行速度。在竞争激烈的环境中，速度决定一切，快慢决定成败。机会人人都能看到，反应的速度，执行的速度决定了能否把握住机会。因此，团队成员要坚定决心，快速执行。

四、发展团队创新能力

团队创新对解决难题有显著的“高效”特点。这一是因为集体讨论共同解决的问题时，目的性被彼此互相加强，有利于增强团队的凝聚力；二是因为一个人思考往往都是沿着同一条思路进行，大脑的信息联系是相同的。而在团队中当一个人发表想法时，就使其他听者大脑中唤起了新的联想；三是集体思维提供了一种从各种角度分析问题同时又自我批评地思考问题的可能性；四是对一个问题的解决会激发团队中的成员们提出新的问题。中国古语“三个臭皮匠顶个诸葛亮”讲的就是团队人多智慧多的道理。

要发挥出团队的创新能力，就要注重培育团队的创新精神、创新活力，而团队的创新精神、创新活力是以先进的创新文化氛围为背景的，也总是以先进的文化内容来体现的。培育团队创新精神或营建先进的文化氛围，主要有以下内容。

1. 树立先进的理念

理念是人们对某种美好事物的实现有了一定理性认识后形成的共同追求的执着信念。所树立的理念要在理论学习、分析研究和一定的实践的基础上确立。在理念指导下，去制定相应的创新策略、创新方法、创新机制，形成一定的利于创新的文化氛围。理念要结合实际，包括所在领域的实际、行业的实际、企业或单位的实际等。同领域，同行业，由于实际情况不同或文化先进层次、阶段不同，或为突出自身特色，所树立的理念也会有所不同。如有的企业树立了“以职工为中心”创建企业文化和管理体制的管理理念；有的企业树立了“国际化”的经营理念；有的企业树立了“以卓越技术引导创新”的创新理念；有的企业树立了“以人为本，创建卓越研发环境”的创新理念。所树立的理念是否先进、科学，主要看是否符合本企业、单位和团队的实际，能否有效地促进企业、单位和团队先进文化和创新活动。树立的理念要在本企业、单位和团队内广泛宣传，深刻认识和普遍认同，并在此理念下制定相应的制度、策略、措施和营建相应的文化氛围。

2. 追求积极健康的情绪和氛围

追求积极健康的情绪和氛围主要包括，能促进创新活动开展的乐观进取的精神，积极振作的情绪，相互支持、激励的言行，文明礼貌和真诚友善的举止，相互团结、合作、关心和帮助的情感，有改善消极情绪与氛围的能力，有识别并抵御颓废文化的能力。

3. 不断学习与追求卓越

团队及其每个成员，都不能满足于已取得的成绩，要不断学习新的知识、新的文化、新的技术。要无止境的追求完美，追求卓越，不断地超越竞争对手，超越自己。

4. 建立有自己特色的文化

企业、单位或团队在营建先进文化时，一定要有自己的特色，符合自己的特点。这样，才能更有效地发挥出团队和每个成员的积极作用来，企业、单位或团队的形象会更加鲜明，更容易让社会认识自己，从而促进创新活动的开展。

5. 解放思想是发挥团队创新能力的关键

营建先进文化的一个重要目的，就是进一步解放思想。只有使积极健康的思想不受束缚，团队才会有创新能力。解放思想很重要的一点，就是要在思想上先要打破“从众”的枷锁，营建自由氛围。团队内的成员有着不同的个性，具有不同的知识、经验、背景和专业，在团队中担任不同的角色。团队内必须提倡宽容、自由的气氛，提倡成员在团队中保持个人的独立性，扮演好自己在团队中的角色，目的是为自己的团队增光。

6. 创意活动中的角色与原则

创意活动，即各种形式的“诸葛亮会”，是挖掘创造创新能力的好办法。团队在进行创意活动时，团队的领导者扮演着激励每个成员尽情进行创意思维，充分发表创意观念的组织者角色。成员之间也要相互鼓励、合作。每个成员，包括领导者，都从整体工作和自己所担负工作的不同角度进行创意思维、发表意见，以“为促进集体力量”而努力的积极态度扮演好各自的既是主角——主人翁，发表意见思想放得开，也是配角——团队一普通成员，个人意见不强加于人，配合整合出最佳创意方案的角色。在讨论解决关键问题时，团队中要坚持“推迟评判”“鼓励赏识”“无唯一答案”“欢迎离奇观念”“追求观念数量”“整合他人设想”以及“民主”“幽默”“自由”“开放”等原则，运用左右脑思考、想象绘图、个人操作、集体操作、情境演练等多种思维和表达方法，营造创新环境氛围，充分调动每个成员的创新能力，切实发挥出团队创新能力来。

第三节 制定团队规范

中国自古就是一个人情社会，在人情与制度面前，管理者或多或少都会考虑到人情的问题，人们为这种管理理念起了一个很好听的名字——中国式管理。“人情管理”与现代企业倡导的“以人为本”其基本目的一致。然而，对于西方的许多企业而言，其制度化的管理以及人对人的外部约束机制、责任机制是相对成熟的，他们提出“以人为本”的理念有一个制度化管理的基础平台，“制度管理”和“人本管理”能相互补充，相得益彰。而中国大部分企业的制度化管理基础是很薄弱的，这种前提下的人本管理，只会给管理工作增加不必要的麻烦，很多管理者在面对员工违规时，会把个人的想法、情绪等糅进制度、工作纪律的执行中，致使管理工作难以进行。许多管理者在制度执行上并不是不敢，也不是有利害关系，他们更多的是考虑人情世故，有的主管或许是为了维护自己的个人形象，害怕因此带来坏的口碑，损坏自己的人缘关系，这种“中国式管理”思维对于团队的发展是极为不利的。

一、发展团队规范的原则

（一）目标管理原则

对于企业来说，任何团队都要涉及目标的管理，一般说到目标管理（MBO），大家都会想到销售团队，其实人力资源、采购、财务、行政、企划、IT 部门都需要目标管理，不然每月的绩效考核全是走过场。目标的设定、执行、监督、调整都要有一个科学的管理过程，需要对团队、市场、竞争对手、产品、客户、费用等做出准确的判断后制定一个详细可操作的目标体系出来，才能更有利于目标的达成。另外，目标管理也是一个动态管理的过程。

（二）计划总结原则

一个团队管理状况的好与不好，就看其是否有清晰的工作计划，如果没有计划，一切管理都是混乱的。说到计划，自然就离不开总结，一个团队没有总结就不会有技术与管理的积累。通过总结，可以找到公司、团队、个人等各个方面，各个步骤的问题。通过对不同层面意见的总结，能够找到合理的解决方案，同时，能提高团队的管理水平和大家对团队的认同感和归属感。一个团队如果想要蒸蒸日上，就需要不断地总结。总结可以使问题越来越少，大家做事越来越熟练，员工成长越来越快。总结的好处是不少，但要把总结搞好也不容易，主要需要注意以下两点：第一，要保证人人参与；第二，要形成文字和具体的方法、流程，不能光说不练。

（三）给予指导原则

给团队更清晰、更有用的方法，这就对领导人提出了更高的要求。但不同管理风格的领导有不同的管理方法，有些领导比较排斥上级安排工作，而是倾向让下级提出方案自己做选择题。其实在高效的团队里面，往往是领导想问题想得最多，对于问题看得更清晰，对于团队所要的资源认识更准确。有时候，领导可能觉得流程重要、标准重要，但这些条条框框都是死的，在实际工作过程当中，任何事情都会有不同的情况出现。所以，根据现状给出具体的方法才是管理方式的关键。方法有时并不一定是具体化的，有时是一个想法，一件事的先后顺序，一个问题的重点方面，一件事的详细分析等。透过这些问题，团队成员都会更清楚地知道如何开展工作，有的甚至能直接影响工作的进展。但凡业绩不错的公司，老板与高层经常会出现在市场的第一线，娃哈哈的老板宗庆后，一年300天在市场；沃尔玛的老板山姆沃尔顿经常出现在自家超市和别人家的超市里面，就是要收集一线的问题，综合自己的想法，给团队一些指导方法。

（四）监督过程原则

不同行业里都有如下类似结果管理的做法，“我只要结果，其他的我不管”，这句话有时出于老板之口，有时出于高管之口，但这其实并不是一个正确的做法。因为做一件事，如果不管理过程，等到月底目标没有完成时，再来要结果一切都会晚了，然后追究责任已经没有任何意义了。其实对目标的管理不仅要死扣结果，也一定要严管每件事的过程，以保证事物的发展能按设想的方向和进度发展，而不是任其自由发展，出了问题找人算账，开除人。只讲结果，不讲过程的做法其实是十分不合理的。这是不懂管理，或者是不想承担责任。作为一个管理者，日常同时要交叉做好多事，面对不同的问题、不同的部门、不同的领导、不同的下属，都要不断掌握各项事务的进度，以衡量有没有出什么问题，发现问题方便及时处理，这对结果是一种保证。

（五）责权清晰原则

一个团队，一个公司，出问题最多的就是责、权、利，这三个方面：一是不知道干什么；二是不知道谁最终说了算；三是不知道干好和干坏会有什么好处和不好。这就会导致大家专心于寻找别人的问题、浑浑噩噩度日。时间久了，团队就会如同一盘散沙，人员进进出出，没有任何战斗力可言，有能力的进的快，走得更快，有时甚至还会带走几个有培养价值的员工。

一个团队人员流动过快，一方面是人力资源管理存在着很大的问题；另一方面就是团队领导人的管理能力问题。如果领导的本身的管人能力和业务开拓能力这两个关键指标都不能达成，那就要考虑更换团队领导了。

专栏

专栏2：团队激励宝

团队激励宝是由浙江协鼎教育科技有限公司所研发的APP。团队激励宝，超过百万家企业使用的企业工作平台，为企业导入全新的积分制管理系统。通过移动云大数据技术，为企业打造一站式移动平台。主要有任务执行、责任积分、产值管理三个功能。

一、积分制管理——任务执行

1. 目标分解，任务安排，执行皆有结果

2. 每天定时任务提醒追踪，结果汇报自评、结果定性考评

3. 量化考核，数据说话，挂钩福利奖励

二、积分制管理——责任积分

1. 让勇于承担责任，愿意付出的员工皆有回报

2. 从此不再让有担当、肯付出的员工吃亏

3. 让公司所有职责不清又需要专人负责的责任，都有专人一对一负责

4. 责任承担越多，积分越高，挂钩福利奖励

三、积分制管理——产值管理

1. 从时间雇佣到成果产值量化，对有经济效益的结果产值量化

2. 挂钩当月绩效

3. 让干部员工为自己做成果，聚焦工作成果、价值

4. 让付出不吃亏，有效解决跨部门合作难题

（来源：百度百科，有删减。）

二、发展团队规范的方法

（一）严明纪律

从执行力层面来讲，第一个要素就是纪律问题。可以试想一下，一个团队里面没有严明的纪律，还能做事吗？迟到、早退，遇到问题不解决，想来就来，想走就走，一问三不知，顶撞领导，推诿责任等都是纪律不严明的表现。所以，讲到团队管理，纪律就应该放在第一位来考虑。但有的团队比较成熟，有的团队很不成熟，有的领导有威信，有的领导没有号召力，有的管得严，有的管得松，风格不同，然而无论如何，管理团队纪律从来不能松懈，要保持大家的紧迫感和责任心。有了纪律，执行力才能增强。

纪律的管理常常会涉及赏罚分明、优胜劣汰、时间观念、责任归属等方面的问题，还要配合严格的管理制度来保证纪律的有效性。不是领导天天跟谁过不去，也不是领导必须给谁做思想工作，也不是非要让领导界定是谁的责任，而是要按制度、按流程办事，这样会更高效，管理更轻松，让日常事务井井有条，不扯皮、不内讧。

（二）双向沟通

有效沟通在团队里面是一个非常重要的问题。谈到管理，可能大家第一个想到的就是沟通，其实沟通里涉及的问题比较多，你是想传递一个消息，还是要分清责任，还是要给一种方法，还是要争个谁对谁错？这都涉及沟通本身的问题。要放下自己的看法，以解决问题为前提，才能做到有效沟通。所以说沟通要双向，换位思考，如何看问题，如何解决问题，而不是从自身岗位来看问题。沟通时也要多听、少说，做到多提醒、多建议，少带个人成见和情绪，这样沟通会很有成效，沟通起来也特别舒服。真诚地为对方着想，就是想把事做好，而不是为了其他的目的，同时在沟通时也能发现一些问题，以便改进自己在工作中的一些方式、方法以及策略，这样就会上下同心，效率高，效果明显，让大家乐于沟通，而不是相互指责，推卸责任。

每个公司里面总不会缺少李逵这样的人物，不管别人的感受，不管自己说的是否正确，先说为快，错了也不承认，个性十足，除了不敢轻视老板之外，其他人几乎不往眼里放。这种人的沟通能力往往是单向沟通，强加于人，和同事间的关系往往不好，别看生猛，其实私下自己郁闷的时间也不少。很多人讨厌与这种人共事，这也是对企业文化的一种破坏。

专栏

专栏3：休利特的“三顶帽子”

惠普创始人之一休利特是一个典型的沉静型领导者，他的性格喜欢钻研、冷静，很谦虚。面对部下的时候，休利特会用很柔软的方式来做管理。他最典型的沟通方式叫“三顶帽子”。什么叫“三顶帽子”呢？当你给他提建议的时候，他首先给你的是高帽：“哦，你这个建议太好了！你接着说。”这是高帽，让提建议者戴着很高兴，心想“这领导多好”，然后就没有丝毫保留，会说很多。这时休利特就会说：“很好很好，我考虑一下啊。”这就是第一顶高帽。等他想通以后会找提议者来：“我跟你谈谈上次你提的那个建议。”如果你说上次是随便提的，他以后就不再理你了。第二顶帽子叫质疑的帽子。他不断地问你问题，来考察你对这个建议的思考。过了一段时间，第三顶帽子就来了，这叫决断的帽子。他会找到提议者，跟你谈那个问题："我仔细考虑了，这个好像目前还不是很成熟。如果时机成熟，你这个建议我们会采用的。"这是一种决断的帽子。还有一种结果："你上次那个建议我考虑了，觉得很好，公司准备实施。"总之，会给你一个交代。

（三）全程激励

随着时代的发展，80 后和 90 后自然会成为社会发展的主力，他们一出生就是一个商品丰富的时代，当管理遇到这些人群时，就必须要不断使用正激励和负激励，让他们快速成长，学会承担责任和充满斗志。在管理当中以表扬为主，以批评为辅，如果有问题，领导先检讨自己，再来批评下属，这样大家都好接受一些，而不是错全是别人的，出了业绩是领导有方，这是不得人心的做法。

在日常管理中，激励可能更容易做到精神激励，但物质激励从来不能少，这种激励更能持久而有效，华为 15 万员工，有中国人，也有外国人，如果管理呢？人力资源管理到位，激励方式多样化，才能保证这个大航母高效地运转。日常管理中的会议管理、演讲、案例分享、好人好事的表扬都是非常好的激励手段，野外拓展效果会更好，要综合应用多种激励以减少管理的压力，让员工自动自发工作。

（四）日常训练

对一些技术性、实战性的工作，不能仅靠培训，领导人必须组织团队进行实战演练，让员工知道什么是什么，重要的是自己会做，而且必须做好，做出结果来，这才能达到管理的效果。训练要常态化，不是一个月只做一次，遇到严重的问题，可能一周就得做几次训练，重点是大家是否全会？如果不会，马上就要演练，直到每个人过关，这个对销售团队来说更为重要，其结果就是要看到业绩，业绩不理想，马上进行演练，一对一的演练，丝毫不马虎，这才叫提升单兵作战能力，但训练要注意一个问题，千万别是领导一个劲儿在那里讲话，提要求，这个又成了形式主义。

（五）制度管理

制度是规定团队成员行为的唯一标准。有些企业的制度规范内容非常全面，要求也非常严格和细致。新员工入职后，企业马上进行为期一周到一个多月的严格培训与考核，保证新员工所学的就是其日常所要的。华为公司为了管理规范化，破天荒地出了个《基本法》，一般立法是政府部门的事，很少有公司为了团队建设而出什么企业内部规章，可见制度有多么的重要。

制定科学的规章制度，需要遵循两个原则：

首先，制度要细化，制度越细致，意思表达得也就越清晰。有时候，我们制定的制度范围会太过宽泛。也就是定位太大，让人抓不准，比如单讲一句"不能危害企业安全"，员工不免会有这样的疑问，怎么才算是危害企业安全的行为，哪些行为可以排除在外，导致什么样的结果才算是危害了企业安全等。只有界定清楚上述一些问题，才能真正做到制度的细化，做到准确定位，清楚释义。麦肯锡细分问题最常见的工具就是逻辑树。逻辑树是将一个问题的所有子问题分层罗列，从最高层开始，逐步向下发展，问题罗列出来，就可以针对问题制定制度，做到一一对应，立意明确。所以说，只有细化制度，才能保证员工在工作过程中知道怎么做才是对的，行为是违反规定的，并且知道了违反规定的后果，制度才能起到引导和约束员工的作用。

其次，保持一颗同理心，说得通俗些就是换位思考。作为制定制度的管理者，代表了企业一方，同真正执行制度的员工处在相对的立场上，也正因为如此，双方对于很多问题的见解都是有差异的，甚至是对立的，这个时候，同理心的运用就显得很重要。如果管理者不能从员工的角度出发制定规章制度，就易引起员工的误解，导致制度执行的不顺利。

（六）重视奖惩

奖惩管理是制度化管理的重要一环，管理者做到赏罚分明，能有效规范团队成员的工作行为，同时激发员工的工作积极性。但在许多企业中，管理者对下属评价过松，过多过滥的奖赏降低了其本身的"含金量"，使奖赏失去了应有的意义，换句话说，大家都赏实际上等于谁都没赏，之所以出现"大家都赏"的情况，说到底还是长期以来的传统制度沉淀下的理论在作怪，在相当长的一段时间里，我国国内企业一直遵循着平均主义的分配原则。平均主义貌似能减少分配中的矛盾冲突，起到维持团结局面的作用，但实际忽视了劳动质量的差异。劳动不能给予相应的回报，能人自然要往高处走，能人纷纷跳槽，勤恳的人变懒人，没有人才，企业公司何谈发展？

在平均主义的分配原则下，员工的工作表现主要是依靠员工的自觉性，总会有一部分人自觉性很差，他们可能寻找一切机会溜边、耍滑，找个借口晚来一会儿，早走一会儿，对于工作，能磨蹭就磨蹭，能拖延就拖延，能让别人干就让别人去干，自己落个清闲自在，反正到月底、年底，年终奖一分不少拿，何乐而不为？像这样做的人，最初能是少数几个人，但其影响是极坏的，一些员工可能跟着学，另一些员工虽然不效仿他们，但心里有怨气，工作自然散漫一些，员工越来越懒惰，责任心越来越差，长此以往，公司不垮才怪。

第四节　培养团队信任气氛

信任管理，知易行难。中国文化中出现很多体现信任激励的成语，例如“知遇之恩”“知恩图报”“投桃报李”，无不体现了被信任感在人际交往中的激励作用。被信任感导致人们对信任者产生很强的义务感和责任感，从而愿意为信任者做出对于信任者来说比较重要或者信任者所期望的行为。这种义务感和责任感在中国文化中尤其明显，得到信任有时可被视为欠对方的人情债，被信任者有义务偿还。例如，中国成语“士为知己者死”就反映出愿为信任自己的人去赴汤蹈火、出生入死的传统信任观念。所谓“知己”就是对自己信任、了解和肯定自己的人，人们常常为了不辜负自己得到的信任而竭尽全力，甚至不惜牺牲宝贵的生命。可见，此时被信任已经成为一种内心的需要，而报答对方的信任则成为一种义务。

一、信任与高层管理团队绩效

（一）高绩效团队的信任难题

信任对高层管理团队绩效的影响是多方面的，不同学者从各自的研究角度研究信任对高层管理团队绩效的作用，然而许多对高层团队的研究都忽略了“团队过程”这个中介变量，尤其是忽略了信任在高管团队运作过程中的作用机制。只有深入考察高层管理团队信任的演化过程，以及明确在高层管理团队信任发展过程中维持或者破坏信任关系的关键因素，才能在根本上解决高层管理团队信任管理中的问题。

（二）高层管理团队不同阶段的信任管理措施

1. 谋算型信任阶段的信任管理

谋算型信任阶段一般处于高层管理团队的形成期，此时，信任是维持团队持续稳定发展的前提，同时信任是一种非常脆弱的心理状态，一旦产生裂痕就很难缝合。要消除不信任带来的影响往往要付出巨大的代价，所以要防止不信任比增强信任更加重要。因此，在此阶段的成员互动过程中，应该改善心理状态中的动机成分，通过信任的投资减少不信任的产生，让团队顺利进入知识型信任和认同型信任阶段。

2. 知识型信任阶段的信任管理

与知识型信任阶段相对应的心理过程是团队成员的认知互动过程，在认知过程中，团队成员主要考察对方的人品和能力，所以增强信任的手段也要从这两个方面入手。

相对于能力而言，人品更加重要，它是人们交往和合作的基础，也是决定一个人是否值得信任的前提。在高层管理团队中，人们注重的人品主要有：成员是否有诚信、成员的行为和动机是不是带有很大的私心等。团队成员将通过认知过程充分地感知彼此的人品，因此要增强创业团队中的信任，就要求团队成员对集体忠诚，彼此以诚相待、公平相处。团队成员应该在协作中向彼此证明自己的能力，同时也要以开放的心态去认识其他成员的能力，以各自的能力和贡献赢得其他成员的信任。还应该为团队成员创造施展才能的机会和机制，根据每个成员的角色充分地授权，让团队成员能够毫无顾虑地充分展示自己的才干。

3. 认同型信任阶段的信任管理

在此阶段，为了更好地巩固高层管理团队的信任，团队成员之间应该注重感情投资和信任投资，相互之间表现出更多的支持、帮助和合作，建立深厚的友谊，而对不同的观点和行为风格，彼此应该更多的理解和包容，建立开放合作的工作氛围，尊重他人的需求，维护他人的利益，建立共同的价值观体系，从而形成更深层次的信任关系。

认同型信任并不意味着信任关系非常稳固，这种信任仍然是脆弱的，在此阶段也需要防止信任转变为不信任。因为高层团队成员已经习惯了彼此的行为方式，此时反而会忽略彼此之间的沟通，一旦有成员的行为方式发生变化，就有可能引起其他成员的误解，从而导致信任关系的破裂，这种现象在现实中非常普遍。

专栏

专栏4：信任高于一切

以前听一位南方的猎人朋友说，大雁的智慧较高，团队意识较强，活动时也是集体活动，要想抓住大雁比较难。可是大雁团队的信任意识却很差，这就让猎人有了可乘之机。

每年在大雁向南迁徙的时候，晚上都会在野外休息。大雁团队有着很严明的分工制度，晚上大雁休息的时候，都会有一只雁负责放哨值班。到半夜，大雁睡得正酣的时候，猎人会用一个大的箩筐把自己扣在里面，匍匐前行，在前进的过程中，势必会有响声，负责放哨的大雁就会立刻报警，捕雁人马上停止前进。其他大雁在梦中惊醒，纷纷起飞，在空中盘旋观察地面上的动静。没有发现异常情况，它们就再次落下，重新进入梦乡。这时候猎人重新向前移动，负责警戒的大雁立刻又会报警。就这样，反复多次后，其他大雁没有发现情况，就会认为放哨的大雁故意惊扰同伴的美梦，于是群起而攻之，把放哨的大雁啄得遍体鳞伤，放哨的大雁得不到同伴的信任，感觉受到了委屈，擅离职守忘了本职工作，也很快进入了梦乡。

猎人在箩筐里面，慢慢地靠近雁群，此时，即使有点动静，雁群也不会理会，以为是同伴在恶作剧。猎人就可以轻而易举地靠近雁群，捕获它们。

品评：在同一团队中，信任高于一切。

二、创业团队中的信任管理研究

现在自主创业的青年人越来越多，许多团队在开始的时候，激情洋溢、精诚合作，然而在稍微取得一点成绩之后，就出现了钩心斗角的现象，导致事业做不大。究其原因，主要是在创业之初团队成员之间没有建立起深厚的信任感。近年来中关村每年的企业倒闭率在25%左右，其中很重要的一个原因，就是创业团队内部不团结。调查发现，企业倒闭之后，原来的创业伙伴基本上分道扬镳，继续共事的相当少。

（一）创业团队的形成

在创业的背景下，由于个体的力量和资源很难达成创业目标，因此成员往往为了共同的利益而组成团队，所以将拥有创业成功所需要的投资资金、经验与技术等资源互相吸引的个体组成团队，但是也会因为存在利益冲突而难以形成真正意义上的团队。如果除了上述资源方面的考虑，成员之间还存在良好的人际关系因素，例如相互喜爱、接近、对彼此专长的欣赏、相似和互补的个性特征，就能更好地建立成员之间的信任，减少矛盾和冲突，促进创业团队的形成。

创业团队的形成有两大类，第一类称之为领导型创业，即先有一个人想到商业点子，接着他开始组建团队，例如太阳微系统公司的创业是科尔斯勒先认识到开放工作站的创业概念，接着再分别找在软件、硬件和制造等方面有实际经验的技术专家，从而组建了自己的创业团队；第二类称之为伙伴型创业，这类创业团队主要来自由于经验、友谊和共同兴趣的关系而结缘的伙伴，经由合伙然后再一起发现商业机会，例如雅虎的杨致远和史丹福电机研究所博士班的同学大卫·费罗、微软的比尔·盖茨和童年玩伴保罗·艾伦以及惠普等多家知名企业的创建都是这种类型。简单地说，领导型创业是先有创业点子再建立创业团队，而伙伴型创业则恰好相反，是先建立核心创业团队再提出创业点子。

（二）信任在创业团队发展过程中的作用

1. 信任对创业团队建立的作用

一个有效运行的团队，需要成员之间相互信任，建立信任是新团队成功组建和成长的基础，在创业团队中也是如此。可以说没有信任就不会有创业团队的建立，创业伙伴之间只有相互了解、认为彼此的人品和能力都可靠时，即只有建立了信任关系时，才有可能形成创业团队一起创业。此外，创业团队的建立可能会遇到很多法律问题，包括合伙关系、责任范围、所有者持有所有权的形式、利益分配的制度等，而这些棘手的问题可以通过外在的、法律强制的合同，或者由植根于彼此信任和信誉价值的内在不成文的协议来解决。Barney 等（2000）指出：高水平的信任引导一支创建中的团队在创业时更多地依赖于内在协议，而较少依赖外在的书面合同。

2. 信任对创业团队运行的作用

Smith 等（1994）发现，一支运作良好的创业团队能够反应敏捷，比起那些表现较弱的团队，表现在三个方面：更加灵活，运用更优秀的问题解决技巧，更具生产力和高效率。另外，信任的作用还体现在：促进信息和知识的交换、提高决策质量、有助于冲突的解决。由此可见，信任程度高的创业团队在运行的过程中会表现得更加高效。进一步分析信任在创业团队运行过程中的作用可以发现，信任是通过建立一种具有向心力的团队文化而发生作用的。通过强调信任和合作，能够创造一种支持性的团队文化。在创业团队中，这种支持性的团队文化鼓励令人满意的认知冲突和最小化情感冲突的破坏性，同时，它促进坦白与合作的氛围并减少行政手段的使用。

3. 信任对创业团队稳定性的作用

Francis 等（2000）的研究指出，信任和友谊可以降低由创业团队中价值冲突和目标冲突而产生的人事变动率。当团队信任程度高时，即使某些成员的技能已经不能适应团队的要求，也可能会长期留在团队中。而且，信任增加了团队成员的社会凝聚力，提高了团队成员的忠诚和承诺，这些因素也是与较低人事变动相联系的。部分人事变动是由于吸引成员离开的机遇出现，这些机遇包括高薪聘请和自立门户。在决定是否为追求这些机遇而离开时，团队成员会大致衡量离开的代价。在一支以高度信任为特征的团队里，这些代价将包括离开团队成员的精神代价、惯常的经济成本和个人风险的考虑。信任通常会增加成员离开的精神代价，从而减少创业团队的人事变动。所以增强创业团队中的信任是维持团队稳定性的关键措施，它能够有效防止创业团队的解体。

拓展阅读

拓展阅读：不放弃的“唱吧”

一个已经计划散伙的团队，在最后的一刻他决定推出最后一个项目，如果这个项目再不成功，那就解散团队。可是就是这最后一个项目，却使整个团队起死回生，他们推出的这个项目就是广受好评的手机应用“唱吧”，他就是“唱吧”的创始人陈华。

虽然只是一个手机应用，却在推出后的第五天在没有任何推荐的情况下，就成为苹果AppleStore里下载量第一的手机应用，同时已有风投愿意为这款软件掏出近千万美元。

其实当初“唱吧”软件的上线完全是偶然。2011年2月份，陈华从阿里巴巴辞职后，开始自己创业。陈华带着来自酷讯、阿里巴巴、开心网的创业团队，开始寻找一个“靠谱的”产品方向。

很快，陈华就定位于做电商，在整个团队的努力下，两个月后陈华推出了导购促销网站“最淘网”，可是最淘网并没有达到预期增长效果，最后在苦苦坚持了几个月后仍然没有任何起色，陈华只好放弃了最淘网。

在放弃最淘网后，陈华的团队陷入了一个创业的怪圈：只要有人提出一个创业计划，马上就会有好几个同事出来否定这个计划，几个月下来，一个创业计划都没有通过。最后就在团队解散的时候，陈华提出了最后一个项目：做一个普通人唱歌的KTV软件。陈华给团队介绍说，现在KTV的兴起满足了很多人唱歌的需要，可是为什么不能开发一款手机上类似的软件呢？

尽管陈华的设想很好，可还是遭到了同事们的反对。最后，在好几个备选方案里，勉强通过了陈华的方案，做一个KTV唱歌软件。2012年春节后，陈华团队开始投入到唱歌软件的研发中。为此，工程师翻阅了很多关于声音的理论书籍，并专程跑到唱片公司去请教。

因为这是团队的最后一个项目，整个团队都付出了全部的努力，让陈华喜出望外的是，“唱吧”刚一上线就得到了众多网友的欢迎，下载量更是高居第一，这远远超出了陈华和同事们的预想。

众多明星开始进驻“唱吧”，更让陈华惊喜的是《中国好声音》剧组也找到陈华，准备和“唱吧”合作，邀请一批学员到“唱吧”开唱。据业内人士分析，“唱吧”的估值已达到7 500万美元。而目前加上陈华在内，“唱吧”只有16名员工，可以说陈华给移动互联网带来了一阵旋风。

有记者追问陈华为什么能够成功？陈华说道：“没有一只鸟会死在寻食的路上，只要坚持就会有成功的一天，值得庆幸的是我们16个人都没有放弃。”

练习

练习：团队价值评估

下表中15个问题是关于团队和团队协作的价值观问题。大家可以按照团队的实际情况，在适当的数字上画圈。

题目	回答		
1 工作重心	很模糊，不明确	1 2 3 4 5	很清楚
2 工作的各种必备资源	不充足	1 2 3 4 5	很充足
3 管理层对我们完成目标的能力的信任	丝毫没有表示	1 2 3 4 5	明白表示
4 团队成员之间的交流	相互隐藏想法	1 2 3 4 5	共享
5 与管理层的沟通	沟通不彻底	1 2 3 4 5	彻底沟通
6 对工作成果的期望值	不实际	1 2 3 4 5	基于能力大小
7 工作量	过多	1 2 3 4 5	适度
8 权威	没有充分的权利	1 2 3 4 5	充分授权
9 团队成员	缺乏知识、上进心	1 2 3 4 5	有知识、负责任
10 使命	从来没有	1 2 3 4 5	指导工作
11 团队领导能力	薄弱，领导不规范	1 2 3 4 5	促进团队发展
12 开会	浪费时间	1 2 3 4 5	很有效
13 激励	随意性大	1 2 3 4 5	激励着我们
14 对我们成绩的认可	根本不关心	1 2 3 4 5	大加赞赏
15 团队精神	分裂的，敌对的	1 2 3 4 5	亲密无间的

注：1~5 表示回答的渐进过程。

游戏

游戏：信任背摔

游戏简介：

这是一个广为人知的经典拓展项目，每个队员都要笔直地从 1.6 米的平台上向后倒下，而其他队员则伸出双手保护他。每个人都希望可以和他人相互信任，否则就会缺乏安全感。要获得他人的信任，就要先做个值得他人信任的人。对别人猜疑的人，是难以获得别人的信任的。这个游戏能使队员在活动中建立及加强对伙伴的信任感及责任感。

游戏人数：12~16 人

场地要求：高台最宜

需要器材：束手绳

游戏时间：30 分钟左右

活动目标：培养团体间的高度信任；提高组员的人际沟通能力；引导组员换位思考，让他们认识到责任与信任是相互的。

第六章 团队内部沟通

学习目标

通过对本章的学习，可以了解团队沟通的含义和构成要素，掌握团队沟通的构成要素，了解影响团队沟通氛围的因素；通过学习沟通的方式，了解团队沟通氛围营造的方法，掌握提高团队沟通能力的三个方面，掌握团队沟通时的倾听技巧，了解团队成员克服沟通障碍必须注意的心理因素，掌握应该少听多说的情况，学习如何建立有效的团队沟通机制。

知识要点

1. 团队沟通，是按照一定的目的，由两个或两个以上的雇员组成的团队中发生的所有形式的沟通。

2. 按照团队成员扮演的角色是否对团队工作起到积极作用，将角色分成两大类：积极角色和消极角色。

3. 团队沟通的方式主要有语言沟通、非语言沟通和电子媒介沟通。

4. 团队沟通氛围营造的方法主要有讲故事法、聊天法、解除员工后顾之忧、帮员工制订发展计划、鼓励越级报告、动员员工参与决策、返聘被辞退的员工、培养自豪感和口头表扬等方法。

5. 提高团队沟通能力的技巧包括：发挥团队领导对团队沟通的作用、克服团队成员间的沟通障碍、正确使用语言文字、学会倾听和建立平等交流的团队沟通机制。

6. 团队领导应当从目标上、思想上和信息上加强和团队的沟通，进而取得共识，这是协调各部门关系的基础。

7. 八种行为与积极的倾听技能有关：与对方目光交流；恰当的反应；避

免分心的手势和姿态；适当的提问；复述；请勿打断说话者；耐心倾听；使听者与说者的角色顺利转换。

8. 应当少说多听的情况：具备优势时需要少说话；取得成绩时需要少说话；遭受挫折时需要少说话；等待时机时需要少说话；他人承担痛苦时需要少说话；别人说话时自己少说话。

9. 管理者注意以下倾听技巧：与下属保持眼神接触；运用适当的面部表情和低调的身体语言；适时提问；不做干扰性的动作和姿势；管理者参与对话时不要说得太多。

案例导入

杨瑞的困惑

杨瑞是一个典型的北方姑娘，在她身上可以明显感受到北方人的热情和直率，她喜欢坦诚，有什么说什么。她从西安某大学的人力资源管理专业毕业，她认为，经过四年的学习，她自己不但掌握了扎实的人力资源管理专业知识，而且具备了较强的人际沟通技能。经过将近一个月的反复投简历和面试，在权衡了多种因素的情况下，杨瑞最终选定了东莞市的一家研究生产食品添加剂的公司。她之所以选择这家公司是因为该公司规模适中、发展速度很快，最重要的是该公司的人力资源管理工作还处于尝试阶段，如果杨瑞加入，她将是人力资源部的第一个人，因此她认为自己施展能力的空间很大。但是到公司实习一个星期后，杨瑞就陷入了困境。

原来该公司是一个典型的小型家族企业，企业中的关键职位基本上都由老板的亲属担任，其中充满了各种裙带关系。尤其是老板给杨瑞安排了他的大儿子做杨瑞的临时上级，而这个人主要负责公司研发工作，根本没有管理理念，更不用说人力资源管理理念，在他眼里，只有技术最重要，公司只要能赚钱其他的一切都无所谓。但是杨瑞认为越是这样，就越有自己发挥能力的空间，因此，在到公司的第五天，杨瑞拿着自己的建议书走向了直接上级的办公室。

“王经理，我到公司已经快一个星期了，我有一些想法想和您谈谈，您有时间吗?”杨瑞走到经理办公桌前说。

“来来来，小杨，本来早就应该和你谈谈了，只是最近一直扎在实验室里就把这件事忘了。”

“王经理，对于一个企业，尤其是处于上升阶段的企业来说，要持续企业的发展必须在管理上狠下功夫。我来公司已经快一个星期了，据我目前对公司的了解，我认为公司主要的问题在于职责界定不清；雇员的自主权力太小，致使员工觉得公司对他们缺乏信任；员工薪酬结构和水平的制定随意性较强，缺乏科学合理的基础，因此薪酬的公平性和激励性都较低。”杨瑞按照自己事先所列的提纲开始逐条向王经理叙述。

王经理微微皱了一下眉头说：“你说的这些问题我们公司也确实存在，但是你必须承认一个事实——我们公司在赢利，这就说明我们公司目前实行的体制有它的合理性。”

“可是，眼前的发展并不等于将来也可以发展，许多家族企业都是败在管理上。”

“好了，那你有具体方案吗?”

“目前还没有，这些还只是我的一点想法而已，但是如果得到了您的支持，我想方案只是时间问题。”

“那你先回去做方案，把你的材料放这儿，我先看看然后给你答复。”说完王经理的注意力又回到了研究报告上。

杨瑞此时真切感受到了不被认可的失落，她似乎已经预测到了自己第一次提建议的结局。果然，杨瑞的建议书石沉大海，王经理好像完全不记得建议书的事。杨瑞陷入了困惑之中，她不知道自己是应该继续和上级沟通还是干脆放弃这份工作，另找一个发展空间。

这其实是中国企业极具普遍性的一个案例，反映中国社会的发展现状，也反映中国很多企业的发展现状。这种发展现状告诉我们，中国企业团队内部沟通不良甚至恶劣的状况，必然是长期存在的。

第一节 团队沟通的内涵

沟通是一个经常使用的字眼。但究竟什么是沟通，却是众说纷纭。据统计，沟通的定义有一百多个。我们认为：沟通是人们在互动过程中，通过某种途径或方式，将一定的信息从发送者传递给接受者，并获取理解的过程。

沟通是人与人之间转移信息的过程，有时人们也用交往、交流、意义沟通、信息传达等术语，它是一个获得他人思想、感情、见解、价值观的一种途径，是人与人之间交往的一座桥梁，通过这座桥梁，人们可以分享彼此的感情和知识，也可以消除误会，增进了解。

一、团队沟通的定义

团队沟通是随着团队这一组织结构的诞生应运而生的。目前，团队是一种新型的企业组织模式，其产生时间不长，运作机制也不是很成熟，所以人们对团队中的沟通这一领域的研究还不是很深入，研究的专业论著也有限。在很早以前，人们就了解到有效群体沟通的巨大作用，50 年前就有研究表明，合作性群体的绩效很高。在这里，简要的阐述几个有代表性的研究者的理论研究成果。

对于工作团队的研究最早可追溯到二十年前的威廉·大内（William Ouchi）的《Z 理论——美国企业界怎样迎接日本的挑战》。在这本书中，作者对曾使日本经济获得成功的“日本式”团队模式做了大量研究，并提出许多精辟的观点。他通过选择日、美两国的一些典型企业进行研究而得出结论，认为日本企业之所以会比美国企业成功，是因为日本企业经营管理中形成了特有的“日本式”团队精神：“我们是集体领导，我们是平等的。”他认为，形成这种团队的前提有三要素：信任、微妙性、人与人之间的亲密性。他强调人际关系的沟通技能，从而实现“日本式”的微妙管理。他还认为，现代沟通媒体不断增加，信息沟通相对容易，情感沟通却退居次要位置。团队内部的异质人群，更容易引起文化上的冲突，而难以调和。

美国的斯蒂芬·P. 罗宾斯（Stephen P. Robbins）在其《组织行为学》一书中指出：团队是指在特定的可操作的范围内，为实现特定的目标而合作的人的共同体。他认为团队内完美的沟通目标是可望而不可即的，而选择正确的通道，做一个有效的听众，运用反馈则有助于更有效的沟通。他强调了为了实现团队的目标，必须在团队内部进行有效的沟通。

我们认为，所谓团队沟通，是按照一定的目的，由两个或两个以上的雇员组成的团队中发生的所有形式的沟通。团队成员之间和谐的关系有利于团队任务的完成，而他们之间的沟通则有利于关系的建立和维持。

一个好的团队绝不仅仅是一群人的组合。一个团队的沟通力是指成员之间互相吸引的程度。这是一个团队引以为豪的一种整体感，包括忠诚、投入、志趣相投以及为团队做牺牲的意愿，它是将每个成员“粘”在一起的“胶”。团队成员一起工作的时候，他们的智慧和力量都融合在一起，沟通力便成为整个团队前进的一股特殊力量。这是所有成员的动机、需求、驱动力和耐力的结合体。当所有成员都忠诚于团队以及团队的远景目标时，当他们都努力为团队的目标的实现而奋斗时，团队内部的沟通就是产生一种协同力，从而使得团队能够成为一个真正的团队。一个团队的绩效和其沟通力密切相关。显然，每个人都希望自己的团队有沟通力：在团队和工作中营造出一种“人人为我，我为人人”的氛围，帮助做到那些仅凭个人力量无法做到的伟大事业。

二、团队沟通的构成要素

团队成员的角色分担。每个团队都有若干个成员组成，这些成员在团队成立之后到团队解体之前都扮演着不同的角色。我们按照团队成员扮演的角色是否对团队工作起到积极作用，将角色分成两大类：积极角色和消极角色。

第一，积极的角色。

领导者——能确定团队目标任务并激励下属完成的成员。

创始者——能为团队工作设想出最初方案的成员。其行为包括明确问题，为解决问题提出新思想、新建议。

信息搜寻者——能为团队工作不断澄清事实、提供相关信息的成员。

协调员——能协调团队活动、整合团队成员不同思想或建议并能减轻工作压力、解决团队内部分歧的成员。

评估者——分析方案、计划的成员。

激励者——起到保持团队凝聚力作用的成员。

追随者——按计划实施的成员。

旁观者——能以局外人的眼光评判团队工作并给出建设性意见的成员。

第二，消极的角色。

自我标榜者——总想通过自吹自擂、夸大其词寻求他人认可的成员。

绊脚石——固执己见，办事消极的成员。

逃避者——总是跟他人保持距离，对工作消极应付的成员。

团队中一个成员可能扮演几个角色，也有可能几个成员扮演者同一个角色。另外，各成员所扮演的角色不是一成不变的。

三、团队沟通的方式

团队沟通的方式是人们在沟通时所采取的渠道、方法和媒介。

（一）语言沟通

语言沟通是指导人们用口头或书面的表达方式来进行信息传递和交流的方式。其中口头沟通包括交谈、座谈、会议、演讲、谈判等。这种沟通类型有快速传递和反馈、信息量大、双方可自由讨论等优点。书面沟通则是用书面文字作为信息传递媒介的沟通方式。如通知、通告、简历、合同、方案、会议记录等。它具有准确、内容可保存等许多优点。美国组织行为学家戴尔（T. L. Dahle）通过在美国一公司进行测验后对数据进行比较研究后认为：效果最好的沟通方式为口头和文字混用的沟通方式，其次是口头沟通，再次是书面沟通。

戴尔的三种沟通方式测验效果数据比较，如表6-1所示。

表6-1　戴尔的三种沟通方式测验效果数据比较

沟通方式	员工人数	平均测验分数
口头、书面混合	102	7.70
口头	94	6.17
书面	109	4.91

（二）非语言沟通

在日常工作中，我们也都在自觉或不自觉地使用各种非语言沟通方式，如用身体语言等代替有声语言，进行信息的传递和交流。非语言沟通作为沟通活动的一部分，在完成信息准确传递的过程中起着重要的作用。据研究，在沟通中，55%的信息是通过面部表情、形体姿态和手势传递的。非语言沟通在交际活动中的作用是丰富多彩的，它能使有声语言表达得更生动、更形象，也能更真实地体现传递者的心理活动状态。另外，许多用有声语言所不能传递的信息，通过非语言沟通却可以有效地传递。

（三）电子媒介沟通

在许多组织中，电子沟通已经成为最快捷且流行的沟通方式。它是即时性的，而且可能会非常有效。随着网络技术的发展，电子沟通越来越便捷且成本越来越低，并已经极大地改变了当今组织和团队的沟通模式，如电子邮件、即时聊天软件（QQ/MSN/飞信等）、电话和网络会议等，已成为团队间沟通的重要内容，并已影响到人们的工作习惯。

专栏

专栏1：耕柱与墨子

春秋战国时期，耕柱是一代宗师墨子的得意门生，不过他老是挨墨子的责骂。有一次，墨子又责备了耕柱，耕柱觉得自己真是非常委屈。因为在众多门生之中，自己是被公认的最优秀的人，但又偏偏常遭到墨子指责，让他感觉很没面子。

一天，耕柱愤愤不平地问墨子："老师，难道在这么多学生当中，我竟是如此差劲，以至于要时常遭您老人家的责骂吗？"

墨子听后反问道："假如我现在要上太行山，依你看，我应该用良马来拉车，还是用老牛来拖车?”耕柱回答说：“再笨的人也知道要用良马来拉车。”墨子又问：“那么，为什么不用老牛呢?”耕柱回答说：“理由非常简单，因为良马足以担负重任，值得驱遣。”墨子说：“你答得一点也没错，我之所以时常责骂你，也正因为你能够担负重任，值得我一再地教导与匡正你啊。”

这个案例中，耕柱如果与墨子没有进行有效沟通，不理解墨子通过磨炼对他的栽培提携之意，很可能就认为是老师对他有意刁难。“愤愤不平”中很可能产生不堪设想的后果。同时，也要明白沟通是双向的，误会可以在沟通中消除。沟通是双方的事情，如果任何一方积极主动，而另一方消极应对，那么沟通是不会成功的。作为管理者，应该有主动与部属沟通的胸怀，作为部属也应该积极与管理者沟通，说出自己心中的想法。沟通只有互动起来，才能消除误解，理解互信，团结协作。

第二节 团队沟通氛围的营造

众所周知，沟通是信息的交流，在管理的全过程中，沟通是不可或缺的。无论计划、组织、决策、领导、监督、协调等管理职能，都须以有效的沟通作为前提。团队沟通是随着团队这一组织结构的诞生应运而生的。信息时代，组织方式和组织活动不断改变，团队工作方式被越来越多的组织所接受，各类组织活动将更多地依赖说服教育，而非强制命令。团队沟通基于团队成员之间共享信息、交流情感、协调行动、解决问题，有助于提升团队绩效、实现组织目标。

一、团队沟通氛围营造的九个方法

一个优秀的企业，强调的是团队的精诚团结，团队成员之间如何沟通是一门大学问。因为，成员之间如果沟通不好，往往会产生矛盾，形成内耗，影响企业的正常运转。

1. 讲故事法

波音公司在 1994 年以前遇到一些困难，总裁康迪上任后，经常邀请高级经理们到自己的家中共进晚餐，然后在屋外围着篝火讲述有关波音的故事。康迪请这些经理们把不好的故事写下来扔到火里烧掉，以此埋葬波音历史上的“阴暗”面，只保留那些振奋人心的故事，以此鼓舞士气。

2. 聊天法

奥田是丰田公司第一位丰田家族成员的总裁，在长期的职业生涯中，奥田赢得了公司内部许多人士的深深爱戴。他有1/3的时间在丰田城里度过，常常和公司里的多名工程师聊天，聊最近的工作，聊生活上的困难。另有1/3的时间用来走访5 000名经销商，和他们聊业务，听取他们的意见。

3. 解除员工后顾之忧

某航空公司总裁凯勒尔了解到，员工最大的担心是失业，因为很多航空公司都是旺季时大量招人，在淡季时辞退员工。凯勒尔上任后宣布永不裁员。他认为不解除员工的后顾之忧，员工就没有安全感和忠诚心。从此，该公司以淡季为标准配备人员，当旺季到来时，所有员工都会毫无怨言地加班加点。

4. 帮员工制订发展计划

爱立信是一个“百年老店”，每年公司的员工都会有一次与人力资源经理或主管经理的个人面谈时间，在上级的帮助下制订个人发展计划，以跟上公司业务发展，甚至超越公司发展步伐。

5. 鼓励越级报告

在惠普公司，总裁的办公室从来没有门，员工受到顶头上司的不公正待遇或看到公司发生问题时，可以直接提出，还可越级反映。这种企业文化使得人与人之间相处时，彼此之间都能做到互相尊重，消除了对抗和内讧。

6. 动员员工参与决策

福特公司每年都要制订一个全年的“员工参与计划”。动员员工参与企业管理。此举引发了职工对企业的“知遇之恩”，员工投入感、合作性不断提高，合理化建议越来越多，生产成本大大减少。

7. 返聘被辞退的员工

日本三洋公司，曾经购买美国弗里斯特市电视机厂，日本管理人员到达弗里斯特市后，不去社会上公开招聘年轻力壮的青年工人，而是聘用那些以前曾在本厂工作过，而眼下仍失业的工人。只要工作态度好、技术上没问题，厂方都欢迎他们回来应聘。

8. 培养自豪感

美国思科公司创业时，工资并不高，但员工都很自豪。该公司经常购进一些小物品，如帽子，给参与某些项目的员工每人发一顶，使他们觉得工作有附加值。当外人问该公司的员工：“你在思科公司的工作怎么样？”员工都会自豪地说：“工资很低，但经常会发些东西。”

9. 口头表扬

表扬不但被认为是当今企业中最有效的激励办法，事实上这也是企业团队中的一种有效的沟通方法。松下公司，很注意表扬人，创始人松下幸之助如果当面碰上进步快或表现好的员工，他会立即给予口头表扬，如果不在现场，松下还会亲自打电话表扬下属。

二、培养团队沟通能力的三个方面

团队成员提高团队沟通能力可以从三个方面入手，并通过掌握团队沟通技巧来不断提高。

1. 倾听

在倾听的过程中能够获取更多的信息，给倾诉者留下一个谦虚的印象。认真倾听能够更准确地理解对方的意图。

著名的费斯诺定理有英国联合航空公司总裁兼总经理 L. 费思诺所提出，其观点为：人应该多听而少讲，因为人拥有两只耳朵却只有一张嘴巴。管理者身处组织层级的较高层，常常喜欢独断专行，在沟通中虽然似乎在听下属讲话，但事实上并没有深入谈话者的思想，没有从下属的角度真正理解员工意欲表达的见解。

曾经有这样一则小笑话：一个刚到公司不久的小伙子抱着一摞文件站在碎纸机前犯愣。公司的秘书刚好从旁边经过，她看到小伙子后，低声说了句："真是菜鸟，连这个都不会用。"随之便抢过小伙子手里的文件，放到机器里按动了电钮，很快文件被切碎了。这时小伙子问："太谢谢你了，请问复印件从哪里出来?"这个笑话告诉我们：很多的失误都来源于"我以为"的思维惯性，如果要避免惯性思维所引致的失误，其中的一个方法就是学会倾听。

2. 表达

在沟通的过程中，要对事不对人，坦诚表达自己的真实感受和立场，客观巧妙地使用语言，让倾听者更容易理解自己的意思。曾经有一个故事：有三个人搭乘一艘渔船渡江做生意。船至江心，忽遇暴风雨，摇摆不停。危急时刻，船家立刻出来指挥船上的人自救，他以不容反驳的口气命令一位年轻的小伙子骑在船中的横木上，以保持平衡，又指挥其他两个人摇桨。可是水势过于险恶，而且船上装的大多是布匹和农产品，很容易吸水增加重量，为了保证船身不下沉，必须把船上多余的东西扔掉。船家想都没想就把小伙子的两袋玉米扔入江中，同时也把正在摇桨的两个人带来的布匹和农产品扔了下去，但当两人发现船家唯独留下了自己带来的一个沉重的箱子时，他们很生气，于是问都不问，就合伙将那个沉重的木箱扔进了水里。木箱一离船，船立刻像纸一样飘了起来，失去控制，撞到了石头上，所有的人都被甩到了急流中。两名摇橹的人万万没想到，被他俩扔入水中的木箱里面装的是用来稳住船的沙石。只要没有了稳定船的木箱，船就会翻。这个故事说明团队成员在执行工作的过程中难免会产生问题或疑惑，此时就需要与管理者及时进行沟通，团队成员不可凭自己的主观判断擅自行动，以免给团队造成不利后果。管理者要积极与团队成员进行沟通，以免因自己对他们的行为产生误解而给团队带来不必要的麻烦。

3. 反馈

倾听、表达过后能否实现有效沟通的最后一个环节就是反馈。

信息在团队中通过单向沟通方式传递，每个环节在收到信后都可能会对信息进行某种程度的加工，这样信息在传递中会逐渐失真。管理者要充分认识到单向沟通的这种缺陷。团队成员应少用单向沟通，尽量多用双向沟通，即接收到信息以后要进行确认，同时可以利用其他方式加以辅助，以保证信息传递的真实有效。

三、提高团队沟通能力的技巧

（一）发挥团队领导对团队沟通的作用

团队领导做好沟通工作，这既是做好部门工作的需要，也是处理好部门关系的第一步。沟通是双向的，也是多方面的，主要应当从目标上、思想和信息上加强沟通，进而取得共识，这是协调各部门领导关系的基础。

一是在目标上沟通。首先，团队领导要强调整体目标，使团队成员认识到各部门对整体目标的作用，以及相互配合、协调的重要性，力争把局部利益与共同的目标联系起来，进而增强各自对组织目标的关切感，减少部门间不必要的冲突。其次，要在具体目标上取得沟通和共识。各部门领导，在目标的确立上，要相互理解和支持；在目标的实施上，要相互帮助；在目标的冲突上，要相互调整和适应；在目标的成功上，要相互鼓励和总结。

二是在思想上沟通。团队内部的中层部门领导不要单纯以本部门的利益得失考虑问题，而应当从各部门利益的互相联系上考虑问题，包括设身处地替其他部门着想，达成彼此可以接受的意见，以防止思想认识上的片面性。同时各部门领导在思想观念、思想方法、思维方式上也是互有差异的，由此而形成的观点上的争鸣和分歧，可以通过平等的交流、启发，缩小认识上的差距，以达到统一认识。对于因工作关系所引起的思想误会、隔阂，各部门领导之间应严于律己，宽以待人，必要时多作自我批评，求得互相谅解。

三是在感情上沟通。感情上的联络和加深，对中层部门领导来说是很重要的。很难设想没有任何感情交流的部门领导之间在工作上可以配合融洽。要增加感情上的沟通，除了目标思想上的认同外，还可通过工作交流、参观访问、公共关系活动等不断加深，从而创造一种和谐共事的工作环境。

四是在信息上沟通。沟通是传达交流情报信息的过程。部门之间的矛盾与隔阂，都可以从信息沟通上找到原因。一般而言，凡缺乏沟通的部门，信息传递肯定不畅，极易造成部门之间的不了解、不理解和不协调，甚至造成冲突，既影响工作，又影响团结；凡主动沟通的部门，必然信息流畅，往往容易赢得对方好感，取得信息，形成部门之间的良好关系。

总之，有效的、正确的沟通有助于领导者迅速地消除冲突和误解，解决矛盾，增强领导与下属、下属之间以及本组织与外单位之间的亲密度，使本部门内部更为团结，有助于领导的工作与组织的发展。

（二）克服团队成员间的沟通障碍

团队成员要克服沟通的障碍必须注意以下心理因素的作用：

（1）在沟通过程中要认真感知，集中注意力，以便信息实现准确而又及时地传递和接收，避免信息错传。

（2）增强记忆的准确性是消除沟通障碍的有效心理措施，记忆准确性高的人，传递信息可靠，接受信息也准确。

（3）提高思维能力和水平是提高沟通效果的重要心理因素，较高的思维能力和水平对于正确地传递、接受和理解信息起着重要的作用。

（4）培养稳定情绪和良好的心理气氛，创造一个相互信任、利于沟通的小环境，有助于人们真实地传递信息和正确地判断信息，避免因思想偏激而影响理解。

团队成员要想知道他人的想法，必须与其进行直接有效的沟通，切忌凭自己的主观想象妄加猜测，随意下结论。团队成员之间只有做到有效沟通，才能在实现组织目标的过程中相互协调、互相配合，才能提高自己的工作效率。

（三）正确使用语言文字

语言文字运用得是否恰当直接影响沟通的效果。使用语言文字时要简洁、明确，叙事说理要言之有据、条理清楚、富于逻辑性、措辞得当、通俗易懂。不要滥用辞藻，不要讲空话、套话。

非专业性沟通时，少用专业性术语，可以借助手势语言和表情动作，以增强沟通的生动性和形象性，使对方容易接受。

团队成员在沟通过程中应正确使用词语与语气，尽量避免语言出现歧义而让对方产生误解，降低沟通效率。表达能力是决定沟通能力高低的重要方面。良好的表达能力能够提高沟通质量，团队成员应努力提高自己的表达能力，从而更有效率地进行沟通。

（四）团队沟通的倾听技巧

1. 积极倾听

积极倾听（Active Listening），是指在思维上参与说话，给予非语言反馈。同时，在大脑中对信息进行分析，提出疑问。下面的八种行为与积极的倾听技能有关。

（1）与对方目光交流。说话者在说话的同时也在观察你的眼睛，判断你是否在倾听。如果我们尊重对方，真正用心在听，就要看着对方。沟通是在接受者内心深处进行的。

（2）恰当的反应。积极的倾听者会对所听到的信息表现出兴趣。赞许性地点头、恰当的面部表情与积极的目光接触相配合，向说话人表明你在认真倾听。

（3）避免分心的手势和姿态。在倾听时不要有下列举动：看表，搂后脑勺，心不在焉地翻阅文件，拿着笔乱写乱画或身体背对着对方等。这会使说话者感觉到你很厌烦或不感兴趣。更重要的是，这也表明你并未集中精力，因而很可能会遗漏一些说话者想传递的信息。

（4）适当的提问。批判性的倾听者会分析自己所听到的内容，并提出问题。这一行为保证了理解的准确性。

（5）复述。积极的倾听者常常使用这样的语句："我听你说的是……"或"你是否是这个意思？"复述是检查你是否在认真倾听的最佳手段。同时，复述也在检验自己理解的准确性。

（6）请勿打断说话者。在你做出反应之前先让说话者讲完自己的想法。不要急于表达自己的观点。否则，你可能会遗漏重要的信息。

（7）耐心倾听。大多数人乐于畅谈自己的想法而不是聆听他人所说。很多人之所以倾听，仅仅因为这是能让别人听自己说话的必要付出。一个好听众应该是一个耐心的倾听者。好的倾听者能够听到对方未说出口的话。

（8）使听者与说者的角色顺利转换。对于在课堂上听讲的学生来讲，可能比较容易形成一个有效的倾听模式。因为此时的沟通完全是单向的，教师在说而学生在听。大多数团队活动中，听者与说者的角色在不断地转换。积极的倾听者能够使从说者到听者以及从听者再回到说者的角色转换十分流畅。从倾听的角度而言，这意味着全神贯注于说者所要表达的内容，即使有机会也不去想自己接下来要说的话。

2. 应当少说多听的情况

（1）具备优势的时候需要少说话。"天地有大美而不言"，人也一样，桃李不言，下自成蹊。

（2）取得成绩的时候需要少说话。面对成绩和掌声，成功者报以深深地一鞠躬。这是无声的语言，是恰到好处的沉默。

（3）遭受挫折的时候需要少说话。在失败和厄运面前，拭去眼泪，咬紧牙关，默默地接受教训，然后再投入新的战斗。

（4）等待时机时需要少说话。造化总是把机会赠送给有充分准备的人，怨天尤人无济于事，不断地充实和完善自己才是可靠的。

（5）他人承担痛苦的时候需要少说话。如果亲友沉浸在不能自拔的悲伤之中，此刻，无论你说什么，他们都听不进去，那就默默地陪他度过一段时光，默默地为他做一些事情。

（6）别人说话的时候自己少说话。不要随便打断别人的话，而要善于倾听，从倾听中吸取智能，弥补纰漏，建立信任。

3. 管理者的倾听技巧

是否具备较高的倾听技巧是有效沟通的关键。管理者应从如下五个方面培养自己的倾听技巧：

（1）与下属保持眼神接触。眼神直接表明了管理者是否在积极倾听下属的讲话，与下属保持眼神接触，等于在暗示员工管理者正在十分用心地倾听，提高了下属表达的欲望。

（2）运用适当的面部表情和低调的身体语言。比如，如果管理者对于下属的某个想法持有相同的观点，可以用点头来赞成，这说明管理者正与下属处于同样的沟通情境。

（3）适时提问。提问是增进理解的最好途径，具有反馈的功能。

（4）千万不要做一些干扰性的动作和姿势。看看手表，翻翻报纸，这些不经意的举动会让下属觉得管理者不耐烦，使交谈发生“短路”。

（5）管理者参与对话时，自己不要说得太多。管理者与下属沟通时增加自己信息量的过程。因此，管理者应该把沟通中80%的时间交给下属去支配，自己则分析下属讲话中所反映的问题。

四、建立平等交流的团队沟通机制

管理领域有一个术语是“沟通的位差效应”，内容为：平等交流是企业有效沟通的保证——来自领导的信息只有20%~25%被下级知道并正确理解，而从下到上反馈的信息不超过10%，平行交流的效率则可达到90%以上。当一个团队发展到渐有规模，管理的层次逐级增加后，“言路不畅”便造成了有效沟通的最大障碍，高高在上的领导者并不能及时获知执行层面的具体情况，结果导致领导者所制定的决策偏离了现实情况，造成决策失误。在团队中，信息沟通主要有三种机制：上情下达、下情上传、平行交流。前两种是非平等交流，后一种则是平等交流。在企业上情下达、下情上传，这两个非平等交流过程中，团队要注意缩短信息传递链，保证信息的及时传递，可以在很大程度上避免传递信息的失真现象，同时团队要实现平等沟通，便要打破等级之间的壁垒，把平等的理念注入前两种交流中去，建立平等交流的团队沟通机制，增加团队成员向团队管理者自下而上的沟通渠道。

关于如何在企业内部实现平等交流，沃尔玛公司为业内的许多公司起到了示范效应。在沃尔玛公司，任何员工在任何时间、任何地点，都允许以口头或书面形式与管理人员乃至总裁进行沟通，向高层提出自己的建议和投诉。董事长沃尔玛亲自接待要求面见的基层员工，倾听他们的讲话，如果员工提出了有价值的见解，他便认真地解决相关问题。

通常情况下，专属于沃尔玛公司的12架飞机停在阿肯色州罗杰斯机场的飞机库里，地区经理们每个星期一的早晨都要乘坐飞机前往自己分管的地区视察。视察持续四天，在这个过程中，经理大量接触基层的员工，了解他们对公司及商品销售走势的建议，对提出了有价值建议的员工进行及时的奖励。为了加强平等意识，沃尔玛员工所佩戴的工牌也独树一帜，上面除了名字，没有标明职务，公司内部没有上下级之分，见面就直呼其名，尽可能避免了管理层级的存在对于平等沟通的负面影响。

由此可见，团队充分尊重和重视每个员工的建议和诉求，建立平等交流是有效沟通的保证。特别是团队领导者要经常走出办公室与团队成员进行面对面的沟通。坦诚、开放、面对面的沟通会使员工觉得领导者理解自己的需要，使沟通取得事半功倍的效果。

专栏

专栏2：语言相通上帝怕

人类的祖先最初讲的是同一种语言。他们在底格里斯河和幼发拉底建造起繁华的巴比伦城。后来，他们的日子越过越好，人们为自己的成绩感到骄傲，他们在巴比伦修了一座通天的高塔，来传颂自己的赫赫威名，并作为集合全天下弟兄的标记，以免分散。

因为大家语言相通、同心协力，通天塔修建得非常顺利，很快就高耸入云。上帝得知此事，立即下凡视察。

上帝一看，又惊又怒，因为他是不允许凡人达到自己的高度的。他看到人们这样统一强大，心想，人们讲同样的语言，就能建起这样的巨塔，日后还有什么办不成的事情呢？于是，上帝决定让人世间的语言发生混乱，使人们互相之间言语不通。

人们各自操起不同的语言，感情无法交流，思想很难统一，就难免互相猜疑、各执己见、争吵斗殴。修造工程因语言纷争而停止，通天塔半途而废了。

团队缺乏默契，就不能提高绩效，而团队没有沟通，则不能进行分工合作。管理者要善于为团队成员提供沟通的机会，创造沟通途径，鼓励团队成员之间进行充分沟通。

管理者只有通过沟通的方式让持不同意见的人达成一致，共同决策，激发全员力量，才能使他们心甘情愿地倾力打造团队的“通天塔”。

专栏3：“随心所欲”的沟通

美国GE公司执行总裁韦尔奇被誉为“20世纪最伟大的企业管理者之一”。在他上任之初，GE公司内部等级制度森严、结构臃肿，韦尔奇进行了大刀阔斧的改革，在公司内部引入了非正式沟通的管理理念。他经常亲自给员工留便条或打电话，通知员工有关事宜。他认为，沟通是随心所欲的，他努力使公司的所有员工都保持着一种近乎家庭式的亲友关系。

一位GE公司的经理这样描述韦尔奇：“他会追得你满屋子团团转，不断地和你争论，反对你的想法。你必须要不断地反击，直到说服他同意你的思路为止，而这时，你可以确信这件事你一定能成功。”

管强者与团队成员一般会存在一定的沟通障碍，如下属对领导的惧怕。非正式沟通正是排除沟通障碍的有效沟通方式。

管理者需要为团队导入有效的平等沟通机制，有方法、有层次地鼓励员工发表意见，汇集经验与知识，形成团队共识。

拓展阅读

拓展阅读：沟通中的“4W1H”法则

管理学大师彼得·德鲁克曾说“沟通不是你在说什么，而是别人怎么理解你说的什么。”管理者在日常的工作中，80%的时间都在与不同的人进行沟通，一个管理者在沟通过程中，如果无法保证上级、下属、客户及合作伙伴完全明白自己意欲表达的信息，甚至使他们对信息造成误解，必然会对日常工作造成重大负面影响。要提高沟通的效率，可以从与沟通相关的“4W1H”法则得到一些启示：

1. WHO：确定与谁沟通。在信息传递的过程中，经过的中间人越多，信息失真的概率越高。直接与受传人进行沟通，可以尽量避免信息在传递过程中的遗失和扭曲。与下属结束沟通前，管理者最好提取反馈信息，让下属把工作内容复述一下。

2. WHERE：在哪里沟通，确定沟通的地点。同一个信息，相较办公室，在电梯间传递时就降低了信息的重要性，所以重要的工作指令适宜以管理者的办公室为沟通场所。

3. WHEN：什么时候进行沟通。对于很重要的事情，管理者就不要在临近下班的时候与下属进行沟通，此时对于下班的关注使下属难以在交流的时候全神贯注。

4. WHAT：沟通的内容是什么。管理者在沟通时，一定要明确自己的沟通目的，以免在沟通的过程中失去了对于主题的控制和驾驭。

5. HOW：怎样进行沟通。在企业中，庞大的组织机构是导致失真效应的重要原因之一，组织结构越复杂，信息传递的渠道也越复杂，小消息盛行，模糊的信息经过多次传播后，相对信息源的原意发生了严重变异。此外，组织还常常是流言的栖息地，不正确的流言经过多次传播后，遵从“三人成虎”的逻辑，渐渐地流言披着真相的外衣魅惑人心。因此管理者需要做好对各种信息传递渠道的管理与控制，利用各种场合，保持组织成员之间经常不断地信息交流，从而在企业中建立一个不拘形式的开放的信息沟通系统。

练习

练习：单项选择

1. 林总习惯与其团队成员进行口头沟通，在口头沟通时应该注意的问题是（　　）。

A. 沟通对象　　B. 信息内容

C. 方式方法　　D. 以上内容都是

2. 齐总严格遵守“五要素”进行沟通，下列属于“沟通五要素”的是（　　）。

A. 目的意图　　B. 沟通对象

C. 信息内容　　D. 以上都对

3. 于经理总是强调要获得优质的信息，这种信息应该具备的特点有（　　）。

A. 正确的内容和形式　　B. 正确的时间和人员

C. 适度的费用　　D. 以上都对

4. 吉经理所在的团队，其中非语言沟通占很大的比重，尤其是目光和表情的沟通，这属于非语言沟通中的（　　）。

A. 身体语言沟通　　B. 副语言沟通

C. 道具沟通　　D. 以上都不对

5. 在沟通交流的过程中，人们常常忽略一些情况。林总的团队也遇到了类似的情况，属于人们常常忽略的情况是（　　）。

A. 善于聆听　　B. 适时提问

C. 让旁人接受你的观点　　　　D. 和沟通对方搞好关系

6. 关于人与人之间的沟通，说法正确的是（　　）。

A. “沟通时要达到一种目的就可以了”

B. “在沟通和交流的过程中，各种障碍都能克服”

C. “专注地聆听别人的讲话是对别人的一种尊重”

D. “对于较长的文件，最好应用书面的方式进行交流，但是对简短的文件则最好不用。”

答案：1. D 2. D 3. D 4. A 5. A 6. C

游戏

游戏：穿越障碍靠沟通

目标：1. 让团队成员了解语言沟通的方式与技巧

2. 让团队成员知道如何有效地进行沟通

游戏：穿越障碍靠沟通

人数	若干人	时间	30~40 分钟
场地	空地	用具	桌子一张、硬塑料杯三个、白纸几张、每组硬纸板一块、每人眼罩一只
游戏步骤	1. 在空地上划出一块游戏区。在游戏区内用白纸设置障碍，作为“地雷”。同时在游戏区中间放置一张桌子，桌子中央放三个杯子，形成一个杯塔。底部的杯子正放，第二个杯子倒放，第三个杯子盛水放在第二个杯子上。 2. 把团队成员分为两个 10 人的小组。每组设置一位“指挥员”，在“雷区”另一边指导同组其他组员跨越“雷区”。 3. 每个小组除“指挥员”外的其他组员都必须蒙上眼睛，每次只能由每个小组最后一名组员通过“雷区”。 4. 每个小组最后一名组员都通过“雷区”后，要将小组的硬纸板放在杯塔上，如果杯塔不倒则视为完成任务。 5. 踏中“地雷”的组员则被视为“死亡”，应退出游戏，并只能在旁边观看。 6. 通过“雷区”的组员可以摘下眼罩，参与指导其他组员。 7. 在规定的时间内，小组成员通过“雷区”后“生还”者最多的排即为获胜小组。		
问题讨论	1. 在游戏过程中，幸运组员是如何和蒙眼组员进行信息交流的？ 2. 蒙眼组员在游戏中的感受如何？ 3. 用什么办法来进行更有效的沟通？ 4. 为什么在沟通时过多人七嘴八舌出主意反而会导致办事效率率低下，而且容易造成混乱？		

第七章 团队内部管理

学习目标

通过本章的学习，掌握合理团队分工的方法和必要性；掌握合理团队授权和控制；掌握团队变革计划的设计；掌握托马斯·基尔曼冲突模型，并能运用解决团队冲突；掌握团队创新路径；了解自我管理型团队含义；掌握培育自我管理型团队方法。

知识要点

1. 分工协作是指既要分工明确，又要互相沟通、协作，以达成共同的目标。

2. 团队建设是指有意识地在组织中努力开发有效的工作小组，每个小组由一组员工组成，通过自我管理的形式，负责一个完整的工作过程或其中一部分工作。

3. 团队授权本质上是组织与团队、团队领导与成员个体之间决策权力和职责下放的过程。在团队和成员个体能力增强的同时，其决策权和所负职责也将随着相应地扩大：而要确保这一切顺利地进行，必须使授权文化成为企业文化的一部分，必须使组织和团队的信息及知识的共享保持畅通，同时保证成员个体得到必要的所需技能培训。

4. 一旦实现对成员个体的授权，就必须明确该成员所应负的职责和义务，以及完成任务所需的职权。职责的明确，有利于项目团队实现对个体成员的考核和奖惩，也可以避免出现职责的真空。

5. 合理的授权是关键，它要求团队领导抓大放小，区分重要与一般，分清大事与小事，以集中主要精力抓重点、抓大事。对于授予成员的任务，不干涉其具体的做法，但要对完成的任务质量进行把关。

6. 要实现有效的授权控制，科学的绩效考核和赏罚分明的激励机制是必要的。

7. 工作上的冲突是围绕着怎样把工作做好而产生的，并不是负面的，反而是积极有效的，是很正常的现象；但因为工作冲突弄得面红耳赤，就会影响人际关系，这时工作冲突就会演变成人际关系的冲突，会带来一些消极的影响。

8. 竞争策略又称为强迫策略，指的是牺牲一部分成员的利益，换取自己的利益或是团队整体的利益。是一种对抗的、坚持的和挑衅的行为，是为了取胜不惜任何代价的做法。

9. 迁就指抚慰冲突的另一方，愿意把对方的利益放在自己的利益之上，做出自我牺牲，遵从他人观点，从而维持相互友好的关系。在迁就的过程中，常常牺牲或放弃了个人的目标或利益。当需要维护团队和谐关系，或为了团队的长远建设和发展时，应考虑采用迁就策略。

10. 回避是指冲突一方意识到冲突的存在，但采用忽视和放弃的态度，不采取任何措施与对方合作，或维护自身利益，而是一躲了之的办法。回避的方法既不合作，也不坚持，对自己和对方都没有什么要求。

11. 合作指主动跟对方开诚布公地讨论问题，寻找互惠互利的解决方案，尽可能地使双方的利益都达到最大化，而不需要任何人做出让步的解决方式。合作策略认为双方的需要都是合理或重要的，哪一方放弃都不可能，也不应该，双方相互支持并高度尊重，因而得到许多人的欢迎。

12. 妥协指冲突双方都愿意放弃部分观点和利益，并且共同分享冲突解决带来的收益或成果的解决方式。采用妥协方式的原因在于完美的解决方案常常不可实现，坚持己见不如退而求其次，其目的在于得到一个快速的、双方都可以接受的方案。妥协的方式没有明显的输家和赢家，旨在达到双方最基本的目标。

13. 团队创新是指为了使个人、团队、组织，甚至整个社会受益而有意识地在团队内引入和应用一些对该团队来说是新的想法、过程、产品或程序。

14. 自我管理型团队是由10~15名具有必要的专业技能、人际关系技能、发现解决问题的能力和决策能力的成员组成，团队内部实行自我管理、自我负责、自我领导、自我学习的运行机制，共同实现团队目标。

15. 执行力有三重境界，即知道做什么、知道怎么做、用创新的方法做。

案例导入

老刘的团队管理

老刘是一家大型房地产开发企业的设计部总经理，公司总裁刚刚组织召开了一个新项目论证会议。会议一结束，老刘拿着一大沓文件匆匆忙忙地跑回自己的办公室，一边仔细地对阅读文件，一边拿着笔在笔记本上写着；过了一会儿，老刘又拿着文件和笔记本冲出办公室。

老刘快速地走进小李的办公室，小李正忙着另一个项目的设计，这个项目非常急迫，以至于小李有好几个星期都没有休息了，到现在整个设计任务才进行到一半。老刘走近小李，把文件往小李的桌子上一放，打开笔记本，就讲开了，一讲完，小李刚想说点什么。老刘挥挥手，收起资料就往外走，而且，一边走还一边叮嘱小李要放下手上所有的事情，抓紧时间做刚安排的工作；然后，老刘旋风般地走下楼，进到小林的办公室，同样地对小林讲了一遍，留下一脸茫然的小林。在回办公室的途中，差点撞上小金——设计部不久前招进来的硕士研究生；老刘并没有注意到这位下属，走进办公室后，看看手表，该到参加另一个项目预算会了。

老刘布置好工作以后，很高兴地参加会议去了。设计室的团队成员可议论开了，他们抱怨手上的工作还没有完成，如何安排事情的优先顺序，其他团队成员为什么不参与进来，新的工作任务如何协调等。

案例分析

老刘可能自己感觉良好，认为自己在进行分工，并与团队成员进行了沟通，而且授予他们权力，并交代了事情的紧迫性，事情应该有条不紊地进行。事实正好相反，团队成员认为老刘不考虑成员的现实工作，没有考虑事情的协调运行，打乱了成员的工作节奏，是在制造混乱和引发压力，而且不给成员提出工作合理建议的机会，他们可能感到困惑，认为老刘难以沟通，不提供充分的信息。

那么，老刘为什么会有这种管理方式呢？我们先来看看，一般管理者是如何学习管理的。

一、管理者管理方式的形成

在成为管理者以前，大多数人都是通过很长一段时间在具体的专业或技术岗位上工作，并因为表现杰出而晋升到管理岗位来的，他们开始的时候都是实干家——如工程师、行政人员、技术工人等，任何事情都是亲力亲为。走上管理岗位以后，在遇到问题时他们自觉不自觉地都倾向于自己独立做事或寻找能人做事，案例中老刘就是这种情况——只注重给团队中业务能力特别强的成员安排工作，比如在回办公室的途中居然都没有看到自己部门的另一名员工，小金。

作为新走上管理岗位的人员，他们一方面是通过观摩或感受自己以前上级的管理方式进行管理；一方面是通过自己的直觉进行管理，从而慢慢形成自己的管理方式。但是，令人遗憾的是，如果上级的管理方式不正确，或自己领悟错误，这种错误的管理方式就会得到延续而自己还很难察觉。

案例中，老刘就没有察觉到自己对团队管理方式的不当，而且自我感觉还不错。

二、团队中正确的管理方式

比如，老刘在开完新项目论证会以后，不是急急忙忙地去找各位团队成员单独对话，而是，先考虑一下现有团队成员的能力，再将要开展的工作理出一份任务清单，并对优先排序，再按照团队角色进行工作预安排后，召集各个团队成员一起开会，在会上，老刘交代一下新任务的背景，以及对公司的重要性，明确新任务在团队工作任务中更重要。

接下来，让团队成员自己对新任务的理解，以及相应的困惑。并给予成员清楚的解释：你能够理解那种必须打断正常工作给成员带来的不便。你需要团队成员的支持，并说明如果团队成员能够尽快完成这个新项目任务，就越快能回到手上的工作中去。

然后，老刘将工作任务分解说明分发给各个团队成员，并在会上予以说明和加以确认。接着与团队成员一起进行新工作任务的讨论，协调各个成员之间的工作的配合，进度安排等事宜；对团队成员间的工作接口加以说明，鼓励团队成员进行沟通，针对工作任务的阶段性关键之处随时保持核对。明确告诉团队成员配合项目任务的工作会议在何时、何地召开，出现问题是如何进行处理等。这样，当老刘离开后可能是另一番景象。

第一节 合理的团队分工

一、合理团队分工必要性

社会上的事物都存在分工与协作，更何况我们是人，就更需要分工与协作，不管是各级政府组织、大小企业、还是每个家庭都要有各自的分工，而且必须分工明确，否则会杂乱无章。以互联网行业为例，它是技术加艺术再加商业的结合，团队分工协作对这个行业来说是最佳的选择。纵观当下几大著名网站无不如此，马云的阿里巴巴帝国和马化腾的企鹅帝国的成长壮大，和他们拥有一个好的团队分不开，而他们的团队在开发项目时都是运用了分工协作的原理，才使得他们越来越成功。新浪微博有它专门的新浪微博团队，分工协作让新浪微博风靡中国大江南北，各色人群。

因为分工后各自的职责更加明确，管理更加有条不紊。而在分工的前提下又必须相互地协作，特别是在特殊情况下，如；突发事件、任务重、阻力大、困难多、时间紧的时候更需要协作。协作好了任何阻力都可以克服，任何困难都可以战胜。有了协作才能体现整体效能，才能提高办事效率，甚至创造奇迹。

然而，一个优秀的团队，并不意味着团队中每个人都是精英，但是在完成工作的过程中，要能有一个很好的团队内部管理，让每一个人都有高涨的工作热情，在一定的时间内，保质保量地完成工作。同时要有强烈的团队精神，团队成员共同努力，与团队共荣辱，在成就小我的同时完成大我。

二、合理团队分工形式

（一）分工协作

分工协作是指既要分工明确，又要互相沟通、协作，以达成共同的目标。

1. 分工协作的优势

（1）可以发挥整体效能，提高工作效率。例如：流水线生产，就是将一个生产过程划分为很多环节，每个人各自负责其中一个环节，一个环节完成后这个环节的人就可以接着开始下一轮生产，而不用等整个环节都完成再开始下一轮生产，大人地节约了时间。

（2）能充分发挥每个人的特长优势。分工协作令每个人根据自己的专长去完成相应的工作，这样可以使每个部分的工作都能相对尽善尽美。

（3）可以弥补个人的不足。很多工作是一个人所没有办法完成的，即使完成了也不能有很好的效果。《西游记》中虽然唐僧师徒四人每个人都有不足，但最终取经成功，正是分工协作弥补了这个不足。

（4）团队精神和团队氛围会产生强大的动力。古语说“近朱者赤，近墨者黑”，一个好的氛围对人的影响是巨大的，好的团队氛围可以使每个成员都心甘情愿尽自己最大的努力去完成好工作，工作效率成倍增长。

2. 分工协作的劣势

(1) 某个人的工作效率会影响整体进程。就像工厂生产流水线，有一个环节断了，整个生产就会停止。

(2) 需要进行汇总整理。因为分工以后是散的，要使工作最终完成还要再合并每个人的工作。好比清洗风扇，把各个部分拆下来都清洗完了以后还要再重新装回去一样。

(二) 独立开发

有分工协作就有独立开发，所谓独立开发是指某一项工作从头到尾由一个人独自完成。

1. 独立开发的优势

(1) 观点明确。因为整个工作都是一个人自己的想法，其思考问题的思路和角度是相同的，观点就相应是固定的，因而会比较明确。

(2) 以一抵十。一个人的工作完成就意味着整个工作的完成，不需要再汇总整理。同时一个人干了多个人的工作，节省了人力成本。

2. 独立开发的劣势

(1) 工作量太大，花费时间长。一项工作完成要经过好几个阶段，每个阶段只具有连续性而没有共性的地方，因而在每个阶段的思维方式和操作方法都是不同的，无法形成熟练度，所需时间就会更多。

(2) 会重复做无用功，效率低。由于每个阶段的思维方式和操作方法都不一样，一个阶段的工作完成后必须换另一种思维方式和方法，另外，因为整个项目太大，在具体每个阶段时很容易走向局限性，工作结束后才发现存在不足的地方，又要回头重新修改，不断重复工作，致使效率过低。

(3) 对个人能力要求过高。一项工作的不同阶段，需要不同的思维和方法，涉及知识面广，全局上需要有全面性，阶段上又需要有精通性，必须是综合型人才才能胜任。

(三) 分工协作与独立开发的比较

独立开发有它的优点，但相对分工协作而言，它的缺点更明显。独立开发是旧的观念，只考虑到一个人比较集中，不会太涣散，却忽略了一个人的能力有限和工作的复杂性。而现代社会更讲究分工协作，注重团队精神。分工协作可以明确分工到个人，再由每个人各自完成后再进行汇总整理，发挥每个人的特长，让1+1大于2，使得整体效能变大，提高工作效率。因而组建团队的必要性越发明显，团队可以充分运用分工协作原理，让一项工作更好的被完成。

第二节 有效的团队授权

授权是在20世纪80年代被引入企业的，在90年代成了与团队、TQM一样时髦的词汇，以至于有的研究称90年代是个授权的年代。在进入21世纪的今天，授权问题仍然是企业热门话题和理论界讨论的热点。本文的研究是探讨如何通过授权来创建高绩效的项目团队。

一、团队授权的基本问题

1. 授权的定义

授权就是“和一线员工共享有关组织绩效的信息，共享有关基于组织绩效的报酬信息，共享能促使他们理解组织绩效并为之奉献的知识，提供给他们能影响组织方向和绩效的决策权”。授权是增强组织成员间自我功效感觉的一个过程。作为内在任务激励，授权通过四种认知来体现，以反映个人工作角色的导向，四种认知是由意图（Meaning）、影响（Impact）、竞争力（Competence）、选择（Choice）等四个维度构成的。

2. 授权的成本收益分析

团队授权的收益主要有以下几点：

（1）从组织角度看，授权可以增加组织的灵活性和适应性，对变化可以快速做出既快又好的反应，可以加快决策的速度，促使管理人员更有效地利用时间：最大的使用组织内可以利用的经验和才能：提供更有效的决策方案，提高组织的创新力和顾客满意度。

（2）从管理人员角度看，团队授权使组织管理人员和团队领导的影响和效率增强，可以最大化利用他们自己的才能、资源、技术和领导能力。

（3）从成员个体看，授权使他们有权参与影响组织和团队运作的决策，同时个人在团队授权过程中得到多样化技能的培训，它有助于提高成员个体的工作满意度，增强他们的责任感和组织的归属感。

但团队授权本身也带来了成本，主要体现在以下几点：

（1）由于组织中能完全授权的合格者是有限的，导致了组织要在团队成员的选聘和培训上进行高成本的投入。

（2）高度分散化项目团队常常难以在限定时间内完成任务，尽管有畅通开放的管理沟通渠道。

（3）团队成员的冲突明显降低团队的创新和绩效。

（4）授权陷阱（如授权与控制的失衡、权责的不对等、分权与收权的随意性等）容易导致团队的失败。

（5）在授权文化尚未建立之前就启动授权计划，容易导致授权者的反对和受权者的不适反应（因为他们还没有做好授权的准备）。

（6）在组织与团队、团队与成员个体的信任关系尚未建立时，授权计划必然会遇到重重困难。

3. 授权的原则

对于授权的原则，许多研究都提出自己的看法，有5个原则的（斯伯莱茨和奎因，2002），有7个原则的（孔茨，1993），有11个原则的（魏延军，2002）。不管存在多少个原则，我们始终认为以下的几个原则是必需的：

（1）信任。在授权的成本中我们就明确指出信任对授权的重要性。信任是建立在个人能力基础上的，且这种能力足以使其实现组织和团队对他的期望。

（2）权责对等。如果因为授权而导致个人要负担更多的责任，但是却缺乏为完成任务所必需的自主权、决策权和因授权而得到的个人权益，那么这种授权是不会持久和成功的，迟早会走向失败。

（3）授权与控制的平衡。如果只有控制而没有真正的授权，那只能算是集权；而如果只进行授权不加控制，则又会导致权力的失控和混乱。要实现授权与控制的平衡，就必须明确授权的范围，明确哪些是应该授权的，哪些是不应该授权的。要真正做到有效的授权和合理的控制，则还必须有相应合理的考核制度。

（4）职能的重新定义。一旦授权计划实施，个人的权力和责任将会有很大的变化，那么原来的职位内容将被重新修改，否则容易出现责任的真空和权力的交叉。因此，授权计划的实施预示着职能的重新定义。

二、授权计划的实施

1. 受权者的选聘

受权者的选聘，实际上就是项目团队成员的选聘。对于团队成员的选聘，Stevens 和 Campion（1999）提出了基于 KSAs（Knowledge，skill and abilities）的团队成员甄选测试。KSAs 反映了冲突解决能力、协作解决问题能力、沟通能力、目标设定能力、绩效管理能力以及计划与任务协调能力，他们的研究实践表明了测试是比较合乎实际情况。事实上，KSAs 的选聘方法经常为人所应用。另外，我们也可以同时参照人格理论中的五大要素来选择理想的受权者人选，其中五大要素指：谨慎尽责（Conscientiousness）、心理外向（Extraversion）、敏感（Neuroticism）、赞同（Agreeableness）、经历（Openness to experience）。当然，对于人力资源管理中广泛讨论的员工招聘理论也是非常适用的，比如通过岗位分析来选择合适的人选等，这里我们就不做进一步的详细介绍了。

2. 构建团队的信任

对于构建项目团队的信任问题，我们认为应该从组织与团队、团队与成员以及团队成员之间三个方面考虑。在信任的构建过程中，要时刻记住信任的四个要素，即获得成效、一致性、诚实和表现关注。其中，获得成效就是能实现他人的期望，一致性指言行一致、恪守承诺，诚实指品性真诚和正直、为人坦白；表现关注就是对其他人表现出关注。只要牢记这四个信任要素并真正落实到团队的行动中，那么团队信任的气氛将会很容易就建立起来并不断得到巩固。当然，团队的信任还需要一些替代性和补充性机制，如团队规范、奖惩机制、控制监督机制等，因为“信任从来不是完全充分的”。

3. 建立授权的组织文化

建立授权的组织文化，关键还是要正确、全面地了解和认识授权的本质及其给组织所带来的变化。许多企业高层管理人员没有意识到，授权实际上就是提倡分权，反对集权。因此，在工作中，他们一方面声称他们在执行一项非常有意义的团队授权计划；另一方面却紧紧地握住手中的权力，对团队的运作经常横加干涉。所以，要建立授权的文化氛围，一是要更新管理人员的观念，学会大胆地放权，同时要让他们明白，授权将给他们带来哪些真正的好处以及一些相关的注意事项。一些组织也执行了授权计划，但当他们发现项目团队的运作经常发生一些工作失误，甚至有的偏离了他们的方向，于是他们又介入了团队的管理中，接着而来的就是权力的回收，结果是授权计划的无疾而终。二是要真正做到团队授权，组织应该有一定的容错能力和相应的指导系统，这样可以保证授权计划的顺利进行而不是半路夭折。三是要使管理人员舍得手中的权力，使团队成员有更多的自主权。这要求我们的领导转变以往的定式思维模式，寻找在权力下放后应该做的一些更有意义的事情，如组织今后发展的远景规划、组织策略的制定、组织制度的完善和创新、团队今后发展的战略规划等。四是要在组织范围内灌输授权思想，使员工敢于接受权力的挑战，敢于承担更多的职责，同时要经常地与员工沟通，了解他们的想法，听取他们的意见，赢得他们的信任。五是要给予员工相应的技能和知识培训，保证授权计划的顺利实施。六是要在组织范围内尽可能实现知识和信息的显形化和共享，实现团队成果的利益共享，以提高团队成员的工作积极性和工作效率。七是要保证授权的有效控制，保证将来权力的必要回收和授权的动态化。

4. 授权范围的确定

项目团队授权范围的确定，主要包含项目团队任务计划的制定、团队决策权限的确定、受权者的职权范围和限度、受权者承担的职责和义务以及任务完成的期限和考核。

（1）任务计划的确定。首先要明确项目团队所承担的任务，这是确定团队决策权限的主要依据，也是确定受权者的职权、职责、义务和限度的主要根据。项目团队的任务通常根据组织战略目标制定，它为组织提高核心竞争力服务。在总任务确定的情况下，要制定出更细的子任务以及各项子任务所需的人员、技能、财、物。当各项子任务的所需被汇总之后，我们就很容易得到项目团队任务所需的人员、技能、财、物的大概情况。

（2）团队决策权限的确定。当前面对的任务、计划都准备清楚之后，我们就比较容易确认项目团队所需的决策权限范围，包括人、财、物、项目进度、项目质量、团队日常事务和人员等方面的管理权限，以及对外联系时的各种决策权限。有了明确的权限范围后，项目团队一旦越权就必须向上请示，而在权限范围之内的则可以自主决策。

（3）受权者的职权范围和限度。在团队职权范围内，项目团队领导（也称项目经理）就要考虑哪些职责权限需要由自己来承担，哪些是可以授权给员工的。通常的，团队薪酬设计、团队激励方案设计、主要和关键的决策权、最终决策权、团队人员管理制度和奖惩标准、对成员的辅导与训练、团队的对外协调等由团队领导担任，且不宜对他人进行授权，而那些可以提高成员办事能力的工作，日常的、重复的工作和任务，需要调查、研究和建议的任务及功能等则完全可以授权给成员个体，但要保证所授权力是属于团队范围之内，而且授权是按成员个体的能力进行的，同时团队领导对自己的授权情况必须非常清楚，最好是以文本或文件方式进行存档。

一旦实现对成员个体的授权，就必须明确该成员所应负的职责和义务，以及完成任务所需的职权。职责的明确，有利于项目团队实现对个体成员的考核和奖惩，也可以避免出现职责的真空。成员个体的义务是定期地、及时主动地向团队领导汇报行动计划、工作进度和存在的困难，按时、保质地完成所委派的任务并递交成果给团队领导，由他（或经授权的验收人员）来评判完成成果的质量和考核成员个人的工作和表现。而明确职权是员工顺利完成所委派任务的关键。

5. 信息与知识的共享

信息和知识的共享对于团队和授权是非常关键的，信息和知识的共享程度从侧面反映了团队信任的程度，而且它对项目任务的完成起着关键的作用。那么，信息和知识的共享是什么呢？它应该包含哪些内容呢？在项目团队中又如何真正去实施它呢？

我们认为，信息和知识的共享就是团队成员分享为完成任务所需的组织和团队的信息及知识，目的是使成员能顺利完成任务，从而使团队项目得以顺利地进展和成功。

信息，首先，应该包括组织的信息，如企业面临的各种外部和内部环境情况，企业存在的困难和现状，企业面临的挑战，企业今后的战略部署。当成员了解企业的实际情况时，就能更加融入组织中，与组织一起共患难、共发展，对组织更加的信任和产生更强的归属感。需注意的是，信息必须是真实有效的，否则只会起反作用，只会促发员工对组织的不信任，那么他在团队中的行为就难以保证会从组织利益的角度出发，有时甚至会损害组织的利益。其次，是与项目任务相关的信息，内容详略程度视需要而定，不过要以保证信息的准确、完整、及时、有效等为前提。再次，通过团队学习和培训所获得的完成任务的技能信息。最后，是成员个体所拥有的完成任务的各种信息和经验。

因此，信息的共享就是实现上述四个方面信息的共享。组织信息的共享，可以通过组织的内部网络来公布，网络中任何一个节点都可以实现查阅。与项目任务有关的信息，则可以通过文件资料的方式在团队内部流通，但从信息的保密角度出发，信息不宜详细，而应该是简略版，涉及商业秘密的则省略去，若成员为完成任务而需要更详细的信息，可以向团队领导汇报和索要。完成任务所需的技能，可以通过个人培训和学习来获得。至于第四个方面的信息共享，可以通过会议方式把问题摆出来供团队成员一起讨论，也可以通过非正式的沟通方式共享他人的信息和经验，同时也可以实现成员间知识的共享。

知识的共享，可以通过海报和专题学习的方式来实现，也可以通过非正式的沟通实现，如成员间的私下交流问题和对策。还有一种非常有效的方式，那就是以资料形式存在，当成员需要某方面的知识时可以方便查阅。

三、授权的控制

有效的授权控制，可以通过以下几个方面来实现。

1. 把握授权的精髓，合理地进行授权

团队授权的目的，就是为了提高团队成员自主参与管理的意识，提高团队的创新力和活力，使团队领导从繁杂的日常事务中脱身出来，保证他有充足的时间进行项目的计划和管理、团队的管理和远景规划。而合理的授权是关键，它要求团队领导抓大放小，区分重要与一般，分清大事与小事，以集中主要精力抓重点、抓大事。对于授予成员的任务，不干涉其具体的做法，但要对完成的任务质量进行把关。同时，领导对每一项授权都要心中有数，能备案的最好进行文档备案，以便于今后的查阅和管理。

2. 项目的风险管理

项目风险是指某些不利事件对项目目标产生负面影响的可能性。产生项目风险的主要原因是不确定性，这些不确定性通常与成本、时间、技术目标以及客户满意度等相关。在制定项目计划时，由于计划者对可能造成项目失败的因素没有必要和充分的理解，导致了项目进行的过程中不断遇到一些估计之外的不确定性。这必然会对团队授权产生不同程度的影响。如果风险是内部项目风险，在受权者进行项目子任务时遇到的话，则可以通过团队会议讨论协商，制定应急计划控制并减小风险，若风险是外部项目风险，即项目团队控制能力之外的风险，它的预防和处理难度将很大。因此，在授权时应该考虑到受权者承担的任务其风险度有多大，成员是否具备有效处理这些风险的能力，它将直接影响到授权的成功和失败。

3. 建立有效的项目跟踪和反馈机制

建立有效的项目跟踪和反馈机制，便于团队领导把握项目完成的进度情况，可以及时地比较项目进度是否按原计划顺利进行，从而及时对进度安排做出合理的调整，保证按计划的期限保质保量地完成总体项目任务。

通过有效的项目跟踪和反馈，可以及时了解到项目进展过程中碰到的种种困难和问题。一方面，可以及时帮助成员解决和处理遇到的种种困难和问题，及时纠正授权的偏差；另一方面，有利于积累困难和问题的处理经验。

通过有效的项目跟踪和反馈，可以及时掌握项目的相关信息，这些信息包括客户对项目的满意度、高层领导对项目的满意度、成员的满意度、项目成本管理情况等，它们有助于团队进一步保持与客户、组织之间的良好关系，有助于团队合理地安排进度，从而有助于对项目成本的进一步控制和核算，因为任何进度的失误都将影响项目的人力资源成本以及股东成本。

4. 有效的绩效考核和赏罚分明的激励机制

要实现有效的授权控制，科学的绩效考核和赏罚分明的激励机制是必要的。不同的成员，对团队的贡献程度不同，理所当然要享受不同的薪酬水平。而如何衡量成员对团队的贡献呢？正如有的研究所说，对团队的成功进行测评是容易的，比如从成功的大小。团队的薪酬一般是由三部分决定的：团队绩效、个人对团队的贡献、满足不同人的薪酬结构。不同的个人贡献，薪酬水平是不同的，因为只有体现出差异性的薪酬才是公平的薪酬，而那种统一标准的薪酬水平则说不上是公平的。

成本的节约、项目所花的时间、客户的满意度等指标可以得到体现，对于个人对团队的贡献程度的衡量则是困难的。这就有赖于科学有效的绩效考核制度。科学有效的绩效考核制度，体现在考核指标的科学性和可行性，即它们能准确地估计每个成员在团队中的重要程度和贡献程度。这要求制度的制定者十分清楚项目的整体情况和每个人的授权与完成任务的情况，只有这样才能做到指标的准确性和有效性。

有了科学的绩效考核体系，团队激励就有了准绳。领导就可以依据这些准绳制定相应的激励机制，确实体现出不同员工对团队的贡献。

第三节 推行团队有效变革

一、团队需要变革

当一家企业尝试重点改革其运营时，一份合理的计划加上一项健全有力的执行战略并不一定足以保证其成功。在此类举措（包括从简化流程和提高设备效率到改变整个供应链）获得的成功中，另一个至关重要的因素是特别指派一些员工担当“变革精英”，由他们领导组织完成整个变革过程。

变革精英是带头人，他们直接跨越整个组织和各业务单元，而不必遵守传统的等级制度。为了将全部精力集中于领导和推动变革，这些员工通常不担负日常工作。他们直接或间接地贯彻执行新流程，按照新的程序培训员工，并扮演向别人示范新的更佳工作方式的行为榜样的角色。例如，变革精英可能需要花费自己50%以上的时间去访问正在进行变革的部门，审核变革进度，或向管理人员提出如何改善业绩的建议。

那些忽视恰当的变革精英计划重要性的组织面临付出高昂代价的风险。例如，亚洲一家纸浆和造纸公司创建了一支变革精英团队来推动其精益运营计划。该小组直接向企业最高管理层报告工作，并使用新招聘的人员。但是，高管们对现运营团队各自为政、顽固不化的心态和文化缺乏认识且抗争不力。掌握着组织实权的工厂经理们竭力抵制被他们称之为一帮乳臭未干的外来者的干扰。结果，管理层别无选择，几个月以后不得不放弃了这项变革计划。在一个重经验和资历，轻青春活力和创新精神的组织内，这些变革精英不可能建立起自己作为可信赖力量的形象。

经验表明，一项精心构建的变革精英计划对于任何重组工作都是必不可少的。这样一项计划需要三个要素：深思熟虑的计划设计、精心安排的招聘和人员培养，以及变革精英团队与组织内改革目标部门的密切整合。

二、变革计划的设计

在构建一支变革精英团队时，最重要的两个任务就是定义团队成员的角色职责和建立报告结构。

正如在任何组织内一样，变革精英团队中的每一个人都扮演一个特定的角色。例如，执行人员负责贯彻执行解决方案；专家利用他们广博的知识解决各种不同的难题；指导人员负责培训生产线员工掌握新的流程；监督人员负责确保在组织内各个单元间实现知识共享；审核人员负责核查已经完成和尚需完成的工作。组织对每一个角色的强调程度将取决于变革计划的性质和现有的组织文化。例如，对于一个责任文化较薄弱的组织，为了确保步调一致，就需要安排较多的指导人员和审核人员。

对于报告结构，有两种可能的模式。一种模式是创建一支集中型变革精英团队，它直接向最高管理层报告工作；另一种模式是分散型变革精英团队，变革精英仍然留在他们各自的团组中，因此，他们是通过虚线式分散渠道向变革精英团队的主要负责人报告工作。根据我们的经验，这两种方法各有所长，也各有所短。没有哪一种计划能放之四海而皆准。集中型变革精英团队有利于提出新创意，彻底开发新思想，并在整个组织中推行一套标准的解决方案。而分散型模式往往更有利于技能的培养，更快地传播变革计划的价值，并能为每个业务点或团组更好地定制解决方案。在确定哪一种变革精英结构最为有效时，必须考虑短期的优先目标、长期的推进计划以及现有组织的文化等所有因素。例如，在前面提到的那家亚洲的纸浆和造纸公司中，工厂经理们将集中型变革精英模式视为对他们运营的外来干扰，如果采用分散型变革精英模式则可能更为有效。

三、成功的变革计划的必要条件

1. 招聘和培养最佳团队

变革精英组织结构到位后，下一步就是确定和招募尽可能最佳的团队成员。其中一个至关重要的组成部分是，清楚地说明，团队成员跳出他们目前的职业路径后将会获得的利益和机会。

2. 确定可信赖的候选人

在考虑可能的变革精英时，有一个很有用的试金石，就是预测在宣布一项新职务任命时其他员工的反应。挑选那些业绩卓著、在企业内早已备受尊敬的人员就是发出了一个明白无误的信号：管理层对变革计划是严肃认真的。此外，一组可信赖的团队成员将能更好地推动变革和贯彻执行计划中所推荐的做法。

为了解决复杂的业务问题，变革精英需要具有更成熟的分析能力；如果他们要领导其他员工实施变革，人际沟通技巧也至关重要。一个潜在的变革精英应具有一些重要素质，包括换位思考的能力、良好的沟通能力、面对挑战或不确定性时的坚定果敢，以及建设性地处理矛盾冲突的能力。

变革精英团队还必须尽最大努力招募具有适当复合技能的人员。整个团队的成员应当在具有很强分析能力的年轻“学术型”人才与具有在组织内已得到证明的职场记录、经验丰富的管理人才之间达到一种平衡。这两类员工在一起工作，可以互为补充，扩展团队的技能基础，并在团队中提供知识与能力的双向转换。

3. 为团队成员开发一种具有说服力的方案

潜在的变革精英需要了解，作为参加变革工作的结果，他们将获得哪些显而易见的利益和职场发展机会。最优秀的员工常常会对是否接受一个可能仅仅延续 18 个月（一次改革通常所需的最短时间）的任命而犹豫不决，担心这将损害他们的长期职业生涯。

为了消除这种担忧，业绩良好的组织倾向于为变革精英开发一种正式的职业规划。有些企业将参与变革作为晋升到高管层的必要条件；另一些企业在变革计划中建立了一种职业发展路径。这些机制可以证明是极其有效的招聘工具，可通过提供短期利益（包括培养新的能力和接触新的知识领域的机会）以及对职务晋升的长期回报来激励潜在的候选人。那些在人力资源流程上一贯比较欠缺的企业可能会发现，值得为变革精英们投资一种独特的人力资源体系，这包括特殊的招聘、培养和薪酬安排。

4. 与一线部门整合

对于一项成功的变革精英计划，第三个重要的必要条件是来自一线管理层的积极支持。变革领导者们一次又一次地发现，一个“80%正确”但被一线管理层欣然接受并实施的解决方案胜过一个“100%正确”但不被一线管理层接受的解决方案。对于一项变革计划，这种接纳率是一个至关重要的成功指标。一般来说，变革精英应该花费一半以上的时间在“车间”与一线管理者协同工作，保持开放的、双向的沟通交流，并与一线部门的最新发展齐头并进。

从变革流程一开始，一线管理人员就需要积极介入，而且他们应该与变革精英、高层管理人员和其他员工一起参加解决问题的会议。这种会议鼓励开诚布公地交流思想，允许在变革流程中尽早地把难题提出来，并在一线人员与变革精英之间建立起个人联系。例如，在一家石油和天然气公司，变革精英团队建立了一个由中层生产管理人员组成的“陪练伙伴”小组。该团队共同测试提出的创意，获得对工具和流程标准化的批准，起到了与组织的其他部门相互连接的管道作用。在这种会议上，沟通障碍被清除，团队协作成了工作准则。

第四节　有效处理团队冲突

有人的地方就会有冲突，而团队是由两个或者两个以上，相互作用、相互依赖的个体为了特定目标而按照一定规则结合在一起的组织（罗宾斯，美国管理学家），因此，团队成员之间出现冲突是不可避免的，当冲突出现的时候如何面对和解决，是每一个团队领导都必须掌握的基本技能。

为了更好地化解团队冲突，我们有必要对团队的类型、冲突的种类都有所了解，这样才能更好地针对不同的团队类型，冲突的不同种类，采取合适的化解冲突的方法。

一、团队冲突的种类

对冲突的分类也有很多种方法，常用的有两种，第一种按冲突产生的原因分为工作冲突和人际冲突；另一种是按冲突和团队目标的关系，分为建设性冲突和破坏性冲突。

1. 工作上的冲突和人际关系的冲突

根据冲突产生的原因，可分为工作上的冲突和人际关系的冲突，但这两种冲突在一定条件下可能会相互转换。工作上的冲突是围绕着怎样把工作做好而产生的，并不是负面的，反而是积极有效的，是很正常的现象；但因为工作冲突弄得面红耳赤，就会影响人际关系，这时工作冲突就会演变成人际关系的冲突，会带来一些消极的影响。

2. 建设性冲突和破坏性冲突

根据冲突对团队目标的影响，可分为建设性冲突和破坏性冲突。

建设性冲突也称为功能性冲突，它支持团队目标并增进团队绩效的冲突，且具有以下特点：激发团队成员的才干与能力，带动创新和改变，团队成员可学习有效解决和避免冲突的办法，并在过程中反映组织存在的问题，对建设性冲突的合理处理，将带来团队的整合和齐心协力。

破坏性冲突也称为失能性冲突，指妨害团队绩效的冲突。破坏性冲突具有如下特点：在团队中制造相互之间的对立态度，导致错误信息的失真，并扭曲事实真相，损害团队成员的身心健康，消耗组织的时间与能量，可能使个人和团队都为此付出极大的情绪上和经济上的代价。

二、对待团队冲突的观点

对冲突的解决办法首先取决于我们对待冲突的认识和态度，一般对于冲突的看法主要有三种。

1. 传统的观点

冲突是不好的东西，是消极因素，冲突表明团队内部功能有失调的现象，导致冲突的原因可能是沟通不良、缺乏诚信。传统的观点在20世纪三四十年代比较流行，并认为应该避免冲突。

2. 人际关系的观点

对于所有的组织和团队而言，冲突是与生俱来的，无法避免。人际关系学派建议，应该以一种接纳的态度面对冲突，把冲突的存在合理化，冲突不可能被彻底消除，甚至有时还会对团队工作有益。人际关系的观点产生于20世纪七八十年代。

3. 相互作用的观点

相互作用的观点鼓励冲突，认为和平安宁的组织或团队容易对变革产生冷漠、静止甚至比较迟钝的感觉，所以鼓励团队维持冲突的最低水平，有利于团队保持一种旺盛的生命力，善于自我批评，不断创新以提高团队。这是近期对冲突的最新观点。

这三种不同的观点，断言哪种观点好坏，显然不恰当。冲突的好坏取决于冲突是建设性的，还是破坏性的。

三、托马斯·基尔曼冲突模型

在过去的几十年中，托马斯·基尔曼冲突模型已经成为世界领先的冲突解决方案的评估和选择方法，下图即是托马斯·基尔曼冲突模型示意图，其中，坚持或不坚持，指的是对自己的关心程度，指是否坚持自己的观点或行为不肯放弃，合作或不合作，指的是对他人的关心程度，指对冲突的另一方是否能够采取宽容、合作的态度（图7 1）。

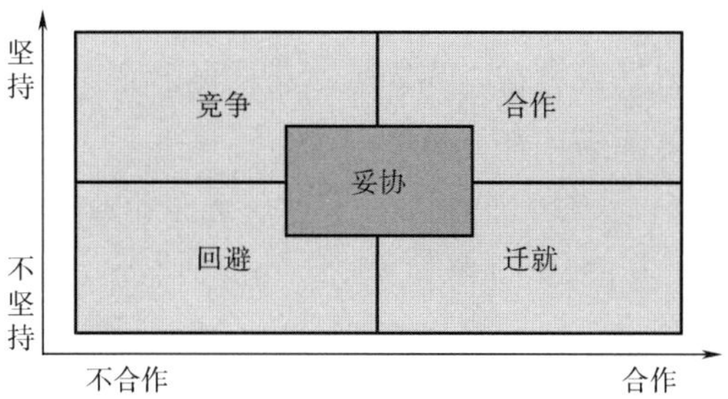

图7-1　托马斯·基尔曼冲突模型

按照这种合作性和坚持性的不同，可以形成五种解决冲突的策略。

（一）竞争

竞争策略又称为强迫策略，指的是牺牲一部分成员的利益，换取自己的利益或是团队整体的利益。是一种对抗的、坚持的和挑衅的行为为了取胜不惜任何代价的做法。当遇到如下情形时，应当采取竞争策略来对待团队冲突：

当快速决策非常重要的时候，比如碰到了紧急情况，必须采取某种方式。例如工厂发生了危险化工原料泄漏事件，这时可能会有几种不同的处理意见，作为团队领导在平衡各种方法的可行性、经济性的基础上，还必须要快速反应，这时为了尽快开展行动，就有必要采取竞争的策略。

执行重要的但不受欢迎，或不为多数人理解的行动计划，如缩减预算，执行纪律，裁减人员等，虽然这些措施对企业的发展是有利的，但有部分人的利益将在此过程中受到损害，抵触和冲突不可避免，在这种情形下是难以取得全体成员的理解和认可的，因此，常常也被迫采取竞争策略，我们常见到各类文件、报道中提到的“力排众议”，指的就是这种情形。

另外一种采取竞争策略的原因是出于政治因素。公司政治是一个不可能回避的话题，在某些情形下，比如在团队建设的初期，团队领导需要树立威信，或领导履新之时，往往要借助一些事件来树立权威，或是在一些特殊阶段，需要借打击竞争对手等。在这类情形下采用竞争策略，则可以建立起雷厉风行，敢做敢当的形象，当然同时也可能会留下刚愎自用，脱离群众的评价。

使用竞争策略，可以压制部分团队成员可能损害整体利益的行为，快速形成决策，解决冲突，树立权威，但使用竞争策略也有着明显的缺点，首先使用竞争策略并未触及冲突的根本原因，可以强迫对方服从，但不一定令对方心服。也就是说所有事情都是强迫对方去做，不能用有效的理由来说服他。

（二）迁就

迁就指抚慰冲突的另一方，愿意把对方的利益放在自己的利益之上，做出自我牺牲，遵从他人观点，从而维持相互友好的关系。在迁就的过程中，常常牺牲或放弃了个人的目标或利益。当需要维护团队和谐关系，或为了团队的长远建设和发展时，应考虑采用迁就策略，如：

当发觉自己的观点有错误的时候，应当放弃自己错误的观点，不必执迷不悟。

当员工犯错误时，也不必穷追猛打，只要不是原则性的严重错误，应当给员工提供改正错误的机会。

当事情对于别人来说更具有重要性时，不妨迁就他人，换取对方的理解和支持，如果坚持竞争难以取得成效，或坚持竞争可能会带来破坏性的结果，损坏要达成的目标时，不妨采用迁就的策略。

在团队建设的特殊时期，如当团队遇到严重困难和挑战的时候，和谐比分裂更重要，氛围比成果更重要的时候，往往需要所有团队成员多一些宽容和迁就。

采用迁就的策略，自然会受到对方的欢迎，但有时在重要问题上迁就别人，可能会被视为软弱。因此虽然迁就可能会缓和冲突，维持团队的和谐气氛，但可能鼓励一些不合规的观点，并可能在未来制造冲突。

（三）回避

回避是指冲突一方意识到冲突的存在，但忽视和放弃的态度，不采取任何措施与对方合作，或维护自身利益，而是一躲了之的办法。回避的方法既不合作，也不坚持，对自己和对方都没有什么要求。在一些特定的条件下，不妨采取回避的策略；当冲突事件无足轻重，或是问题很严重根本无法解决的时候，不妨或只能听之任之；当对方过于冲动，或解决问题所需的条件暂不具备的时候，不妨暂时回避，让对方冷静下来，或争取解决冲突的条件；当其他人比自己能更有效地解决问题的时候，也可回避一下，让更合适的人出面解决。

坚持解决分歧，可能会破坏关系，导致问题往更严重的方向发展的时候，显而易见，采取回避的方法，只是使事态没有发展得更坏，仅维护了暂时的平衡与和谐，问题没有得到解决。

（四）合作

合作指主动跟对方开诚布公地讨论问题，寻找互惠互利的解决方案，尽可能地使双方的利益都达到最大化，而不需要任何人做出让步的解决方式。合作策略认为双方的需要都是合理或重要的，哪一方放弃都不可能，也不应该，双方相互支持并高度尊重，因而得到许多人的欢迎，合作策略适宜的情形有：

当双方的利益都很重要，而且不能够折中，需要力求一致的解决方案的时候，当需要从不同角度解决问题，平衡多方利益的时候，为了获得他人的承诺，或是满足对方利益可能争取自己或团队整体的更大利益的时候。

虽然“双赢”是目前非常流行的解决冲突的方法，受到大家的普遍欢迎，但也有不可避免的缺点：采取合作是一个漫长谈判和达成协议的过程，时间很长。有时在解决思想冲突上也不一定合适。解决思想问题多半是一方说服另一方，竞争的方式更适合一些。

（五）妥协

妥协指冲突双方都愿意放弃部分观点和利益，并且共同分享冲突解决带来的收益或成果的解决方式。采用妥协方式的原因在于完美的解决方案常常不可实现，坚持己见不如退而求其次，其目的在于得到一个快速的、双方都可以接受的方案。妥协的方式没有明显的输家和赢家，旨在达到双方最基本的目标，通常当目标的重要性处于中等程度，或属于非原则性问题的时候采取妥协的方法。当双方势均力敌，难以对一方形成压倒性优势，或难以找到互惠互利的解决方案的时候；面临时间压力或问题非常棘手、复杂，没有更多的时间实施合作策略的时候，可以采取妥协的方法。

妥协虽然不是最好的解决方法，但常常可以在双方利益、时间、成本、关系等各个方面取得较好的平衡，因此也是化解团队冲突的常用手法。

在选择合适方法化解团队冲突时，除了根据上述提到的团队和冲突的类型，选择合适的策略之外，还需要本着如下一些基本原则：

（1）认识破坏性冲突的代价以及建设性冲突的优点，尽量保持开放及公正的心态与对方共同管理冲突。

（2）给予对方必要的尊重，在没有确切证据时，不要对对方抱有成见。

（3）展现自己的诚意，并客观地面对自己的负面情绪。

（4）在可能的前提下，尽可能采取双赢的解决方案。

最后需要说明的是，化解团队冲突的办法，有一个隐含的假设，即以实现团队目标为前提，而不以解决冲突根源为最终目的，因此，化解团队冲突的措施，往往有其临时性，很多时候是“治标不治本”的行为。作为团队领导，如果同时也是企业的高级经理人，在解决团队冲突之后，还应当检视导致冲突出现的原因背后可能揭示的企业深层次的管理问题，并采用系统的解决办法，才能清除隐患，促进企业健康发展、永续经营。

第五节　领导创新团队

一、团队创新

团队创新是指为了使个人、团队、组织、甚至整个社会受益而有意识地在团队内引入和应用一些对该团队来说是新的想法、过程、产品或程序。

二、团队创新内容

（一）团队创造力

团队创造力蕴涵于混乱之中，造成混乱的根源在于团队中丰富的信息，完备的知识结构与存量以及匹配的思维模式。而造成混乱的直接原因在于不同观点之间的冲突。团队创造力模型如图所示。对于团队创新而言，知识结构与存量的提高以及思维模式的改善可以通过团队中的信息、知识、思维的共享与互补得以迅速解决。这句话有两层含义：一是团队层面，即通过恰当的人员组合可以使团队的知识结构与存量得以迅速提高以及思维模式的迅速改善；二是个人层面，即在团队创新中，通过信息，知识和思维模式的共享与互补，团队成员也可以更快的学习与积累知识与思维模式。这也是个人学习与组织学习的根本区别之所在。另外，在团队创新中通过对各种不同观点进行反思与激发，团队能够产生更多、更好的创新，即会产生的效应。这同样也是个人创新所不能比拟的地方。

（二）团队创新的创建任务

从本质上讲，团队创新就是混乱之中的创新，但并不是说任意一种混乱都能够有利于团队创新，而且即使有利于团队创新的混乱也并不会自动产生创新。因此，团队创新的构造有两项关键的任务：①创建团队创新所需要的混乱基础即获取充分的信息、完备的知识及匹配的思维模式。但是这些信息，知识、思维是分布在整个团队之内的，也就是说，团队创新所需要的混乱对于个人来讲是由不同的信息，不同的知识结构与存量以及不同的思维模式所造成的。该种混乱的外在表现为不同观点中的冲突。②创建团队创新所需要的混乱之环境即为构造大环境和构造具体环境两部分。构造具体环境即：不同观点的表达、交流、反思、激发；构造大环境即：创造机会、氛围以及提供动力。

三、团队创新基础创建

（一）获取丰富的信息

（1）获取信息的流程。首先，应根据具体的创新活动来确定所需要获取的信息内容，在如今获取信息相当容易，但管理者们面临的真正挑战是从大量不相关的信息中获取自己想要的信息。其次，是根据所确定的信息内容来确定向谁或从哪里来获取这些相关信息。最后，还应根据信息的类型来选择合适的获取信息的方式。

（2）获取信息的手段。主要有搜索、调研、观察、实验这四种，每一种都有着不同的应用范围。①对于以文本形式存在于各种媒体中的信息。主要采用搜索的方式。搜索方式有两种：一种为自发行为，显得有些被动。比如：阅读杂志，浏览网站，参加会议等。另一种则相对主动一些。比如：事先要求符合某种格式的报告或数据库等。②对于以经验形式存在于人的头脑中且较明显的信息。则主要采用直接对信息源进行询问或调研的方式。③对于以经验形式存在于人的头脑中但较隐蔽的信息。则主要采用直接对信息源进行观察的方式，因为，此时该种信息可能连其自己也不是很清楚。④对于还无人知晓或知之甚少的信息。则主要采用实验的方式在实践中不断积累相关信息。实验也有两种：一种是探索型实验，其目的是弄清楚事情的缘由，了解周边的环境；另一种是假设检验型实验，其目的是找到证据验证各种假说，而不是新发现。

（二）获取完备的知识

（1）获取完备知识的步骤。①通过组合恰当的成员，构成一定的知识结构与存量。②用已具备的知识结构与存量进一步从组织内外或实践中获取相关知识。具备一定的知识结构与存量是必需的，它与所需要获取知识的相似程度决定了团队的知识吸收能力，相似程度越高吸收能力越强。但是团队的这一知识吸收能力往往由于种种限制而远不能满足创新的要求，因此从组织内外或实践中继续获取相关知识也成为必然的选择。

（2）获取知识的方式。①对于还无人知晓的或知之甚少的知识。应采用实验的方式，在实践中逐渐积累相关知识。这种方式与信息的获取方式相一致。②对于已经存在的知识。应采用知识转移的方式。影响知识转移方式的具体因素有：知识的系统性：知识的系统性越强则知识显得越复杂，此时需要以小组讨论的形式来转移，而个人往往不能胜任此项任务。知识的常规性：某种类型的知识被使用的频率越高则知识越是常规，此时只需一般的相关人员来转移，否则则需要相关专家来转移。知识的隐蔽性：知识有显性与隐性之分。显性知识易于传播可以通过搜索或询问的方式来传播，而隐性知识则不易传播需要与知识源直接接触以观察的方式来获取。

（三）获取匹配的思维模式

匹配思维模式的获取同样可以通过恰当的人员组合得以迅速解决。但更重要的任务是首先要认识到各种思维模式的区别所在，然后才能加以选择匹配的模式。与创新紧密相关的思维模式主要有以下三种：

（1）认知思维模式。该思维模式的作用主要体现在获取信息方面。人们在获取信息时总是具有选择性，他们并不关心全部信息，而是依靠已有的假设去收集信息。

（2）左脑思维与右脑思维。这种划分是一种形象的比喻，而不是严格从生理学角度进行划分的。与右脑相关的功能并不是都位于右脑皮层，同样与左脑相关的功能也不都位于左脑皮层。然而这种简单的描述的确抓住了不同思考方式的显著差别。右脑思维也即是用分析的，逻辑的和顺序的方式来界定和解决问题的。左脑思维则是基于直觉的，价值观的，非线性的思考方法。这二者显然不同，它们的作用主要体现在设计方案方面。

（3）学习性思维模式。学习性思维模式有两种：一是单环式思维，在该思维模式下所解决问题的方法都没有涉及组织中原有的规则与模式，它只是在既定的规则模式下寻找可行解。它主要依靠反馈进行工作。二是双环式思维模式，该种思维模式开始对现有的规则和模式进行质询。它主要依靠反思进行工作。该类型思维模式作用同样也主要体现在设计方案方面。

（四）各种创新类型的混乱基础

不同类型的创新需要不同的信息，不同的知识结构与存量以及不同的思维模式。

（1）适应型创新。该种类型的团队创新基础需要单环式思维模式，不改变原有的组织规则与模式。其主要利用现已存在的知识与信息，但其来源可能在组织内部也可能在组织外部。组织结构与文化以及战略没有发生变化。

（2）重组型创新。该种类型的团队创新基础需要双环式思维模式，将改变原有的组织规则与模式。但其仍然主要利用现已存在的知识与信息，其来源同样可能来自于组织内部或外部。此时，组织结构与文化以及战略将发生显著改变。

（3）根本型创新。该种类型的团队创新基础需要双环式思维模式，将改变现有的组织规则与模式。其主要利用的知识与信息目前还无人知晓或知之甚少，其来源只能在于实验。此时的组织结构或文化以及战略将发生显著变化甚至与原组织脱离关系。

从上述分析中我们可以看出不同类型的创新有着不同的团队创新基础。这需要我们还应从宏观上去安排好各种类型的创新，以便为微观上的团队创新指明方向。

四、团队创新路径

（一）团队反思

团队反思定义为“团队成员对团队目标、决策与过程进行公开反省，以使它们适应当前或与其的环境变化”。团队反思是团队学习的必要条件，通过团队成员间反省与行动的互动，团队就能够实现知识创新，并正确评价和提高自己的知识和能力。团队反思是认知过程与执行过程的统一，一个完整的团队反思过程包括反省、计划与行动、调整三个核心要素，反省属于反思的心理过程，计划与行动属于反思的行为过程，反思就是由这三个要素构成的交互过程。团队反思是团队关注环境并根据其变化做出反应的关键过程，是影响团队创新的一个重要因素，对于团队成员改善交际关系，强化任务导向具有积极作用。在高水平团队反思的环境下，团队内部各个方面的意见会得到充分的考虑与合理的处置，从而使团队成员更具创新性。团队反思对团队创新具有直接影响，如果团队成员定期讨论团队目标和行为，就能更好促进团队目标的实现，并指出团队反思比团队创新氛围等要素更能促进团队创新。团队反思水平高的团队，可以促进激发多数成员的创造性，从而改善团队创新。

（二）团队冲突

冲突是一种广泛存在的现象，它不仅存在于非正式组织日常生活中，而且存在于正式组织的经济活动中。团队冲突管理作为影响团队创新的主要因素，对于强化团队合作，提供团队的创新水平起着重要作用。团队冲突主要包括任务冲突、关系冲突与过程冲突。任务冲突比过程冲突更有利于团队创新。在任务冲突时发生的建设性争论是指团队为共同目标而进行的讨论，比如说，团队中少数成员公开的反对多数成员认可的信念、态度、观点等。这可以促使不同观点的提出与表达，有利于团队成员不断探索思考，寻求信息从而促进团队创新。适当的任务冲突有利于团队创新；而关系冲突与过程冲突会影响团队成员关系，从而对团队创新产生负面影响。团队冲突使团队在执行任务与实现目标时更有成效，但冲突水平过高或过低，都不利于团队创新，只有适度的团队冲突才会促使团队创新。

（三）团队领导

管理的职能主要包括计划、组织、领导、控制和创新。罗宾斯将领导定义为影响群体成功的实现过程，并指出，领导在团队管理中领导主要关注的两个方面：一是对团队事物的管理；二是对团队进程的推动。团队领导是团队过程中影响团队创新的重要因素，因为领导可以直接决定新思维、新决策以及鼓励创新。关系型领导可以使成员对团队产生信任感与公平感，从而有利于团队创新氛围的形成，进而促进团队创新。变革型领导能够营造平等、自由的团队氛围，从而对团队创新产生正面影响。当团队通过合作完成新任务时，协调式领导比命令式领导有更好的效果。团队领导者会对团队氛围、目标设定、创新激励等都具有重要影响。

（四）创新氛围

良好的创新氛围可以创造舒适的环境，从而有利于提高组织的竞争力。团队氛围是团队成员对组织环境的认知，团队氛围是组织整体的氛围，而不是个体氛围的简单组合。团队创新氛围作为隐形因素对团队创新具有重要影响，并在团队领导与团队创新之间起中介作用。团队成员可以通过良好的沟通，营造互信和公平的团队氛围，这对改善团队创新具有重要影响。

也可以通过尝试把很多不相干的东西联系起来，然后出现一个新的创意；头脑风暴法，开放式讨论激发灵感；或者通过营造有创意的环境来促进团队创新。

第六节 培育自我管理的团队

自我管理型团队通常由 10～16 人组成，他们承担着以前自己的上司所承担的一些责任。一般来说，他们的责任范围包括控制工作节奏、决定工作任务的分配、安排工间休息。彻底的自我管理型团队甚至可以挑选自己的成员，并让成员相互进行绩效评估。世界上许多知名的大公司都是推行自我管理团队的典范。但对自我管理型工作团队效果的总体研究表明，实行这种团队形式并不一定带来积极效果。在我国江浙一带的乡镇企业中，已形成了一些所谓的“小企业群集”，通过任务分解，迅速实现生产。

一、自我管理型团队的产生与发展

自我管理型团队模式最早起源于 20 世纪 50 年代的英国和瑞典，比如沃尔沃现在的管理模式非常先进，其位于武德瓦拉的生产基地，完全由自我管理型团队进行整辆轿车的装配。在美国，金佰利、宝洁等少数几家具前瞻意识的公司在 20 世纪 60 年代初开始采用自我管理型团队模式，并取得了良好的效果。随后，日本引入并发展成为强调质量、安全和生产力的质量圈运动，到 80 年代后期美国借鉴并创造性地把团队模式发展到了一个新阶段。在这 20 年里，企业所采用的团队类型在不断变化着，以求得最佳效果，很多公司已逐渐从关注工作团队，转变为强调员工参与决策和控制决策的实施，其中以团队成员自我管理、自我负责、自我领导、自我学习为特点的自我管理型团队越来越显示出其优越性，也逐渐被主流接受。根据 Law Jeretal 的研究发现，1993 年 68% 的《财富》1000 强公司使用了自我管理型团队。施乐公司、通用汽车、百事可乐、惠普公司等都是推行自我管理型团队的几个代表，据估计，大约 30%的美国企业采用了这种团队形式。

二、自我管理型团队的含义

自我管理型团队，是新型横向型组织的基本单位。自我管理型团队是早期团队方式的发展产物。例如，许多公司都使用跨职能团队以获得跨部门的协作，用任务组来完成临时项目。还有的公司使用“解决问题团队”，这种团队由自愿临时参加的雇员组成，他们开会探讨一些有关改善质量、效率和工作环境的方式（图 7-2）。

自我管理型团队，也称自我指导团队，一般由 5～30 名员工组成，这些员工拥有不同的技能，轮换工作，生产整个产品或提供整个服务，接管管理的任

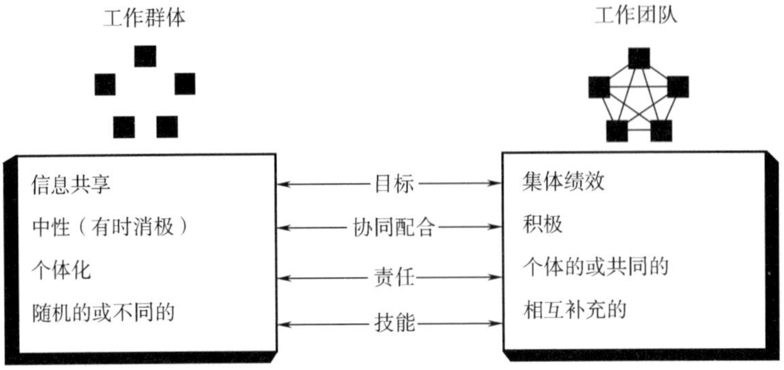

图 7-2　工作群体与工作团队的对比

务，比如工作和假期安排、订购原材料、雇佣新成员等。到目前为止，数以百计的美国和加拿大公司都曾经设立过自我管理型团。自我管理型团队，顾名思义它是工作团队的一种，保留了工作团队的基本性质，但运行模式方面增加了自我管理、自我负责、自我领导的特征。目前对其的定义主要有两种：

第一种，Hackman 将团队中自我管理行为确定由以下五个方面构成：

（1）每个团队成员对自己的工作成果负责。

（2）每个团队成员监控自己的业绩和持续寻求反馈。

（3）每个团队成员管理他们自己的业绩并对其进行纠正。

（4）每个团队成员积极寻求公司的指导、帮助和资源。

（5）每个团队成员积极地帮助他人改善业绩。

第二种，根据 Wellinetal 所说，一个自我管理型工作团队由一组具有以下职责的员工构成：

（1）自我管理（计划、组织、控制、人员、监控）。

（2）给成员分配工作（决定成员在什么时候什么地点做什么工作）。

（3）计划和安排工作日程（开始和完成，工作速度，目标设定）。

（4）制定生产相关的决策（存货，质量控制，工作控制）。

（5）问题的解决（质量问题，客户服务，纪律）。

这两个定义是从不同角度诠释了自我管理型团队的基本内涵，自我管理型团队是由 10~15 名具有必要的专业技能、人际关系技能、发现解决问题的能力和决策能力的成员组成的，团队内部实行自我管理、自我负责、自我领导、自我学习的运行机制，共同实现团队目标。

三、自我管理型团队发展阶段

从团队的成熟度角度来看，自我管理型团队的建设一般需要经历启动、震荡、以领导为核心的团队、紧密的团队、自我管理型团队五个阶段。

自我管理型团队的建设也伴随着决策权限的转移，随着团队的不断发展完善，团队的权限不断加强，管理者的权限逐渐降低。团队自我管理、自我负责、自我领导、自我学习的特点逐渐显现。

四、建设高效的自我管理型团队九要点

1. 学习与培训自我管理

通过讨论自上而下统一思想，决定企业是否具备实施自我管理型团队的关键因素。这一原则是实行自我管理型团队的公司最为重要的前提，对于没有自我管理型团队经验的公司而言，这可能要花上很多的时间。没有统一思想就进行自我管理型团队的组织模式有可能会影响到自我管理型团队的效果，并很可能会导致自我管理型团队的失败。在讨论的过程中，还要确定影响团队成功关键因素，对于实行新的自我管理型团队文化的企业，这也是必要的条件，如果缺乏这些条件作保障可能会影响到自我管理文化的成功。

首先，从顾客角度去看，这种团队管理是否真的对企业是必要的，是否可以更好地满足顾客的要求；其次，从财务资源上看，企业能否提供这种新的文化变革的成本；再次，内部员工的观点是否已经比较统一，它也是保证自我管理型团队成功的关键要素；最后，是否已经有了明确的实施策略来提高团队工作的效率，对于将要发生组织模式的转变，企业应该有着足够多的对策。此时也可以聘请顾问公司帮助公司确定这些问题。

2. 清晰的、吸引人的共同愿景

共同的愿景是指大家共同分享、共同拥有的愿望景象。美好的愿景永远是对员工最好的激励。愿景越清晰、越吸引人，越有激励作用，越能唤起团队的积极性。而且清晰且明确的愿景可以产生强大的驱动力，驱动员工产生追求愿景、实现愿景的勇气和信心。高效团队一般都有一个清晰且吸引人的愿景，用来说明团队为什么要存在，以及它怎样做才能取得成功。

举个例子来说，埃克森—美孚石油公司的一个团队像下面这样描述其任务：组建团队的目的是让客户满意，使他们能留在公司，以及尽可能充分有效地利用公司资源。这个描述较好，主要有以下几个原因：第一，清晰且简单。它虽然仅仅包含一些目标，但这些目标能够给团队定位，并且允许团队成员互相交流。第二，明确的目标。它描述了团队的目标，然而没有说明团队怎样实现目标。相关研究显示，这是增加团队积极性的最佳方式，一个领导者应该清楚团队的发展方向，而让团队自身去选择道路。

3. 一个实际的团队任务

一个自我管理团队要求任务是由整个团队来设计、完成的。也就是说，这种工作的基本性质是要求成员一起工作来完成主要的任务。在一个成员们有着团队工作经验的组织中，整个团队一同工作是特别重要的。

在埃克森—美孚石油公司的客户服务团队中，基本的工作包括分析所有顾客、管理费用、设计基本的工作准则和解决问题。有着真正团队工作的公司是一起进行这些事务的。也就是说，他们没有个人的领域，具体地说，成员们回应任何团队顾客的电话（经常问寻哪个成员能够解决一个特定的电话）。他们集体设计他们的工作准则，而且互相监督他们遵守这些工作准则；他们每周或者每两周碰一次面；他们都进行了交叉的培训，所以能够在任何的时间互相帮助对方；他们有着一个组织的预算，包括组织层面的花费信息，也就是说，他们作为一个组织来管理这部分的预算。

4. 对于团队杰出表现的奖励

团队报酬（不是个人报酬或者混合报酬）与高效的自我管理团队间有重大的关系。它能培养团队成员间的团队精神，使他们相互密切地合作；从而创造更多的利润或提供更好的服务。混合报酬的使用，大概一半给个人，一半给团队，就出现了在薪酬设计体系中最经常出现的错误。混合报酬会传递给团队混杂的信号，削弱了他成为一个高效率的操作单元的能力。

5. 基本的物质资源

高效团队所需要的物质资源有工具、适合的会议空间、必需的计算机服务以及使团队能守时有效工作的其他资源。有这些资源的团队所产生的绩效远远超过没有这些资源的团队。有调查显示，领导者有时不愿意为团队提供资源，原因是“团队成员还不能学着管理自己”。然而这些资源的缺乏使得团队意志消沉，使团队不能自我管理。

6. 管理工作的权力

管理工作的权力意味着团队对基本工作战略有决定权。有实验结果显示拥有决定权的团队，且没有领导者的干预，能够比受领导者干预的团队取得更好的绩效。

7. 团队目标

这个成功关键因素主要指的是团队的目标是否与组织的目标相一致。与团队对其整个目标的描述不同，组织目标是团队在特定时间以特定方式实现所需完成任务的精确描述（通常是量化的）。这些描述像今年保持 100%的顾客满意度，或者是今年把顾客满意度提高 25 个百分点，费用支出减少 5 个百分点等。

8. 促进战略性思考的团队规范

规范是引导团队行为的非正式制度。有研究显示，促进战略性思考的规范与团队有效性相关。自我管理团队与管理者领导的团队不同，团队成员需要集中注意力于外在的东西，他们必须注意他们的环境，必须有能力去发现问题，而且习惯于新的工作方式。

9. 使成员的才能与角色相匹配

团队成员必须具备履行工作职责的胜任能力，并且善于与其他团队合作。只有这样，每一位成员才会清楚自己的角色，清楚自己在每个职能流程中的工作位置，才能真正成为一个团队成员。而且在高效的团队，每个成员都被指派扮演一定的角色，而这个角色能将成员的天赋发挥至极，当每个成员都能整合自己的技能且充分发挥出来时，团队力量增强，合作就是力量，个人的和团队的目标就能达到了。

五、培育自我管理型团队

部门领导不但要培养自己的职代，还要培养出一支自我管理能力很强的团队。只有培养出能力强的团队，才能在强中取强，培养出更好的职代。否则，只能“瘸子里面挑将军”了。

现在，“执行力”这个词很火，到处都在讲执行力。

执行力有三重境界，即知道做什么、知道怎么做、用创新的方法做。

执行力，只是外在的表现形式，内在的是主动思考，自我管理。要培养执行力强的团队，前提是培养团队成员自我管理的习惯。在工作中，不但要让团队成员知其然，更要让其知道所以然。《大学》开篇对此即有精辟论述：“古之欲明明德于天下者，先治其国；欲治其国者，先齐其家；欲齐其家者，先修其身；欲修其身者，先正其心；欲正其心者，先诚其意；欲诚其意者，先致其知，致知在格物。”“格物”就是一定要了解事物运行的规律。

1. 做好目标管理

一个团队领导的思想高度，往往决定了这个团队的高度。作为团队领导，首先要正己，提升自己的思想高度。团队负责人结合公司战略，做好本部门的长、短期目标规划，并分解到每天执行，帮助团队成员做好个人的目标规划，并时时跟进目标的执行情况。团队成员应学会主动思考自己的工作目标，并围绕目标去学习，完善自己，创造方法，保证目标执行的完美。

2. 做好时间管理

每天上班前，对自己今天的任务进行详细梳理，记录下来，这样就有了明确的工作目标；对任务设定优先级别，按轻重缓急处理，这样就避免了把时间浪费在无意义的事上，让时间和精力得到最大的利用，提升工作效率。

3. 做好情绪管理

在工作和生活中，难免都会有挫折，产生紧张、焦躁、心烦、忧虑等情绪。如果是工作中的，可以和本部门的同事，理性的分析一下产生不良情绪的原因，和部门负责人沟通一下工作。如果是生活中的，就找朋友倾诉一下吧。或者，多看看书，拓展自己对事物发展的看法，把自己放在历史中、大世界中来综合考虑、分析自己的处境，明白自己不过是沧海一粟，也可以消除不良情绪。

4. 做好学习管理

做的工作越多，越会发现自己的知识贫乏，何况，环境还在不断地变化。唯一的出路，就是多学习。这个学习，不仅来自于多看书，也来自于向富有经验的同事多多请教。对于领导的批评，甚至是同事的恶意中伤，都可以转化为不断完善自我的动力。

拓展阅读

拓展阅读1：华为团队创新——大客户服务团队

创新类型：大客户服务团队

创新点："一线前方客户团队+总部后方支持团队"

解决问题：大大加快对客户需求的响应速度

创新概述：

以产品或技术为企业战略中心的做法，在供给不足的时代是正确的，但到了供给过剩的时代，就一定要以客户需求为中心，从关注"内部自身"到关注"外部客户"转变，组织业务划分也由内部价值导向转变为客户价值导向，以大客户为服务对象的"一线前方客户团队+总部后方支持团队"的"双团队"组织的服务应运而生。

创新价值：

企业组织结构最终目标是为了满足市场竞争的需要，面对大运营商等大客户时，需要整合公司整体资源来满足大运营商的整体需求，而"双团队"组织很好地满足了这种需求。

典型案例：华为

华为将战略性发力"云管端"战略，是华为继1992年从代理转向研发和1998年开始国际化之后的第三次重大变革。

在最核心的运营商业务中，华为放弃以事业部制来组织产品和服务，改以大运营商为核心，拆分营运中心，并建立与大客户一一对应的团队。华为将与大客户合作建立“客户创新中心”，配置来自不同产品线、不同技术部门的人员，直接进驻客户现场，与客户一起工作。总部后方则建立支持团队，随时响应驻外团队。华为与多家国内外大运营商均已建立“客户创新中心”。华为面对运营商的业务将呈现出“一线前方客户团队+总部后方支持团队”的新形态，现有的基础技术研究和前沿开发等部门则予以保留。这种模式使华为对客户需求的响应速度大大加快，原来要七八个月响应的项目，现在可以在一到两个月内完成。

拓展阅读2：“冲突”会毁了整个团队？

俗话说“屋漏偏逢连阴雨”，身为某民营制药企业项目研发部经理的王平被接二连三的坏消息搅得焦头烂额：先是某项历时一年多的新药研制项目遭遇技术难关，只得中途搁浅；紧接着他又获知国内另一家知名药厂通过引进国外先进技术，已经研制成功同类品种的新药，并通过了医药审批，即将生产上市。

两年前，王平被这家企业的老板以高薪从内地某省一家国有大型制药企业技术科长的位置上挖来，为了充分体现对他的信任，老板将项目研发部的管理权、人事权甚至财务权都一股脑交给了王平，并委派了一名海归硕士李翔协助其项目的研发。

在立项之前，王平和李翔曾经各自提出过一套方案，并且都坚持不肯让步：李翔主张在引进国外现有先进技术的基础上改进配方和生产工艺，这样不仅见效快且技术风险较小，但缺点是要支付一大笔技术转让费用；而王平则主张自力更生，自主研发具有独立知识产权的全套生产技术，这样做的缺点是技术开发风险较大。按公司规定，如果双方都坚持己见，那么就要将这两个方案拿到项目研发部全体会议上进行讨论，最后做出集体决策。以王平多年的国企管理经验，如果正副职在业务上产生分歧，当着下属的面各执一词激烈讨论，必然会不利于整个部门的团结，对领导的权威也是一大挑战。实际上，他也缺乏足够的信心说服李翔和整个部门的同事，于是他找到企业老板，使出浑身解数甚至不惜以辞职相逼，最终迫使老板在方案提交之前将李翔调离了该部门，从而避免了一场“激烈冲突”。

这是一个很奇怪的现象，团队的管理者往往会对于冲突讳莫如深，他们会采取种种措施来避免团队中的冲突，而无论这种冲突是良性还是恶性的。

管理者们的担忧不外乎三个方面：一些管理者把冲突视为对领导权威的挑战，因为担心失去对团队的控制，对于拍板和讨论他们往往会果断地选择前者；另外，过于激烈的冲突往往会引发团队内部的分裂，带来不和谐音符；还有，在冲突中，受打击的一方不仅会伤及自尊，同时也会对成员的自信心造成很大的影响，不利于团队整体工作效率的保持和提升。

要成为一个高效、统一的团队，领导就必须学会在缺乏足够的信息和统一意见的情况下及时做出决定，果断的决策机制往往是以牺牲民主和不同意见为代价而获得的。对于团队领导而言，最难做到的莫过于避免被团队内部虚伪的和谐气氛所误导，并采取种种措施，努力引导和鼓励适当的、有建设性的良性冲突。将被掩盖的问题和不同意见摆到桌面上，通过讨论和合理决策将其加以解决，否则的话，隐患迟早有一天会爆发的！

拓展阅读3：谈管理者授权

一、某公司某车间岗位设置如下

车间主任一名；工人若干名。车间主任，大学本科学历，29岁，正规院校相关专业的毕业生。工作态度端正，尽职尽责，管理有思路，外围员工也认为这个车间的工作尚可。但是，本车间人员却始终不能认可这位主任，甚至与他格格不入，对他一肚子意见，车间整体工作受到阻碍。通过调查了解，虽然这位主任吃苦耐劳，工作尽心尽力，但是员工最不满意的地方，即他的管理方法上存在的一些问题——授权问题。这位主任在日常工作中大事小事，事必躬亲，有什么工作不知道安排布置，而是自己干，唯恐出现差错，过分强调了基层管理人员“身体力行”的作用，弄得工人倒手足无措。不知道授权，导致形成了“领导干，工人看”的局面，造成了员工一致的抵抗情绪。从以上案例中，可以看出一个简单的问题，作为管理人员，要给自己一个合理的定位，根据自己的管理需要，恰当的授权可以促进工作进步，如果不懂得授权，反而会影响工作。管理是一门学问，而授权是管理中的艺术，是通过别人来实现自己目标的艺术。作为一名管理者，尤其是高层管理者，若想真正通过下属实现你的预期目标，唯一要做的就是学会授权。据有关材料显示，在中国，至少有80%以上的管理者不懂得授权。由于传统观念的影响，他们看来，下属的能力永远不如自己，授权给他们唯恐把事情办砸，所以大事小事，事必躬亲，整天忙得不亦乐乎，成效却不甚显著，甚至会遭到下属的反对或抵触。

二、美的的领导授权

在中国家电业内，何享健被看作是最潇洒的企业家。他甚至从不用手机，也没有手机。“很多事，他们不用请示我。我要找人，几分钟就能找到。每天我一下班就回家，一步都不再离开，晚上从来不干活。”何享健笑说。在业界，他对高尔夫的钟爱很是出名，除了周六、日要打球，周一至周五也总有一两天在绿茵场上度过。而同在顺德，同为家族企业的格兰仕，两位创始人老板据说现在每天工作还超过10个小时。

一位非常熟悉何享健的内部运作的同业人士指出，何享健的本事是指导领导者“能把职业经理人放得很远，又能收得很紧”。经理人在享受充分授权的同时，也接受着严峻的业绩考验。长久以来，何享健十分认可一些跨国企业的做法，经营单位两个季度未完成指标尚可原谅，第三个季度还没完成，经理人就要“下课”。在美的，每个人证明自己的时间很短，基层的业务员一般只有3~6个月，事业部总经理也是一年一聘。美的人习惯于接受这样一种文化，业绩指标达不到，即刻换人，如果达到了，上至经理人下到一个普通的销售员所获得的奖金激励也是行业内最为可观的，甚至有知情人士用“多得吓人”来形容。

让别人替自己操心正是何享健最让同行艳羡的地方。美的经理人对企业未来3~5年的危机感显而易见，他们中一些人的忧虑感甚至更强于企业真正的老板。“办企业靠的是人才，在行业里我认为我的经理人是最优秀的。在企业里，我什么都不想干，不想管。我也告诉我的部下，不要整天想自己怎么把所有的事情做好，而是要想如何把事情让别人去干，找谁干，怎样为别人创造一个环境，你要做的是掌控住这个体系。”何享健笑言。

练习

练习1：你可以做团队管理者吗？

在团队中，发生冲突几乎是必然的。发生冲突的原因很多：证券经纪人个性差异，信息沟通不畅，利益分配不均，个人价值观与团队价值观不协调等。过多的冲突会破坏组织功能，过少的冲突则使组织僵化，因此有必要对冲突进行科学有效的管理。通过下面的测试来看看你是否善于冲突管理吧！

1. 你认为对团队内的冲突：A. 都有必要进行管理 B. 无法全部管理，只要看到就会处理 C. 大多数可以忽视，只管理重要的冲突。

2. 你对冲突的态度是：A. 冲突是负面的，因此要严加控制 B. 该处理就处理，多一事不如少一事 C. 合理保持冲突水平，鼓励建设性冲突。

3. 在冲突预防中，你对团队领导人的个人处事风格：A. 没有注意 B. 有所注意 C. 十分重视。

4. 在处理与别人的冲突时，你会：A. 直接而紧急地处理 B. 先弄清对方的想法 C. 先反省自己，再弄清对方的思路，发现解决的办法。

5. 对于内部价值观的统一问题，你会：A. 觉得束手无策 B. 尽量统一价值观来减少冲突 C. 用文化来统一价值观，也鼓励不同意见的创新。

6. 对一些无法解决或者问题严重的冲突，你会：A. 暂且搁置，等待时间的缓冲 B. 采取相应的隔离措施 C. 如果冲突无法解决，只能严肃处理冲突主体。

7. 当同一团队的两个成员发生激烈冲突时，你的处理方式为：A. 回避 B. 找这两个人谈话 C. 将这两个人调开，其中的一人安排到另外部门。

8. 面对一触即发的紧张局面，你的协调方式为：A. 马上着手解决矛盾 B. 分别进行单个沟通 C. 着眼于冲突的感情层面，先不急于解决问题。

9. 当发生冲突时，如果自己有错，你会：A. 保全自己的颜面 B. 淡化自己的错误 C. 有原则地迁就对方，化解冲突。

10. 在制定激励政策、福利政策与绩效考评时，你是否关注公平、平等：A. 没有刻意关注 B. 有所关注 C. 十分关注，因为团队成员的不公平待遇往往是冲突的根源。

测评结果：

选 A 得 1 分，选 B 得 2 分，选 C 得 3 分，最后将分数加总。

24~30 分，你善于冲突管理，善于做思想工作，针对不同的冲突状况去灵活处理，同时也注意保持冲突的良性水平，这一点正是现代冲突管理方式有别于传统冲突管理的地方。

18~23 分，你有一定的冲突管理能力。作为管理者，你既要洞察冲突发生的可能性，又要正确对待已经发生的冲突，尽量缓和与避免破坏性冲突的发生，积极引导和发展建设性冲突，合理地解决问题，使冲突结果向好的方向转化。

10~17 分，看来，你还需增加冲突管理意识，加强在实际工作中处理冲突的能力。研究券商冲突产生的原因及其控制方法，是券商管理中一个十分重要的课题，作为领导者，应对这个课题给予充分重视。

练习 2：我需要授权吗？

自我评估：我需要授权吗？	是	否
我是否百务缠身，经常加班？		
我是否无暇考虑组织的发展战略？		
我是否相信只有我才能做好这份工作？		
我是否很难找得出可以授权代办的工作？		
我是否很难相信别人也能把工作做得很好？		
我是否害怕下属捅娄子，最后由自己承担责任？		
我不愿意授权，是否因为我很害怕失去控制？		

如果测试结果以“是”居多，说明您的工作急需授权，现在就好好学习授权的技巧吧。

游戏

游戏 1：疯狂的设计

一、游戏类型：益智型、团体合作型

二、游戏目的：增强组员的团体合作能力

三、游戏人数：至少两个小组，每组 10 人左右

四、游戏道具：小纸条、笔（工作者提前准备）

五、游戏规则：

第一轮：小组成员派一个代表抽出一个工作者提前准备的 26 个字母中的两个，然后用最短的时间摆出这个字母。

第二轮：小组成员派一个代表抽出一个工作者提前准备的单词，然后用最短的时间摆出这个单词。

六、游戏时间：30 分钟

游戏 2："杀人"游戏

一、游戏类型：心理游戏、创新游戏

二、游戏特点：

1. 简单易学：任何人只要明白规则或看别人玩过一盘，马上就会玩了。

2. 参与性强：只要认真对待所扮演的角色，无论是老朋友还是第一次见面的新朋友，马上会"杀"成一片。

三、游戏环境：室内室外均可，最好大家围坐一起。光线暗一点效果更好。

四、游戏人物：

法官：控制游戏进程的人。明确每个人的身份，要做到绝对公正。

杀手：白大隐藏在好人中间；黑夜出来杀人。被杀后没有遗言，并不得再发言。

好人：白天和大家一起抓出坏人；黑夜闭眼，对杀手行凶完全不知；被杀后有遗言，然后不得再发言。

五、游戏规则：

以 9 人为例

1. 根据人数准备好 9 张牌，按照不同的花色事前规定好法官 1 人、杀手 2 人、好人 6 人。

2. 每人取一张牌，明确自己的身份，除法官外，不要让任何人知道。

3. 法官宣布：所有人闭上眼睛，杀手睁眼相互认识。

4. 法官知道谁是杀手后，宣布：杀手闭眼，所有人睁眼。

5. 下面开始个人发表意见，按照座位顺序依次发言，相互指正，找出坏人。

6. 所有人发言完毕后，被指正最多的人有一次为自己申辩的机会。

7. 申辩完毕后，大家举手投票决定是否处决这个人。没过半数则该人存活（接9）。

8. 得票过半则处决，法官宣布亮牌，让大家明确是成功抓到一个杀手，还是错杀一个好人。如错杀好人则有最后的遗言，杀手则没遗言。

9. 法官宣布天黑，所有人闭眼，杀手出来杀人。杀手用眼神相互交流，统一杀害的目标，并用眼神告诉法官杀谁。

10. 杀手杀人完毕后闭眼，所有人睁眼。法官宣布哪个好人被杀。被害人遗言。

11. 继续新一轮的讨论。因为大家都发过言了，并且也有人被指正，被杀害，因此线索会越来越多……思维会更活跃，讨论会更激烈。

12. 如此重复，直到好人将杀手全部抓出，则好人获胜；如好人全部被害，则杀手获胜。

第八章 团队绩效评估

学习目标

通过对本章的学习，掌握绩效评估的基本概念；了解团队绩效评估的独特性；理解团队规模与绩效评估程度；掌握团队绩效评估的一般方法；掌握团队绩效评估的原则；掌握团队绩效评估的实测。

知识要点

1. 本章主要从团队绩效评估的独特性、团队绩效评估的方法及体系、团队绩效评估的原则、团队绩效评估的技巧和团队绩效评估的实测五个方面来理解团队绩效评估。

2. 团队绩效评估能有的放矢地管理员工，为人事决策提供依据。团队绩效评估常用的一般方法主要有：目标管理法、自我评估法、心理测试法、考评中心法。

3. 一般来说，1~20人，没有必要进行正式的绩效评估；20~60人，需要进行简单的绩效评估；60人以上，有必要进行系统的绩效评估。在绩效评估过程中，要客观公正、不流于形式、评价和奖惩制度挂钩、及时反馈评估信息。

4. 如何更有效地进行团队绩效评估？本章给出了四个有效的建议：运用恰当的绩效评估指标、选择考核方法、回顾团队成员的个人绩效和对你的团队进行嘉奖。

案例导入

要是你会怎么做?

马修的部门刚刚谈成了一个项目，这让他感到兴奋不已。因此，他想招聘一个最有才干的人加入他的部门来负责这个项目的相关工作。但让他感到头疼的是有两个最佳人选应聘创意总监这个职位：玛西亚和沃伦。玛西亚有工作经验，曾获得过无数奖项，而且她还极具天分。她的部长职务也会提升这个项目的知名度。但一想到要和她共事，马修就感到不舒服。她和客户关系处得非常融洽，但她私下里却是一个极度自负的人。马修从心眼儿里觉得这种人很难伺候，不好领导。还有一个人选就是沃伦。沃伦工作很出色，但是他的工作经验不如玛西亚丰富，也没有获得过什么奖项，至少到目前为止还没有，而且他对该部门没有什么影响力。马修知道，如果选择沃伦的化会更加公平，大家在工作中也会充满乐趣，虽然这样做可能会得罪玛西亚。但是玛西亚毕竟是个有影响力的名人，如果聘任她的话，这个项目就极有可能会获得成功。

要是你会怎么做?

绩效评估是对团队成员在一个既定时期内对团队的贡献做出评价的过程。强调对团队成员的考评，不仅在于它对团队成员在德、才、绩、效等方面的总体评价上，更主要的是它在一个行业、单位或企业中建立了一种标准，这种标准可以用数字或语言进行表述，并值得每一位团队成员效法和遵循，它既是一种规矩，也是一种激励和考验。可以说，绩效评估不仅关系到团队成员本人的前途和命运，更关系到团队的生存和发展。

第一节　团队绩效评估的独特性

对团队的领导者来说，应该意识到对成员的评估必须是全面的，并且是一个连续不断的过程，而不是每年只有一次，这一点是十分重要的。绩效评估是定期考察和考评个人或团队业绩的一种正式制度。

一、团队绩效评估的特色

由于团队组织与传统组织在形态、运作方式、权责范围、目标要求等很多方面有许多区别，所以团队绩效评估有它自己的特色。

一般来说，一个部门越独立，它就越有权力独享自己的工作成绩，但对于团队来说，它与其他部门是联系在一起工作的，所以它的个体与整体是很难被区分的。

在进行团队评估时，首先要明确的一点就是团队的整体性，它的成绩是集体智慧的结晶，是靠大家的力量共同完成的，集体智慧如何与个人评估相结合，是一个比较复杂的问题。大部分企业，或者说传统上的评估方式，更看重的是对个人工作的评估，但要使团队成员齐心协力地工作，在许多企业中，也出现了对团队整体共同评估的趋势。

当然，也不可否认，团队整体的成绩是由每个团队成员创造出来的，在这一过程中，大家互相依存、互为促进，尽管在许多时候难以区分每个人的劳动成绩，但他们的工作是最根本的，所以要使团队能发挥作用，还要调动个体的能动性。

团队评估并不像人们想象的那样，可以通过考评团队目标的实现情况来判断团队的工作成效。实际上则不然。尽管从工作效果上看，两个团队取得了一样的结果，但并不表示两个团队是一样的。团队是否有活力，能否长远发展并不断自我更新，团队的内部运营机制是否有效，并不能从个体工作结果中得出。评估团队必须结合成员个体，调动他们的积极性才是最根本的。

二、有的放矢地管理员工

评价团队成员业绩和帮助员工发展是团队绩效评估的两个主要目标。在评价员工方面，绩效评估有效衡量了个人对组织所做贡献的大小，由此为任免、提升等人事决策提供依据，并且，人力资源部门也可以通过员工的绩效来决定其薪资水平，除此之外，一个评价合理，奖惩分明的评价体系会对员工产生强大的激励效果。

绩效评估还有助于团队员工发展，它使团队员工更加明确了工作的要求，使团队员工责任心增强。绩效评估为上下级之间的交流提供了一个平台，有助于上级更好地了解团队员工的想法，也有助于团队成员更好地了解上司的工作期望。这样的沟通可以促使上下级之间更加目标一致、配合默契。而且，通过绩效评估，可以使团队成员明确自己在工作中的成绩和不足，从而促使员工在以后的工作中发挥长处，努力弥补不足，使整体工作绩效进一步提高。

团队通过成员的绩效评估，可以有的放矢地做好培训，使成员的技能和经验得到及时提高和增强。

团队成员的表现可以通过出勤率和工作绩效来衡量，其中，出勤率只能说明团队成员是否在工作岗位上从事工作，而工作绩效才能说明团队成员究竟在其工作岗位上干得如何，是否达到了预定目标，这对于管理者非越来越多的团队，意识到团队员工的工作绩效对公司的生产力和竞争力非常有用。

水平所产生的重大影响，纷纷加强了员工绩效管理，并把通过降低缺勤率和提高员工工作绩效来增强各部门的产出效率看作增强本公司生产力和竞争力的重要途径。总之，绩效评估对企业和员工的发展意义重大。

三、为人事决策提供依据

团队成员的升迁、免职、调任、加薪等人事决策，都涉及绩效评估。所以绩效评估为人事决策提供了有效依据。

当然，在升迁和加薪之前，如果不进行绩效评估，就失去了选择的标准。在一群年龄、学历都相似的员工里面，究竟应该提拔哪一位呢？当然应该选择工作业绩出色的。有了绩效评估就使选择标准的透明度和可信度增强了，而且对团队成员有正面的引导作用，使他们明确自己的努力方向。同时让团队领导者的操作也更加便利。

第二节 绩效评估的方法及体系

作为管理者，在评价下属员工的工作时要掌握一定的方法，并参考一些体系，只有方法和体系对路，才会使公司内一派生机、充满活力，否则会影响到企业甚至是整个公司的业务发展。

一、团队绩效评估的一般方法

各国的绩效评估方法虽然有一些地域民族因素添加在里面，但大同小异，下面我们以美国企业的绩效评估方法为例，简要介绍。

（一）目标管理法

美国人力资源专家一般认为目标管理的核心，就是员工和管理者共同建立未来的业绩目标。假如这些目标是双方赞同、可以客观地衡量并且能够达到的，那么员工会因为亲身参与制定了这些目标而更有动力向目标努力。

同时，由于目标管理使得员工的进步可以衡量，所以，员工可以根据定期收到的反馈来调整自己的行为。

目标管理的方法使得员工获得向专业目标奋斗的动力和明确努力的方向，它还有助于员工和主管研讨员工需要哪些方面的开发和培训。

因此，在美国，目标管理成为一种绩效考核的重要方法。

（二）自我评估法

在实际企业运转中，美国企业发现，如果由别人来评估，员工通常表现出一种自卫性的防止行为，使得评估的进度和结果受到影响；而当员工考评自己时，这种防止的行为将较少发生。自我评估的另一个优点是，它能帮助员工树立将来的个人目标。通常，自我评估和各种方法联用。员工亲自参与并借以完成自身改善，是美国绩效考评制度中与众不同之处，此评估方法尤其适用于考评目标是促进员工的进一步发展的情况。

（三）心理测试法

美国的一些公司经常雇用一些心理学家，他们的作用主要是考评员工个人将来的潜能，其考评方法一般有深层次的交谈、心理预测、同上级讨论和总览其他考评等。心理学家由此推断一个人的智力、情感、动机和其他与工作相关的个性特征，预测此人将来的表现。

（四）考评中心法

考评中心法常应用在那些具有潜质的管理人员身上。考评过程主要是对员工采用深层次谈话、心理测试、人事背景史、同级者考评、无领导的群体讨论、心理学家和管理人员的考评、模拟工作实习来考评其潜能。但这种方法，费时费力又费钱。

二、团队规模与绩效评估程度

绩效评估工作相对不同规模的团队，评估的程度理所当然也有所不同。团队规模小些，绩效评估的程度可简易些，团队规模大，那么绩效评估工作需要专职部门（人力资源部）来组织考核。考核的程度要求全面、细致、正确、公正。根据团队人员的多少该如何组织绩效评估可以参考如下几条规则：

（1）1~20人，没有必要进行正式的绩效评估。因为在这种小规模团队中，领导者与成员、成员与成员之间工作状况比较了解。团队忙时人人是“救火队员”，成员的工作职责和任务经常变化。口头的表扬、批评及员工之间的交流，比较容易形成较为准确的评价。团队规模与绩效评估程度表现为，没有专门的人员负责人事工作。

（2）20~60人，需要进行简单的绩效评估。因为在这种中等规模的团队中，团队领导者的与成员、成员与成员之间工作状况不太了解。团队成员的工作职责和任务比较稳定。团队成员之间形成了比较多的小团体，不同团体之间的成员很难有非正式交流，所以很难形成客观的评价。团队规模与绩效评估程度表现为，有专人负责人事工作（设人力资源经理）。

（3）60人以上，有必要进行系统的绩效评估。因为在这种大规模的团队中，团队领导者与成员、成员与成员之间工作状况不太了解，成员的工作职责和任务比较稳定。形成了较稳定的组织结构。成员之间有些根本不认识。团队规模与绩效评估程度表现为，团队内有独立的人力资源部门。

三、绩效评估体系

作为管理者应采用公司正在实施的评价体系，如果可以，最好能综合各种评价体系，因为每一种方法都不是纯粹的单一形式，具体表现有以下几种绩效评估体系。

（一）侧重品性的评价体系

侧重品性的评价体系是根据每个员工的品性来评定其业绩的。这种体系表面看起来简单，容易被管理者掌握，但它存在着自身的问题：

第一，趋于平均。如果没有认真评价每个人的品性，很容易把它评定为一般或者接近一般。

第二，光环效应。如果对某人的某项品性有很好的印象，那么就会给这个人所有的品性打高分，反过来也一样。

第三，个人偏见。每个人都难免会对其他人产生个人偏见，这些偏见会对任何形式的评定产生影响，对于品性体系来说则影响尤为巨大。

第四，最近的表现。员工们在近几个月的所作所为是容易记住的。但领导者往往容易忘记在年初时他们究竟表现如何。最好的办法是对他们的表现做全年记录。

（二）侧重结果的评价体系

侧重结果的评价体系适用于结果可以确定的任何情况，这种方法不仅适用于可用数量表示的情况，也适用于一些难以测定的情况，如管理工作中取得的特殊成绩，个人的成就就是相互合作的成果等。

在侧重结果的评价体系中，评定人员可以不依赖于对抽象的品质的评定，而是关注员工们应达到的预期目标及他们实际达到的目标。这个目标，在某一阶段的开始被确定下来，在结束时对它进行测评，然后再把确定的目标进行新的测评。

（三）侧重参与的评价体系

为了使侧重结果的评价体系更加有效，应该实行领导和员工共同参与评定工作的方法。

如果仅凭领导者的个人意见评定员工业绩，那么这种评价体系所产生的积极作用是非常有限的。让员工共同参与评价能让员工们知道如何去提高他们的业绩，而不会使他们感到不快。这种方法会使正式评定工作更富有成效。

这种评价体系可以给员工本人一个正式评定自己工作的机会，可以让领导者和员工对预期的目标和实际达到的目标之间的差距进行全面的探讨，可以发现员工在哪些方面需要改进，哪些方面需要进行专门培训，可以为讨论和确定下一阶段的工作目标提供可靠的依据。

四、绩效评估结构

明确绩效评估的结构，就能保证对评估的各个方面都考虑到，也让员工更容易领会到应得到什么效果，明白如何去准备。具体来说，绩效评估的结构，包括以下几个方面。

1. 评估上次以来的工作状况

这部分确保各次评估之前的连贯性。检查确认上次定的下一步计划很有用，可以用来判断该员工是否完成了这项计划。如果没有，那么员工可以从自己的角度去找出原因。只有这样，领导者才能及时做出必要的调整。

2. 对成绩的肯定

一般来说，员工们都想感到自己在进步，以此来激励积极性，并保持成绩。为此，领导者首先要肯定员工做出的成绩，举出实例，让他们知道领导者了解他们做出的贡献。

3. 分析现存问题

当员工与领导者讨论现在或将来最需要关注的问题时，要确保员工说出他们关注的东西、他们的愿望，并帮助他们搞清楚自己能为之做些什么。

4. 下一步的计划

要让员工明确下一阶段首要的工作是什么。员工要明确地知道他们下一步的计划是什么。领导者可以提出建议，但是要由他们自己来做决定。

第三节 绩效评估的原则

评估员工的工作，是一项复杂的工作，需要掌握各种情况。大体上说，可以遵循以下几个原则。

一、客观公正

在对员工进行绩效评估时一定要秉承客观公正的原则。其实员工们并不是不喜欢被评价，最根本的就是评价标准要客观。

只要评价是基于事实的，而不是个人的主观意见，员工通常都会接受。而且，评价标准要相对稳定，不能毫无理由地经常变更，这样就会失去权威性，员工对评价的结果也就不会认同。

二、不流于形式

作为团队领导者不能做老好人，认为大家的工作都很努力，大家的工作都很辛苦，抹杀了每个员工工作的区别，评估的结果是大家都好，如果有奖金的话，也是平均分。这种评估不仅起不到应有的作用，而且还有副作用。干好干坏一个样，从而伤害员工的积极性。

因此，要把评估员工的工作视为一种制度，严格认真地按评价标准进行，使每个员工都对自己的工作有所了解，同时也了解别人的工作，使同事间形成互相学习、互相竞争的局面，从而促使工作向前发展。

三、评估应和奖惩制度挂钩

评估本身不是目的，是手段。评估的目的在于促进工作，调动员工工作的积极性。因而评估要和奖金等奖惩制度挂钩，优者奖，劣者罚，这样能起到评估的激励作用。

通过评估，上司应让下属知道领导者对他们的工作期望是什么，他们的工作应该达到什么样的程度。领导应当激发他们工作的热情，使他们了解自己努力的方向，同时，感受到上司对自己工作的承认和重视。

四、及时反馈评估信息

作为领导者，为下属员工提供的信息及时反馈是十分必要的。如果信息反馈及时，无论是肯定的还是否定的，都会让下属认为这是爱护和鞭策。然而对领导者来说，给予正确的信息反馈，并不是一件容易的事。为此，需要从以下三个方面入手。

（一）及时反馈

无论是正面的还是负面的，只有反馈才是有效的。及时的反馈要比年终总结或半年总结时才反馈要好得多。一个原因在于如果人们及时听到反馈意见，就可以及时避免错误，或避免错误的继续发展，同时也可以及时吸取经验教训，再者，多数人都不喜欢在正式场合听到一大堆的批评意见。

（二）具有针对性

为了帮助员工做得更好，需要明确指出哪些行为、态度和技能需要提高。

有针对性的反馈比那些泛泛之谈可取。如，“你的报告没有达到水平，还欠火候”，听起来就很不明确。如果说：“我给你举个实例你就知道你在哪些地方没有上个季度做得好了。”

（三）听员工解释

在告诉了对员工的反馈意见后，要询问他们自己的想法，以便能明确地判断他们的行为举止。要问他们本人对这个季度的工作表现有何看法，工作表现较好的人可能会说：“我的业绩上升了，那要部分地归功于我们这个部门本季度整体的出色工作。和优秀的员工在一起工作也会帮助我成为一个不错的员工。”而工作表现下降的人可能会说：“是的，这个季度我在这个部门的工作表现的确不太好，但我对公司的整体贡献却比上个季度大了许多。我同时被安排到另外两个项目兼职，所以花在这个部门的精力自然就少了。”

得到员工关于自身成败实情的解释，将有助于领导者全面了解情况。所以，要给员工解释的机会，并允许其将话讲完。

第四节 绩效评估的技巧

作为管理者，除了定期对员工进行评估、开诚布公地谈论已取得的成绩和存在的不足，并一起制定下一阶段的工作目标外，要想取得绩效评估的良好效果，还必须掌握以下的评估技巧。

一、就事论事

当做完绩效评估后，员工工作反馈的信息是批评时，应遵循的一条原则就是要针对工作进行批评，不要对人的品质进行评论。

作为一名管理者，任务之一就是设法使工作向积极的一面改进。为此，应该强调的是如何改进员工工作的质量。具体来说，可以从以下几个方面入手：

第一，找出工作中需要改进的地方。如，不精确的数据，不够详细的具体措施以及错误的构思等。

第二，要遵循“事实胜于雄辩”的原则，与其说，“我觉得你并没有把工作做好”，还不如摆出事实，“我注意到你已经连续几个星期没有按时交报告了”。这样的效果一定比不具体的空话要好。

第三，不要从对员工错误行为的讨论跑题，员工可能会把问题引向“你对我有成见”这一类的话题上。当然，正面的评估员工时也要就事论事。

员工的工作表现有四大要素：员工的动机、员工的客观行为、不对该种行为的支持以及行为的结果。而这几种要素没有一项与员工的个性有关。

二、“三明治”式的评估

“三明治”式的工作评估，指的是评价下属的工作时，可以选择三步走的做法：先肯定下属的工作成绩，然后再具体地指出其工作中的不足，最后提出对他的期望，这就好比“三明治”一样，将批评夹在好评与期望之间，令下属更易于接受评估。

为此，在评估下属的工作时，要像“三明治”一样，将不好的评价夹在好评之中，巧妙而不失委婉，让被评估者心中有数，而又不至于大失面子。也许有些员工实在是无优点可谈，但要记住：智者千虑，必有一失；愚者千虑，必有一得。只要用心去找，一定会发现员工的某些优点。

评估下属工作成绩时，描述问题要力求准确，泛泛而谈是不能产生好效果的。因为，下属不能具体说明自己的工作到底是好是坏。泛泛的评估根本就不能说服下属。

三、平庸者不要奖励

在团队中，总会有一些工作平庸的人，为工作负担不重，但是他们总是帮别人的忙；虽然他们从来没有什么新的思想，但至少给他们的任务还可以完成，他们从来不表示异议，也不要求用不同的方式行事。

如果经常奖励这类人，其实是在否定评估标准。

所以，在做绩效评估时，无论何时都不要奖励平庸者。因为一旦否定了员工的主动精神和上进心，再要他们做到这一点就是非常困难的了。

四、避免“心理移情”

在我们与人的交往中，经常会无缘无故地对一个人心生好感，也可能对一个不认识的人厌恶至极。对于喜欢的人，愿意与其长久交谈，而且看其处处是优点，而对不喜欢的人却看什么都是缺点。这就是我们所说的“心理移情”作用。一些管理者也往往不能免于此，对自己喜欢的员工时常赞赏有加，而对自己不喜欢的员工则往往吹毛求疵。作为一名优秀的管理者在给员工做绩效评估时千万要避免这种情况。

因此，在对某些事情或个体员工进行评估之前应具备确实可靠的资料，全面回顾过去一段时间的工作情况，并且明确自己的态度，保持警惕，不让个人感情影响评估的公正性。

五、不要一叶障目，要全面评估

一般来说，业绩出色的成员往往容易受到领导者的偏相，而对于那些有过失记录的成员来说，他们在领导者心中多少会留下一些不良的印象。但事实上，也许这些过失成员比那些暂时出色的成员更具有发展潜力。

古人云："人非圣贤，孰能无过。"一两次的失败并不能说明什么问题，也许他本来是个很有才华的人，只是其潜能尚未发挥出来。

消除心中的成见，以公正的态度对待每位员工所犯的错误。坐下来与他们恳谈，帮助他们分析错误的原因，找到症状，恢复他们的自信心。只要他们走出消极的误区，一样能为团队创造佳绩，更何况失败的经历常常孕育着成功的希望。

作为一名管理者，应该认识到，成员个人成败是团队荣辱的组成部分，领导者的任务是不断地磨合这个集体，增加集体凝聚力。

六、坦率评估

作为领导者，不要因为团队成员犯一两次错误而抹杀他们一贯的表现，也不要图省事随便给下属过高的评价，给他们一份发展计划，告诉他们下次将评估他们的哪些方面。

调查表明，员工们倾向于过分评价自己的表现，如果上司的评价低于他们的估计，就会失望、不满。员工无视领导者的信息反馈，坚持高估自己的原因有两个：一是反馈信息不够详细具体；二是不愿接受消极的反馈信息，因此，当评价不到位时，要及时解释清楚，缓和交谈气氛。

团队成员习惯把自己表现不好的地方归咎于客观原因。如，工作条件、工具、各种不合理的限制等。而领导者们则习惯归之于主观原因。如，不负责任、不够努力等。如果双方不能就原因达成一致意见，团队成员就会不接受上司的评价。

在管理中可能经常会碰到这样一种情况，团队成员总以为这次评估和提升或加薪有关，因而比较拘谨保守。因此，对一些消极评价极力辩护，不愿承认错误和缺点，担心响到自己的发展。应当坦率地表明，这次评估和加薪或晋级没有什么关系，以便顺利开展交谈或评估。

七、360 度反馈评价

360 度绩效评价体系，目的是从多个来源，如上级、同事、下属、团队成员、客户和供应商等，对团队成员的表现进行更准确的、多角度的评估。《财富》1000 强中接近 90%的公司都使用这种评估方法，其普遍性由此可见一斑。

360 度反馈体系认为，绩效会随情境而变化，员工的表现也会随对象的不同而不同。从不同的对象那里得到绩效的反馈，就可以大大提高绩效评估的可信度，因此，360 度评估反映了一个现实，即，员工的表现常常是多种行为的综合体，不同对象观察的角度也不同。

由不同对象进行的多重评估可以掌握行为的多样性，从而提高绩效评估数据的质量。在典型的 360 度评估体系中，由 8～12 人来评价某个员工，评价人应当是那些与被评价人工作上有密切关系并有直接接触的人。有研究证明，如果评价人是团队中的其他成员或者与被评价人在层级上有一定距离的上级，360 度评估体系效果最好。

如果由团队成员来担任评价人，他们比直接上级更能准确地评价员工的贡献，如果由上级来担任评价人，层级相差太远的上级一般不会同该名成员天天见面，评价建立在有限的信息之上，则会造成结果不太准确。因此，有一定距离的上级较为合适，另外，对总在外边奔波的销售人员来说，定时见面的客户可以提供比上级更准确的评估。

八、跨部门团队绩效评估

随着公司内组织形式逐渐向团队形式的过渡，许多公司不断地调整团队的结构和功能，促使团队向开放性、灵活化和虚拟型发展，团队不仅仅限于某种单独的功能，团队与团队之间的协作加强，吸收不同功能部门的人员加入某种专业团队的情况越来越多，使得传统的评估制度已经无法满足新型团队的要求。

（一）以人为中心进行考核

打破部门考核的标准，建立以人为中心的跨部门评估体系，无论员工在哪个部门都可以进行追踪评估。例如，某企业技术中心有 150 人，分为 9 个部门，每个部门都有自己的部门经理，负责成员的绩效评估。可是技术人员对原来的办法意见很大。分析其原因，平时项目的研发并不一定是按照部门组织的，而是由技术中心的领导从各个部抽调适当的人员组成一个课题组，也就是成立了一个跨部门的临时团队，项目完成，这个团队也就消失了。课题组有一个负责人。由于全年技术中心的项目可能有四五十项同时进行，一个技术人员可能同时在几个课题组里面工作。他们提出：部门经理不如课题组长了解自己的工作业绩，让部门经理给自己打分不合理。

（二）注意与人力资源部门的合作

对于绩效评估，项目经理要参与全过程，先要与人力资源部门一起确定评估标准、设计评估系统。首先，评分标准的准确性与公平性对评估的成数影响很大。如果出现严重偏差，可直接导致员工辞职和损害团队目标的实现。其次，要注意操作过程的“正确性”。最后，及时恰当地把绩效评估结果反检员工、帮助员工分析其优缺点以及存在问题的原因，帮助员工改进工作绩效。人力资源部门要为直线经理提供培训，还要监督和评价评估系统，保证它们恰当地运用和实施。

理想的情况是，公司里面没有人力资源部门，因为每个团队或者跨部门团队的成员都掌握了必要的人力资源管理知识，自己就会确定评估标准、设计评估系统，并且实施，将人力资源与团队发展紧密融合起来。

（三）做好标准化工作

跨部门团队绩效评估时，涉及很多部门和人员，要做到对每个人一视同仁、客观公正，必须做好标准化工作。具体包括：考评目标标准化、考评程序标准化、组织标准化、方法和手段标准化。

考评目标对于跨部门团队来说，主要包括：目标实现程度、目标实现进展、目标的难度、实施手段和工作态度等具体的指标。目标要尽可能定量化。跨部门团队的工作过程有前后联系和逻辑顺序，对预定目标的进度要求很高。对目标进度评价所采用的是均衡性指标，有助于增强组织内部各部门、各环节之间的协调，并且使整个组织的目标体系保持相对稳定。

对于性质相同的部门采用统一的评价方法。采用定量方法时，应在统一的指标体系前提下，采用标准的计算方法和计算公式，从而使评估结果具有可比性。不同性质的部门、岗位的工作量如何换算，也需要事先制定统一的标准，并在企业内部得到全体员工的认可。

考评手段的标准化，要求业绩目标卡片和评价卡统一印制，由执行人和评价人按统一要求填写，这项工作也可为绩效评估工作提供统一的依据。

九、避开绩效评估的软肋

与很多人都热衷于绩效管理形成鲜明对比的是绩效管理制度维护的高成本和管理本身所带来的变革对团队的触动与所带来的阵痛的了解与接受。这是造成绩效评估普遍不能有效持续的主要原因。下面通过绩效考核制度有效执行的条件讨论并分析失败的原因。

（一）绩效评估制度与公司战略的联系

人力资源管理战略服从于公司总体战略，人力资源管理工作服从于人力资源管理战略。绩效评估工作的内容理所当然应该反映或者围绕企业战略的实现，或者说计划和实施绩效评估的工作应该站在公司战略目标达成的层面。不认识到这一点或者不从此高度理解问题，或者绩效评估不能支持公司战略的落实都是不科学的，也是不会有好结果的。

（二）短期效益与长期效益的关系

上新的管理制度，不可避免会对当前的业务造成或大或小的冲击。改变是痛苦的，“一个人不是不愿意改变而是不希望被别人改变”，明白这些道理，公司最高管理层和人力资源部应该在工作导入的细节上细致入微地规划，一方面严格地要求完成项目的进度和质量；另一方面要尊重各级主管和全体员工的现状，采取适当的缓解措施。

处理好当前利益与长远利益的另一关键点在最高管理层，如果最高管理层不能正确认识这一点，并且有意无意纵容有些行为，人力资源部门的工作就不好推进了。

（三）企业文化对绩效评估的支持作用

进行新的绩效考核制度的实施，也是一种变革，企业的企业文化是否包含有鼓励创新和变革的基因，以及适应创新和变革的结构和人力资源是绩效评估能否成功的深层原因。

一定程度上讲，不管是高层的参与还是对于变革的态度与支持都可以归根到企业文化上来，企业文化本身的孕育能力和创造能力对公司的发展起着重要的作用。重现企业文化，建设企业文化，优化企业文化，这是以最高层为主导的以人力资源部为主力的综合的系统的长期的工程。这项工程不会在短期有所见效，但一旦形成特定的文化，企业将受益无穷。明天的竞争是文化的竞争，道理就在此。

（四）执行团队的组建及工作

单纯由人力资源部牵头推行绩效评估，在基础比较好，有相应的文化底蕴的企业里是可以的，但是如果在一般的企业里，人力资源部的工作是难以推进的。所以在项目开始之初就应该建立一个团队或者小组负责项目的推行，并且最好有最高层的成员在其中挂职，最高层设立定期问责制，各部门经理或者相关的总监也是小组的成员。当然，这样的做法也只是相对可能会好一点，并不是绝对的保证，它取决于其他各方面的配合。

（五）全体员工的理解和支持

绩效评估制度不管如何变革，重点的对象或者主要的对象都是广大员工，所以没有广大员工的理解与支持，没有建立在与员工充分沟通的基础上的制度最终都不会很好的执行。如果部门主管有抵触，员工又不配合，四面楚歌的局面没有几个人能够克服。做好战前的准备工作，做好宣传工作，做好企业内部的统战工作，是一炮打响或能有效执行的前奏。

（六）动态的沟通和反馈

现代的绩效评估区别于旧的体制的方面还在于绩效评估是动态的而不是静态的，是双向的而不是单向的，是多维的而不是一维的。通过计划及制度的实施所得的结果是否能在进行相应的奖惩措施进行的同时给员工反馈详细的考核内容，是否有助于今后员工的再考核与发展，以及是通过评估来达到员工的绩效提升和成长，还是为评估而评估是有很大差别的。有许多企业都在采取绩效面谈的方式进行反馈，也接受员工的反馈。

实质上，整个绩效评估的过程：绩效计划—动态持续的绩效沟通，绩效评价—绩效诊断与辅导—绩效再计划，仍然遵循 PDCA 的流程，通过这种螺旋形的上升后，企业管理会步入新的阶段。

第五节 团队绩效评估的实测

在对团队绩效进行评估时，实现团队目标当然是最重要的一个指标。因此，实现团队目标的途径也理所当然是最重要的。如果你一直对团队绩效和实现团队目标的过程定期进行评估和监督的化，那么最终实现团队目标是自然而然的事情，就不会有太多的意外。

一、运用恰当的绩效评估指标

团队在计划实现目标的过程中，可以设定一系列具体的绩效评估指标。但是所采用的绩效评估指标在很大程度上取决于团队所做的具体工作，以下列出了几种常用的绩效评估指标：团队商业目标的完成情况；顾客满意度；实际生产成本与预算之差；产品或服务的质量；利润；交付期；停工期。

绩效评估的因素。传统的绩效评估通常都是以效益和产出为依据的，而现代团队绩效评估与传统绩效评估的主要差别就在于，效益固然重要，但是获得这些效益的途径也同样重要。所以说，为了获得这些效益所采用的这种团队协作的方法在评估团队绩效时是一个非常重要的因素。因此，我们把团队绩效评估指标分成了同等重要的效益指标和过程指标。

（一）效益指标

效益指标主要有：团队目标的完成情况；顾客满意度；工作完成的质量。完成工作所需的知识和技能。

（二）过程指标

过程指标主要有：对团队发展过程的支持度和团队的贡献度；参与水平和

领导水平；团队协作情况；矛盾的处理情况；计划和目标的设定情况；员工参与度和双赢的决策法；解决问题和分析能力的应用情况；美誉度和信任度；团队是否始终在坚持使用全体一致通过法；人际关系的建立及维持情况；愿意改变并敢于冒险的精神；个人及团队的学习情况。

二、选择考核方法

评价你们团队是否成功的方法有很多，但所有这些方法就其复杂程度、资金花费和所需时间而言有着很大的不同。如果团队任务涉及范围很广，而且会对整个公司造成很大的影响，那么你就应该考虑采用一些相对比较精确的方法；如果团队任务涉及范围很小，那么你就可以采用一些相对比较简单的方法。但即使是简单的方法也大有学问，这些方法包括：

（1）以与你们公司或团队规模、实力相当的公司或团队作为横向比较的对象。

（2）把团队的进展情况与其最初所制订的目标和日程安排进行对照。

（3）邀请团队以外的顾问来对你们的团队进行评价。

（4）提倡定期召开一些非正式的讨论会来评价团队的运作情况。

（5）通过项目汇报的会议形式来评价哪些方面做得好，哪些方面做得不好，并解释清楚这种学习方式会为将来的项目带来什么好处。

三、回顾团队成员的个人绩效

团队中的每个独立个体事实上都同时扮演着许多不同的角色，比如，他们既是独立的个体，又是团队中的一员，同时也许还是上级单位的一员。因此，在回顾他们的个人绩效时，最好把下面的方法整合起来，用以评估他们不同的角色所带来的绩效：

（1）同事的评价。团队成员之间相互评价彼此的贡献。

（2）顾客的评价。内部和外部的顾客对团队和团队成员的绩效进行评价。

（3）自我评价。团队中的每个成员都要对自己的绩效进行评价。

（4）团队领导者的评价。你，作为团队的领导者或是监督者，要对每个成员的绩效进行评价。

（5）管理层的评价。部门经理或者是团队的领导者的上级领导要对团队和团队成员的绩效进行评价。

四、对你的团队进行嘉奖

评估会使团队的优点继续发扬光大，同时还可以帮助你认识到还有哪些方面有待于进一步提高。如果能把团队绩效评估与合适的、有创造性的激励机制完美地结合在一起，就会大大鼓舞团队的士气。这样一来，不但会使你的团队工作进展顺利，而且还会有利于帮助团队实现其最终的发展目标。

拓展阅读

拓展阅读1：重新激发团队的工作热情

无论你的团队在发展过程中有没有问题，都要定期重新激发团队的工作热情。

1. 定期回顾团队目标

团队目标一定要与公司目标保持一致，而且要及时向上级领导汇报主要进展情况。

和团队成员一起把团队目标分成一些相对较为具体的小目标，然后制订一个完成这些小目标的时间表。但不要过度乐观，因为如果你对目标的期望值过高的话，你和你的团队就必然会以失败而告终。但也不要低估你们团队的实力，如果要求过低的话，就无法激发团队的潜能。

如果你的工作量增加，或者你们的目标发生了改变，那么你应该对原计划做出相应的调整。所以说，对于你们团队能否在规定的时间里完成指定的任务，你一定要现实一点，而且要随时调整你的期望值。一定要把这些变化以及为什么会发生这些变化告诉所有相关人员，包括团队成员、上级领导以及其他利益相关者。

2. 对你的团队进行嘉奖

团队就如同个人一样，也需要奖励来刺激。一定要精心制定你们团队的激励机制，因为它会成为你们团队获得成功的重要驱动力。在建立激励机制的时候，一定要确保：把奖励的重点放在团队上，而不是放在个人身上；不但要在项目结束时给团队以奖励，而且还要对具有战略意义的里程碑事件予以奖励；慎重考虑应该由谁来给团队颁奖；如何对待在项目进行中离开或者加入进来的成员。

建议：如何重新激发团队的工作热情

保持一种“学者乐天派”的态度。在每一次开会前，用5分钟的时间强调一下团队已经完成了哪些任务、即将朝着哪个方向前进。

提醒团队成员，如果团队协作为团队带来了很高效益的话，他们个人也会从中受益良多。

肯定“小的成功”，简单的任务可以增强团队成员的信心、鼓舞团队成员的士气。

提醒员工他们所做的工作有多么重要。

建议：如何奖励出色完成工作的团队成员

请队员们吃一顿午饭，送他们杯子、T 恤衫等。

给团队中的每个人订一份专业刊物。

让团队中的一员代表团队出席一个重要的场合，或者给他一次快乐旅行的机会。这样做的目的无非是让他能够更加的出类拔萃，让他放松心情，或者是给他一个提高专业技能的机会。

给队员们提供一些提高专业技能、提升业务水平的机会，作为对他们的嘉奖。

提拔此人，并将其调到别的部门担任管理职务，虽然这么做对你来说有点困难。

3. 运用创造性的激励机制

除了金钱之外，还有很多其他方式可以用来对团队所取得的成绩予以奖励。要弄清楚哪些奖励会对整个团队有意义，奖励还要有创意，使奖励刚好符合团队的风格。比如：

向上级领导或者在较大规模的组织会议上，汇报团队所取得的成绩。

让团队成员给其他团队做顾问。

将团队成员的个人成绩记录到人事档案中。

寄给团队一份手写的个人记录，以示对其所取得成绩的一种认可。

给团队以更大的自由，并赋予他们决策权。

不断给团队提出正向反馈意见应该是你能给团队的一种最重要的奖励方式。要在团队会议上肯定你的团队所取得的成绩。如果正向反馈意见是来自于团队外部，比如，是一封客户表扬信，或者是来自某个客户的赞扬，那么一定要和大家一起来分享，因为毕竟，对于这些赞扬他们当之无愧。如果是你个人得到了某种程度的认可，一定要把这种荣誉归功于整个团队。

拓展阅读 2：处理影响团队绩效的问题

密切关注一下你的团队，看看团队中人与人之间存在的哪些问题可能会有助于解决团队工作的效率问题。几个比较典型的问题集中在技能上、工作上，或是薪酬上，而有些则是私人恩怨，有些则是由于个性不合而产生的矛盾。然而有时确实是因为存在不公正的现象才产生这些问题，有时这些问题也许是主观上想象出来的。

1. 把个人问题变成团队的贡献

通常会有这种情况出现，即团队中的某一成员所制造的麻烦比团队中其他所有成员所制造的麻烦加起来还要多。这样的人经常会被团队中的其他成员看作是：团队中的懒虫、累赘，他们连自己的那份任务也没完成。一个小领导，总是想要控制整个会议的局面。一个好以功臣自居的人，总是认为团队所取得的成绩都是他一个人的功劳。一个争强好胜的人，在任何情况下，他都要争第一。一个牢骚满腹的人，在他看来从来就没有十全十美完成了的工作。

不要假装没有问题。这样做只会使问题变得更加糟糕。用一套解决方法来把这个问题成员转变成一个真正对团队有贡献的人见（“问题管理的步骤”）。

比如，如果有哪个人被大家看作是累赘，总是沾别人的光，而自己却什么也不做，那么团队中的其他成员则会非常痛恨这样一个事实（无论是真实的还是想象的），即他甚至连自己的工作都无法完成。如果你不及时解决，它就会发展成为一个严重的问题，一个可能会影响团队的发展速度，甚至会破坏团队文化的问题。在事情还没有恶化到那一步之前，你该怎么办呢？

2. 问题管理的步骤

（1）私下和这个人谈谈。让他知道问题出在哪里，以及大家怎么看他。问问他如何评价自己的工作表现。试着让他解释一下他为什么要这样表现。

（2）和他单独谈完之后，分析一下你觉得为什么这个人没有做好自己的工作。是不是他认为他做不做贡献都无所谓？他是否具备这份工作所需要的技术？是不是他不愿意来到这个岗位，是被硬指派到这儿来的？

（3）如果有合适的机会，私下询问一下团队中其他成员的意见，问问他们为什么这个人有这么多问题。不要听那些指责他的话，只为找出他这种行为背后潜在的其他原因。

（4）如果解决的办法比较简单，比如只需要对他多加训练就行了，那么就立刻采取行动。

（5）如果有必要的话，再找他谈一次。让他知道实现团队目标有多么迫切，还要让他知道他在实现团队目标过程中的地位是多么重要。然后再进一步解释为什么他的贡献是如此重要。

（6）给他的工作提出正向反馈意见。

（7）然而，如果这个人的态度和他的工作表现丝毫没有任何改变，那么就要考虑是否要把他从这个团队中调离出去。

拓展阅读3：培养一个高效团队

简单地讲，越早让你的团队形成合力，而不是让每个团队成员各行其是，你的团队就越有可能创造奇迹。

1. 把全部注意力都集中在合力所产生的效应上

要把全部注意力都放在团队协作所产生的合力效应上，这样才能使整个团队知道如何才能作为一个团队而共同行动。如果有可能的话，给团队成员一个机会，让他们也积极参与到决策过程中来。某种程度的授权有助于营造一个以信任和合作为基础的工作氛围。

2. 从矛盾中寻求合作

团队成员之间难免会有意见上的分歧，要帮助他们解决这些分歧并取得令彼此都满意的结果。

具体要怎么帮呢？以下这些方法有助于从矛盾中寻求合作：

团队发展要紧紧围绕团队目标。

鼓励团队成员接受不同意见和想法，因为只有这样才能使整个团队在大体上取得一致意见。

让团队成员知道团队利益高于个人利益，这也有利于团队成员个人职业目标的发展。

建立一些不但能够提高个人工作绩效更能提高团队绩效的激励机制。

3. 紧紧围绕团队目标

经常性地谈论团队目标可以使大家形成合力，共同努力朝着一个目标前进。因此，从这个意义上来说，应该经常性地回顾最初所制订的团队目标。虽然如此，大家还是很容易忘掉一些细节，但事实上你还是想让整个团队上下通力合作，朝着共同的目标迈进。

4. 创造一种积极的文化氛围

一个让人心情舒畅的工作环境是使团队有效完成任务的一个最重要的因素。所以说只有营造一个让大家都有被认同感、都觉得舒适的工作环境，团队才可能有杰出的贡献。这就需要你有创造性，比如主动给某人的上司写一封信，或者写一些文章来重点突出团队协作所取得的骄人成绩，或者明确指出纯粹是出于个人原因才要求休假。

支持型文化会使那些处于思想斗争中的团队成员感到相对轻松一些。当团队成员需要一些额外资源时，他们会觉得很难开口。作为团队领导者，你有责任对那些有着良好团队协作精神的员工的需求保持高度的敏感，并教他们如何才能得到他们所需的资源。

5. 给团队授权

给你的团队授权，让他们参与到实现团队目标的决策中来。

在作团队决策的过程中，如果可能的话，要尽量采用全体一致同意，而不是少数服从多数的投票方法。

鼓励团队成员尽量在他们经验允许的范围内独立解决问题。

注意倾听团队成员的观点和想法，并对这些观点和想法持一种开放的态度。

努力强化团队员工的参与意识。

练习

练习1：黑石公司最倒霉的一天

当黑石公司（Black Rock）的销售团队和营销团队带着他们公司的B测试去参加商品展销会时，德里克和他的团队都感到十分紧张不安。然后，在接下来整整一周的时间里，达拉斯那边没有打来一个电话。“他们很忙，而他们却在闲聊；他们每天要工作12个小时，而他们却在聚会！”大家想到了很多种他们不打电话回来的理由，但很快整个团队就有一种极为不祥的预感。每过一天，大家的情绪就变得更加低落一些。

周一，当销售人员回来时，整个团队才知道，现实情况比他们所料想的最坏的可能还要糟糕得多。顾客不但没有被他们的产品打动，而且展销会上的每一个人都对他们对手的产品赞不绝口，他们说那才是最具吸引力的东西。德里克团队成员的士气受到了严重打击。第一阶段的测试就遭受如此重创，他们又怎么可能继续进行第二阶段的测试呢？虽然德里克本人也很受打击，但他知道他必须得采取一些措施来拯救他的团队，而不至于使他的团队从此一蹶不振。但是该怎么做呢？

练习2：绩效高就应该晋升吗？

自古以来，中国在人才选择上一直存在着一个习惯性的误区，那就是，在决定一个重要职位特别是管理职位的人选时，往往以候选人以往的绩效作为晋升的依据，认为谁以往的绩效高，谁就该获得晋升。从现代人力资源管理的角度看，这种选用人才的做法是不科学的。每一个职位对其任职者的素质都有相应的要求，不同的职位对其任职者素质的要求是不同的。某个人在某一级职位上绩效很高，不一定在其上一级职位上的绩效也很高。判断某个人是否适合某个职位，关键要看这个人的素质能否与这个职位对其任职者的要求相匹配，也就是说应以素质考评的结果作为晋升依据。候选人以往的绩效不能直接作为晋升的依据，而不能作为晋升的一种参考。如果候选人以往的绩效中充分反映了新职位所要求的那些素质特征，那么其以往的绩效就可以作为晋升的直接依据；相反，如果候选人以往的绩效中没有反映出新职位所要求的那些素质特征，那么其以往的绩效就根本不能作为晋升的依据，而应当对其进行科学、客观的素质考评，而后再做决断。《资治通鉴》上说，“夫以官赏功有二害，非才则废事，权重则难制”，与此是一个道理。

可是，对于绩效很高却落选了的候选人，我们该怎样保护他们的积极性呢？对于这个问题的解决，古人其实也有非常精彩的论述，即“官以任能，爵以酬功”。就是说，应把领导职位授给那些有领导能力的人；对那些有功之人，如果他没有领导能力，则可以给予他相应的地位、待遇或奖励。

讨论题：

1. 你同意上面的说法吗？你如何看待“功绩”与“升迁”的关系？

2. 什么是人的绩效和贡献？如何界定？它们包括哪些内容？如何分类？

3. 试提出对“有功未升迁”的团队员工的酬劳手段。

练习3：GE公司——造就优秀人才

发现优秀人才可以通过各种各样的渠道。我一直相信：“你遇到的每一个人都是另一场面试。”我们造就了不起的人，然后，由他们造就了不起的产品和服务。在一个拥有300 000名员工和4 000名高级经理的大企业里，我们所需要的绝不仅仅是能感触到良好意愿，必须有一种合理的制度使员工们懂得游戏规则。这一过程的核心是人力资源循环：4月份在每一个主要公司所在地进行的全天的C类会议（追踪）；11月份的C-2类会议，全面检查所确定的事项。这是正规的安排。在GE的每一天，我们还有一种非正规的暗示性的人事检查——在休息室里，在走廊中，以及在每一次公司会议上。对人的高度注意——在无数的环境下考验每一个人——形成了GE的管理理念。总之，这就是GE。

GE对员工进行绩效管理和激励的方法考验用一个词概括：区分。

区分并不容易做到。如何找到一个方法将一个大公司的员工区分开来，这是最难做的事情之一。多年来，我们使用了各种各样的钟形曲线和框图来区分人们的才能，这都是用来给人们的成绩和潜力划分等级（高、中、低）的图标。

GE还引导使用“360度测评”，也就是把同级和下级员工的意见都考虑进来。

在头几年里，它的确帮助我们找出了那些害群之马。不过，时间一长，这一办法也有缺点。所以，现在只有在特殊场合下才使用“360度测评”。

GE一直在寻找一套能更有效地评价组织的方法，最终我们发现了一种我们真正喜欢的方法，称之为活力曲线（图8-1）。

每年，GE公司为他们所有的高层管理人员分类排序，其基本构想就是强迫每位公司领导对他们领导的团队进行区分。他们必须区分出：在他们的组织中，他们认为哪些人属于最好的20%，哪些人属于中间大头的70%，哪些人属于最差的10%。如果他们的管理团队有20个人，那么我们就想知道，20%最好的4人和10%最差的2人都是谁——包括姓名、职位和薪金待遇。表现最

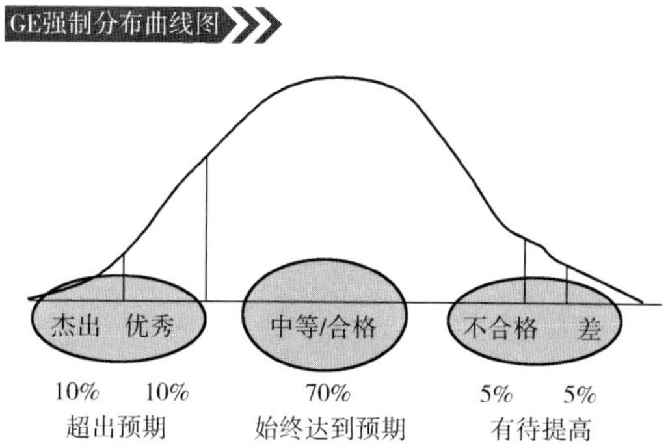

图 8-1 韦尔奇绘制的“活力曲线”图

差的员工通常都必须走人。

做出这样的判断并不容易，而且并不总是准确无误的，但是你造就一支全明星团队的可能性却会大大提高。这就是如何建立一个伟大组织的全部秘密。一年又一年，“区分”使得门槛越来越高并提高了整个组织的层次。这是一个动态的过程，没有人敢相信自己能永远留在最好的一群人当中，他们必须时时地向别人表明：自己留在这个位置上的确是当之无愧的。

“区分”要求我们把人分成 A、B、C 三类。

A 类是这样一些人：他们激情满怀、勇于承担责任、思路开阔、富有远见。他们不仅自身充满活力，而且有能力带动自己周围的人。他们能提高企业的生产效率，同时还使企业经营充满情趣。

他们拥有 GE 领导能力的四个 E：有很强的精力（Energy）；能够激励（Energize）别人实现共同的目标；有决断力（Edge），能够对是非的问题做出坚决的回答和处理；能坚持不懈地实施（Execute）并实现他们的承诺。在我们看来，四个 E 是与一个 P（激情，Passion）相联系的。

激情也许是比任何其他因素都更为重要的因素。这种激情将 A 类员工与 B 类员工区分开来。B 类员工是公司的主体，也是业务经营成败的关键。我们投入了大量的精力来提高 B 类员工的水平。我们希望他们每天都能思考一下为什么他们没有成为 A 类，经理的工作就是帮助他们成为 A 类。

C 类员工是指那些不能胜任自己工作的人。他们更多的是打击别人，而不是激励；是使目标落空，而不是使目标实现。你不能在他们身上浪费时间，尽管我们要花费资源把他们安置到其他地方去。

活力曲线是我们区分 A 类、B 类和 C 类员工的动态方法，是 C 类会议所使用的最重要工具。将员工按照 20∶70∶10 的比例区分出来，逼迫着管理者不得不做出严厉的决定。经理们如果不能对员工进行区分，那么很快，他们就会发现自己被划进了C类。

活力曲线需要奖励制度来支持：提高工资、股票期权以及职务晋升。

A类员工得到的奖励应当是B类的两到三倍。对B类员工，每年也要确认他们的贡献，并提高工资。至于C类，则必须是什么奖励也得不到。每次评比之后，我们会给予A类员工大量的股票期权。60%~70%的B类员工也会得到股票期权，尽管并不是每一个B类员工都能得到这种奖励。

失去A类员工是一种罪过。一定要热爱他们，拥抱他们，不要失去他们。每一次失去A类员工之后，我们都要做事后检讨，并一定要找到这些损失的管理责任。我们的做法很有效。每年我们失去的A类员工不到1%。

这种制度也有它的缺点。

拥有A类员工是一种管理业绩，美国人都喜欢做这种事。确认和奖励中间70%里的有价值的员工也没有什么困难。但是，处理底部的10%却要艰难得多。

我们的活力曲线之所以能有效发挥作用，是因为我们花了10年时间在我们的企业里建立起一种绩效文化。在这种绩效文化里，人们可以在任何层次上进行坦率的沟通和回馈。坦率和公开是这种文化的基石。我不会在一个并不具备这种文化基础的企业组织里强行使用活力曲线。

讨论题：

1. 简要阐述GE公司是如何对员工进行绩效评估的。
2. 对员工进行“区分”的真正意义是什么？
3. 为什么说失去A类员工是一种罪过？
4. GE公司运用活力曲线对员工进行区分所具备的条件是什么？
5. 这种绩效管理方式在我国是否行得通？为什么？

游戏

游戏：团队工作总结，我们做得怎么样？

利用团队工作总结定期从团队成员那里收集反馈信息，并把这些反馈信息做成一组特征表。当团队在讨论“我们的团队进展情况如何”这一问题时，就可以把特征表中的核心内容拿出来与大家一起探讨。大家可以利用这个机会来客观地对比一下彼此的观点，如果有必要的话，可以回顾一下过去，然后就能更好地前进。每个团队成员都要填写下面的工作总结审查表。要对个人的观点予以保密。把所有的答案编辑成册，以此作为小组意见的一个轮廓，并在小组会议上拿出来与大家共勉。

团队成员姓名：	日期：
团队目标：	

下面列出了团队有效工作的几个标准，按照你的观点对其进行排序。“1”代表效率太低，有待于进一步提高。“5”代表极具有效性和效率。

方面/标准	1	2	3	4	5	评价/实例
目标						
会议						
规章制度及标准						
沟通						
领导（制定或者轮流）						
工作量/工作的分配						
精力/贡献度						
资源（足够）						
压力管理						
决策						
尊重差异/多样性						
矛盾管理						
参与水平/参与程度						
评价						

作为团队，我们面临的最大挑战是：

作为团队，我们最大的优点是：

我最希望团队：

附1：团队训练的基本结构

本书的团队训练在“体验、分享、成长”的原则指导下，采取分“三步走”的训练模式来进行。

团队的训练顺序一般由团队形成、团队主题活动、团队结束三个部分组成。这是基于团队活动的基本规律设计的。

第一步：团队形成

在团队形成阶段，由于人员不熟悉或没有相互合作的经验，需要让成员彼此了解、熟悉，消除成员之间的隔阂与陌生感，培养团队成员之间的信任与合作。这个阶段一般需要以简单的游戏作为开始，目的是以轻松愉快的方式使团队放松。当团队建立起一定程度的信任和凝聚力之后，再引入更具挑战性的主题活动。通常的顺序如下：

(1) 破冰（热身）。

(2) 建立信任和沟通游戏。

(3) 形成团队活动的规范，帮助团队与其自身签订一份约定承诺，规定团队成员与他人合作的准则和基本规范。

①相互尊重。

②不贬低、羞辱别人。

③注意倾听。

④诚实。

⑤以自己的立场发表意见。

⑥对事不对人。

⑦保密。

在训练的过程中，团队会发现哪些条目是有用的，哪些条目是需要改进的，并进而对条目的内容做出调整。所有成员都应该遵守约定。如果有学员不遵守，那么其他的团队学员就应该了解原因，并采取相应的措施，以保证团队活动的继续进行。

第二步：团队主题活动

这个过程是团队训练的核心，也是团队训练的主要目的所在。主题活动以团队的目标为出发点，反映团队的需要和主要目的。在这个过程中，指导者需要思考的问题包括：

(1) 活动的选择。

(2) 活动顺序的安排。

(3) 活动的进展和讨论的进行、意外情况的处理等。

由于训练课程是由“进程”而不是“内容”推动的，因此设计好的活动顺序可能会有一些变化。当团队需要发生较大改变时，就会出现新的问题。设计好的活动顺序就必须加以调整以便为团队提供解决这些问题的机会。

这个过程中还需要注意以下问题：

1. 活动数目

活动数目取决于团队性质及培训目的。如果一个团队只是为了得到快乐和培养团队精神，那就不必花费太长时间进行活动的回顾总结。在这种情况下，假如团队成员解决问题能力较强的话，1 天可以轻松地完成 10 个活动。善于思考或者具有更高培训目的的团队，完成的进度就会慢许多，3~4 个活动就可能要花费 1 天的时间。

2. 真正授权

指导者的工作就是给团队提供机会进行选择。授权就是让学员以自己的意志来决定要做什么或不做什么。学习过程的一部分就是让团队学员对他们的决定以及由此产生的后果负责。由个人执行决定还是由团队执行决定是一种权力的象征。一句格言说得好：“如果你总是做你一直做过的事，那你就会总是得到你一直得到的那些东西。”因此，要善于总结每个活动中得到的经验教训。

3. 团队问题的表现

在训练中我们会发现，低效率的团队往往都有相同的特征。阻碍团队有效工作的因素可归纳分类为：不能耐心倾听、缺乏计划、未能做到全面参与、互相支持和合作欠缺、沟通不力、性别和多样性问题，出现角色和目标不明确、未能积极地自我对话等。

发现问题标志着团队的努力获得了一半的成功。成功的另一半就是采取行动或是通过实践来提高解决问题的技巧。

在团队训练过程中，需要进行及时回顾。一次好的回顾应该使问题的本质得到澄清并且找到公认的解决办法。在下一个解决问题型活动中，团队应该将这种解决问题的办法延续下去。例如，如果团队成员发现他们缺乏计划性，那么一次有效的回顾将让团队成员开始加强计划性。总之，培养任何技巧都需要信息、反馈和练习。

第三步：团队结束

结束阶段的主要目标是：澄清活动的效能、对活动进行总结、运用所学习的知识和技能。活动结束后，把全体成员集合到一起，对活动进行总结，并举行团队结束仪式。结束阶段主要体现在以下几个方面；

（1）回顾活动的全过程，澄清自己在活动中的收获和需要改进的地方，并且讨论把学习到的知识应用到实际工作中去。

（2）定义成功。贯穿全部活动的目的，是要将团队的智慧激发出来，并使每个人都能从中获益；成功的唯一要求是提出问题和从他人身上学习的意愿。没有学习行为发生，团队的目的则没有达到。因为团队训练的活动本身并没有内在的价值，它们并不提供服务或产品。重要的是团队从每个游戏中学到了什么和学员们如何将学习所得应用到学习与工作中去。

(3) 快乐。一个会学习的大脑必定是一个富有创造性的大脑。团队训练活动的目的是激发人的活动因素，获得成长与快乐。通常，得到最多快乐的团队也是从训练中学到最多知识的团队。我们需要了解学员的快乐与满意度，这是结束部分的重要方向。

附 2：团队训练的基本范式

每次团队训练中训练活动都有一个基本的模式，即热身活动、主题活动、分享、总结，部分活动后设立拓展活动来进行深化。

尽管活动的主题不同，训练活动的模式是相当规范的。

常可概括为如下方面：

导入——热身和破冰游戏

一个团队在活动开始阶段的破冰和热身活动中越是放松，就越能全身心地投入到解决问题的活动中去。在这里参与者讨论个人和团队的学习目的，了解什么是体验式学习。

体验

要求团队成员在平等的基础上参加活动。当参与者在没有等级划分的情况下同他人相处时，旧的模式改变了，每个成员都有机会获取一些领导经验。

解决问题和建立信任

课程内容是在最初的需求评估的基础上经过认真选择的结果，包括指导者组织和总结的时间，每个活动需要持续 30~80 分钟。在团队已经获得了较多的经验和信任之后，可以逐渐加大活动的难度和复杂性。

反省

在每个游戏结束后，指导者将帮助团队对刚刚在活动中发生的事情进行讨论、反思，让他们知道哪些是有利的、哪些是不利的行为和态度。在没有偏见的前提下，引导团队讨论什么对进一步提高团队解决问题的能力和团队的凝聚力是有用的（或没用的），这样的团队讨论会给团队学员带来有价值的信息、感悟和反省，从而有助于掌握团队合作和领导艺术，以及建立相互信任和自信。

总结

在最后的一个环节，团队讨论从学习中获得的知识和感悟，并讨论如何将这些收获应用到实际工作中。在团队训练之后，我们需要了解团队的效果，并需要把握团队建设的状况，在对团队进行评估的过程中，需要考虑以下几个方面：

（1）以合作的方式解决问题。

（2）团队计划和时间控制。

（3）有效的沟通和反馈。

（4）个人和集体承担的义务。

（5）处理和解决冲突。

（6）参与决策。

(7) 互相信任与自信。

(8) 理解并重视分歧。

(9) 资源共享。

(10) 团队精神和互相支持。

附 3：训练中需要注意的问题

指导者

一名优秀的指导者除了要具备扎实的专业知识外，还应深谙各种指导技巧。

(1) 制定时间表。要为每一部分培训设定大致的时限。

(2) 注重训练实际效果。注意使学员在生活中学以致用，否则将无法衡量训练的效果。

(3) 培训需要做到：尊重学员、给学员一定的挑战、注重训练过程的互动性、给学员以自我发现的方式和学习的机会、给以积极和专业的反馈。

(4) 提供均等参与机会。一般来说，性格外向者比较自信而且容易扮演主角并参与得更多。因此，应有意识地确保时间在学员中得到公平的分配。

①采取轮流方式，让每个人都有机会发言。

②直接向沉默者提问。

③让那些有领导能力的人充分发挥专长，让他们引导其他人畅所欲言发表自己的观点。

④对愿意将自己的想法与他人分享的人要鼓励和感谢，并因势利导让其他人也积极参与进来。

⑤给内向者更多关注。倾听他们的心声，积极鼓励和引导内向者大胆参与并积极发言。

(5) 拿出最佳状态。指导者应表现出最佳状态，始终以饱满的热情、果断的行动和充满自信的形象贯穿于整个训练过程之中。指导者的不自信和软弱只会导致学员对训练过程和内容的不自信和丧失兴趣。

(6) 回顾。温故而知新。每次训练结束要对本次训练做总结。第二次训练时，指导者应带领学员回顾一下上次训练的内容。回顾自己学到的最有用、印象最深刻的是什么。哪些训练还有待改进等。

(7) 善于倾听。

①注重目光的接触和沟通。

②恰当而适度的表情运用。

③避免分心的手势或举动。

④进行启发式提问。

⑤复述学员的提问，使你对问题的理解更充分。

⑥避免打断说话者。

⑦顺利转换说与听的角色。

(8) 营造良好的学习氛围。

①强调从反馈中学习的重要性。

②进行角色扮演和模拟，并及时进行反馈。

③注重学习交流，鼓励互相学习。

(9) 让训练更有趣。为了使训练更有趣，指导者要努力营造宽松的环境，使学员保持轻松的心情。

①运用幽默和适度的自我表露。

②穿插一些简短有趣的游戏。

③用鲜活的事例和典故等解释理论、活跃气氛。

鼓励团队合作的方法

(1) 增强大家对团队的认同感。

(2) 要让每个团队成员认识到他们之间的协作以及贡献对于团队获得成功是至关重要的。

(3) 让每位团队成员的贡献都是可以衡量的，每个人都可以清楚地看到谁做了什么，而且每位成员都对他自己的行为负责。

(4) 提高成员之间面对面沟通的机会，让每个人明白对于团队而言什么是重要的，合作和不合作的结果分别是什么样的。

(5) 可以在团队之间建立一种比赛的气氛，以促进团队内部成员之间的合作，或者制造一种来自团队外部的挑战，让团队成员必须互相合作才能战胜它。

活动的回顾

指导一个团队有两种主要的方法：直接和间接。直接的指导方法就是参与到团队中，并影响到团队成员解决问题和做出决策的进程。间接的方法就是保持观察和引导，除非在团队迫切需要的时候，指导者才会出面介入。

随着团队的成长，即使是一个在开始阶段特别依赖外部指导的团队，对直接指导的需要也会越来越小。一个优秀的团队是能够通过团队学员对问题和决策的讨论来控制它自身的进程的。

安全

指导者工作的一个关键部分是保证学员身心方面的安全。安全是每个人的责任。应当鼓励学员照顾好自己，同时也照顾好别人。从根本上讲，没有人能只做一件事情而不涉及其他的事情。安全道德规范的内容之一，就是要求每个人为他或她自己的参与程度负责任。

发言

在团队训练中，多采用绕圈发言的方式。绕圈发言是使每一位成员对指导者所提出来的问题做出反应的活动，可以用来收集信息，促进成员的参与。使用绕圈发言的好处有八种：①使成员集中注意力；②加深经验的强度；③转移注意，使所有的成员参与；④收集资料；⑤建立团队的慰藉、信任与凝聚力；⑥活动后成员认知、情绪上的整理分享；⑦引导沉默的成员发言；⑧摘要。

分组

分组讨论活动是将成员分成若干个小组，用于讨论某个主题或完成某项任务的活动，一般来说，分组可以使成员彼此之间有更多的个人接触，给成员激发想法的机会，并能变化团队的形式，而且可运用在许多的情境当中，所以深具价值。

分组的好处是：①发展成员在团队中的存在感；②暖化成员并激发活力；③促进信息的分享及团队活动后回应的处理；④使某些成员聚在一起；⑤提供指导者和成员互动的机会；⑥改变团队的形式。

活动

活动是指导者使用某一特定的行动以引导成员的行为、讨论或注意。团队活动是非常有价值的，并且它在协助团队成为一个有意义、有趣的团队上扮演着非常重要的角色。只要在周密的考虑与适当的使用之下，活动的运用几乎对所有团队的运作都是很有益处的。团队中使用活动至少有下列理由：①引发讨论与参与；②提供经验性学习的机会；③提供指导者有用的信息；④增加舒适感；⑤增加趣味性，使身心松弛。

附 4：团队规范

之所以需要在第一次团队的时候制定规范，一方面是保护每一个参加团队的成员；另一方面是为了团队进行的流畅性。团队要有效地运作，成员能否遵守团队规范是相当重要的因素。指导者在引导制定团队规范时，应强调团队规范对团队运作的重要性，尊重每一位成员不同的需要，公平地看待每一位成员的意见，团队的规范一定是在每一位团队成员都同意的情形之下，才确立为团队的规范的。

团体规范：

(1) 我愿意自始至终参加本次团体活动，不中途早退，在活动中全心全意投入，关闭手机，以免影响他人。

(2) 我愿意尊重每位成员的个人隐私，保守秘密。

(3) 我愿意信任组员，开放自己，真实表达内心感受。

(4) 我愿意对他人的表露真诚地反馈信息；不批评别人说的话。

(5) 我真诚地相信：在团队中投入越多，收获越多。

(6) 我遵守以上承诺，尊重自己，尊重他人。男同学多帮助女同学。

(7) 在活动中注意安全，遵守规则，一切行动听指挥。

签名：(　　　　)

参考文献

[1] 王超. 卓越员工团队精神 [M]. 北京：北京工业大学出版社，2013.

[2] 盖伊·拉姆斯，登唐纳德·拉姆斯登. 群体与团队沟通 [M]. 北京：机械工业出版社，2001.

[3] 龚建. 如何进行团队建设 [M]. 北京：北京大学出版社，2004.

[4] 胡秀霞，车景华. 团队合作能力训练 [M]. 北京：北京师范大学出版社，2013.

[5] 付伟. 团队建设能力培训全案 [M]. 北京：人民邮电出版社，2011.

[6] 王志宏，马桂芬. 团队与拓展 [M]. 北京：中国电力出版社，2012.

[7] [美] 拉夫斯托. 团队与拓展 [M]. 邹琪，译. 上海：上海财经大学出版社，2004.

[8] 哈佛商学院出版公司. 团队管理 [M]. 王春颖，译. 北京：商务印书馆，2009.

[9] 李璇旗. 团队管理与建设 [M]. 青岛：中国海洋大学出版社，2017.

[10] 李宗红，朱洙. 团队精神：打造斯巴达方阵 [M]. 北京：中国纺织出版社，2003.

[11] [美] 杰克. D. 奥斯本，琳达. 默兰. 自我管理型团队 [M]. 李松玉，赵辉，等，译. 北京：人民邮电出版社，2009.

[12] 骆华. 赢在团队公约——团队制度与执行力建设的23个法则 [M]. 北京：人民邮电出版社，2015.

[13] 孙柳科. 带团队用制度管人. 按流程做事 [M]. 北京：电子工业出版社，2015.

[14] 邓靖松. 团队信任与管理 [M]. 北京：清华大学出版社，2012.

[15] 肖志鹏. 研究团队建设的制度环境考察 [M]. 北京：知识产权出版社，2016.

[16] 阡陌. 幽默图解：团队管理学 [M]. 北京：民主与建设出版社，2014.

[17] 李文国. 幽默图解：团队管理学［M］. 第2版. 大连：东北财经大学出版社，2015.

[18] 赵伟. 给你一个团队你能怎么管（实践版）［M］. 南京：江苏文艺出版社，2013.

[19] 墨非. 最精英的团队准则［M］. 北京：中国华侨出版社，2016.

[20] 哈佛管理前沿 哈佛管理通讯编辑组. 团队——事业成功的保障［M］. 北京：商务印书馆，2005.

[21] 刘一寒. 团队是设计出来的［M］. 南京：江苏文艺出版社，2015.

[22]［美］克里斯蒂娜. 考夫曼. 团队核能——从低效到高能的团队改造术［M］. 范海滨，译. 北京：北京联合出版公司出版，2016.

[23] 王士恒，伍学雷. 职业沟通与团队合作［M］. 北京：高等教育出版社，2014.

[24] 刘庆君，王贺. 团队训练拓展教程［M］. 大连：东北财经大学出版社，2011.

[25]［美］理查德. 布里特森. 55种提升团队创造力的创新活动［M］. 杨帝，译. 北京：电子工业出版社，2015.

[26] 邢小明. 团队领导与团队创造力［M］. 北京：经济管理出版社，2016.

[27] 刘颖. 团队管理［M］. 北京：经济科学出版社，2016.

[28] 张志诚. 赢在团队：如何打造高绩效团队［M］. 北京：世界知识出版社，2007.

[29] 阎建平. 团队管理［M］. 北京：中国纺织出版社，2010.

[30] 章义伍. 如何打造高绩效团队［M］. 北京：北京大学出版社，2005.

[31] 苗青. 团队管理成就卓越的基石［M］. 杭州：浙江大学出版社，2014.

[32] 张国才. 团队建设与领导［M］. 厦门：厦门大学出版社，2008.

[33] 徐万里. 高科技企业创业团队的成功特质——基于小米科技创业团队的案例分析. 徐万里［J］. 科技和产业，2013（6）.

[34] 刘念. 认大学生团队合作精神的培养［J］. 西南民族大学学报，2007（04）.

[35] 康宛. 对美国企业团队管理经验的探讨和借鉴［J］. 华南师范大学学报，2004（04）.

[36] 李雪婷. 基于某企业案例的高绩效团队创建分析［J］. 才智，2010（08）.

［37］杨明海. 项目团队配置的标准与流程［J］. 东岳论丛，2006（12）.

［38］https：//jingyan. baidu. com/article/642c9d34fcbba0644a46f72e. html，创业团队需要的六种人才.

［39］http：//www. cyzone. cn/a/20140326/255637. html，创业团队：找对人就成功了90%.

［40］https：//wenku. baidu. com/view/140f6f3c69eae009581bec7a. html，人员配置与团队建设.